W0301587

Tourenübersicht

Ute und Peter Freier

Radtouren in Dänemark

40 Tagesrundtouren in Jütland und auf den großen Inseln Fünen, Langeland, Seeland, Lolland, Falster, Ærø und Møn

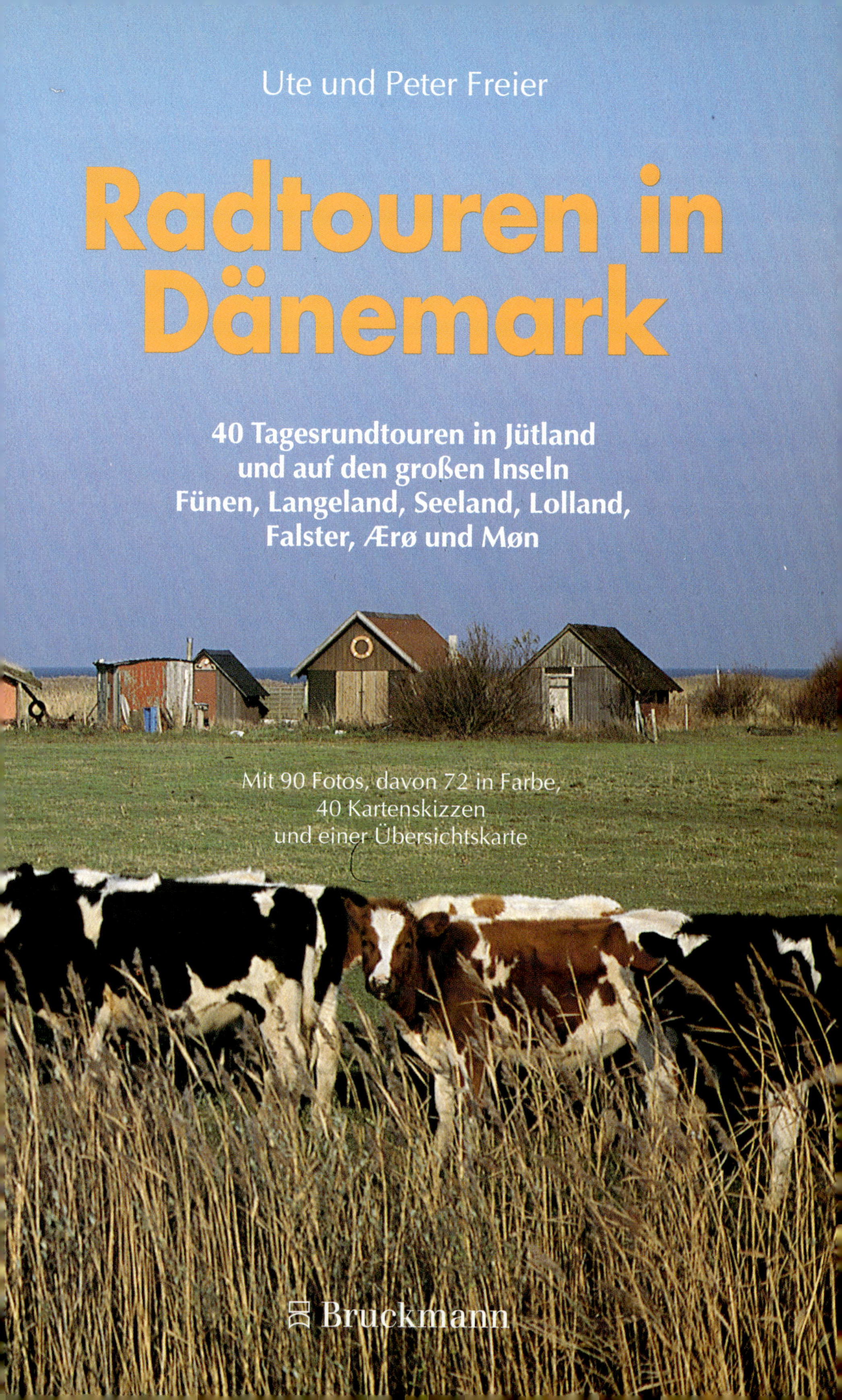

Mit 90 Fotos, davon 72 in Farbe, 40 Kartenskizzen und einer Übersichtskarte

Bruckmann

Einband-Vorderseite:
Windmühlen wie diese findet man häufig in Dänemark.

Einband-Rückseite:
Strandhaus bei Ærøskøbing auf Ærø (Tour 28).

Seite 2/3:
Die Kirche von Janderup, eine der zahlreichen romanischen Dorfkirchen Dänemarks (Tour 3).

Die Zusammenstellung und Beschreibung der Touren erfolgte mit größtmöglicher Sorgfalt und nach bestem Wissen und Gewissen der Autoren. Nach dem Erscheinen dieses Buches kann sich an Wegführung, Unterkünften, Adressen etc. einiges ändern; eine Gewähr für die touristischen und sonstigen Informationen wird nicht gegeben. Das Befahren der Touren nach den Vorschlägen des vorliegenden Bandes geschieht auf eigene Gefahr.

Gedruckt auf chlorarm gebleichtem Papier

Die Deutsche Bibliothek – CIP-Einheitsaufnahme

Freier, Ute:
Radtouren in Dänemark : 40 Touren / Ute Freier ; Peter Freier. –
München : Bruckmann, 1995
(Erlebnis Rad)
ISBN 3-7654-2737-3
NE: Freier, Peter:

Gesamtherstellung: Bruckmann, München
Printed in Germany
ISBN 3-7654-2737-3

Inhaltsverzeichnis

Vorwort

»Bakker« bedeutet Hügel und »bageri« Bäckerei – zwei dänische Wörter, die man als Radfahrer rasch erlernt und auch kaum mehr verwechselt: denn das eine, das raubt die Kräfte, das andere aber gibt sie wieder zurück in Form herrlich frischer Backwaren, die beinahe in jedem kleinen Dorf, sogar sonntags, gekauft werden können und das Leben des Radlers versüßen, selbst wenn, wie man fälschlicherweise annimmt, der Wind immer von vorne zu blasen scheint und die Hügel steiler sind, als man es von Dänemark erwartet hatte.

Denn ganz ohne Mühen, so wird man bei den ersten Radtouren bald feststellen, geht es auch in diesem Land nicht, das in keiner Weise, wie man vielleicht geneigt ist anzunehmen, topfeben und eintönig ist.

Ganz im Gegenteil, sehr abwechslungsreich und vielfältig ist die Kulturlandschaft des seit Tausenden von Jahren besiedelten Landes: Wattenmeer, kilometerlange Sandstrände und seichte Strandseen an der Ausgleichsküste im Westen Jütlands, wo Wind und Wasser ständig die Küstenlinie verändern und vorwiegend Dörfer und Ferienhaussiedlungen liegen. Ausgedehnte Heidegebiete und das reizvolle, hügelige Seenhochland in Mitteljütland, wo sich der höchste Berg Dänemarks, der Yding Skovhøj, mit 173 m erhebt. Weit ins Land hineingreifende Förden an der Ostküste, wo sich an den Meeresarmen aufgrund der geschützten Lage Städte entwickelt haben, die heute zu den größten Dänemarks zählen. Königliche Schlösser und Jagdgebiete im Norden der dicht besiedelten Insel Seeland, auf der die Hauptstadt Kopenhagen liegt. Weitläufige Felder und Wälder, malerische Fachwerkhäuser mit Strohdächern, Dörfer mit seit dem Mittelalter unveränderter Dorfstruktur und prachtvolle Herrensitze auf den ausgesprochen landwirtschaftlich geprägten Inseln Fünens. Weitläufige Sandstrände auf den Inseln Lolland und Falster, eine steil abfallende Kreideküste hingegen auf der Insel Møn. Felsküste hat Bornholm zu bieten, eine Insel, die 135 km entfernt von Møn liegt und aufgrund ihres geologischen Aufbaus ganz aus dem Rahmen fällt.

All die geologischen, landschaftlichen und kulturellen Besonderheiten sind miteinander verbunden durch ein Radwegenetz, das wohl seinesgleichen in Europa sucht. Auf hervorragend markierten nationalen Routen, die das gesamte Land durchziehen, teilweise ausgeschilderten regionalen oder lokalen Routen kann ganz Dänemark per Rad erfahren werden, entweder auf einzelnen Tagestouren oder in einem mehrwöchigen Radurlaub, denn Unterkünfte für Radfahrer stehen ebenfalls zur Verfügung: zahlreiche Jugendherbergen, Campingplätze mit hohem Standard, einfachste Lagerplätze.

Eine Rundreise mit dem Rad durch Dänemark ist eine auch bei den Dänen beliebte Art, die Ferien zu verbringen, so daß während der Sommermonate viele Radler mit schwerem Gepäck unterwegs sind. Autofahrer sind gewohnt, auf den schwächsten Verkehrsteilnehmer Rücksicht zu nehmen. »Krydsende cyklister«, ein spezielles Verkehrszeichen, fordert Autofahrer zu besonderer Achtsamkeit auf, wann immer ein Radweg eine Durchgangsstraße kreuzt, und auch Verkehrszeichen für Radler helfen beim Sicheingliedern in den Verkehr.

Doch was wäre Radfahren ohne die Pausen, und Möglichkeiten dazu bieten sich immer wieder: In den Parkanlagen um die Herrenhäuser, bei der Besichtigung einer Windmühle, an der Mole in einem der idyllischen kleinen Häfen, im Garten eines Dorfkrugs, eines Kro, und natürlich, da kein Ort weiter als 50 km vom Meer entfernt liegt, am Strand, wo häufig die blaue Flagge weht, Symbol für einen sauberen Strand. Kurz gesagt, Radfahren in Dänemark ist ein Genuß.

Ute und Peter Freier

Dänemark

Dänemark, ein Land im Norden Europas, das aus der Halbinsel Jütland, etwa zwei Drittel der Gesamtfläche, und rund 500 Inseln besteht, von denen jedoch nur 70 bewohnt sind. Auch die weit im Norden gelegene Inselgruppe Färöer sowie Grönland sind Teile des dänischen Staats, wurden aber unter dem Aspekt »Radfahren in Dänemark« aus wohl verständlichen Gründen in diesem Radführer nicht berücksichtigt. Der folgende Überblick über Geologie und Kultur soll helfen, das heutige Landschaftsbild zu verstehen.

Die Entstehung

Vor 280 bis 2 Millionen Jahren

In einer Niederung der Erdkruste bildete sich das Nordseebecken, in dem sich Reste von Meeresorganismen ablagerten, so daß *Sedimentschichten* bis zu einer Mächtigkeit von 6–8 km entstanden, heute erkennbar als Ablagerungen von Kalk, Mergel, Ton, Lehm und Sand. Diese Schichten wurden von späteren Gletschern teilweise verschoben und aufgefaltet. Am beeindruckendsten sind die Kreideklippen von Møn, vor 75 Millionen Jahren entstanden *(Tour 32)*, und die Klippen von Hanklit auf der Insel Mors im Limfjord *(Tour 8)*, wo sich durch die Ablagerung einer bestimmten Algenart Kieselgur gebildet hat. Hier ist auch gut zu sehen, daß, vermutlich nördlich von Jütland, wiederholt vulkanische Ausbrüche stattgefunden haben müssen, denn zwischen den Sedimentschichten lagern immer wieder Schichten vulkanischer Asche.

Vor 2 Millionen Jahren bis 75 000 Jahren

Riesige *Eismassen*, die vom Nordpol ausgingen, bedeckten über Hunderttausende von Jahren Nordeuropa. Bis hinunter nach Norddeutschland zogen sich die Gletscher, begruben das heutige Skandinavien unter sich und auch die nördlichen Teile der britischen Inseln. Die Größe des Eisfelds veränderte sich jedoch mehrmals infolge kälterer und wärmerer Abschnitte, so daß über Tausende von Jahren das Land immer wieder eisfrei war und sich Vegetation ansiedelte. Land geriet in diesen Zwischeneiszeiten durch das Ansteigen des Meeresspiegels und das im Vergleich dazu nur langsame Anheben des Landes immer wieder unter Wasser. Hier lagerten sich Schichten aus Sand und Lehm ab. Diese Ablagerungen sind meistens an den Küsten zu finden, z.B. bei Voderup Klint auf Ærø *(Tour 28)*.

Vor 75 000 bis 10 000 Jahren vor Christus

In dieser aufgrund der Ausdehnung des Gletschers bis zur heutigen Weichsel als *Weichseleiszeit* bezeichneten Phase zog sich das Eis mindestens dreimal zurück und kam wieder, jedoch niemals auf demselben Weg. Das sogenannte *»altbaltische Eis«* schob sich von Südosten durch die Niederungen der heutigen Ostsee vor und bedeckte 10 000 Jahre lang das Land. Nur Nord- und Westjütland waren eisfrei. Nach dem Rückzug dieses Eisfelds folgte eine 40 000 Jahre andauernde wärmere Phase, in der sich Tundra ausbreitete, auf der sowohl grasfressende Tiere als auch Raubtiere lebten, u.a. Mammute, Moschusochsen, Rentiere, Bären, Löwen, Wölfe.

Als sich das Klima verschlechterte, stieß das Eis erneut vor, dieses Mal aus Nordosten, weshalb es als *»Nordosteis«* bezeichnet wird, bedeckte aber wieder nicht ganz Jütland. In – erdgeschichlich gesehen – schnellem Wechsel folgten eine Warm-, dann eine vorläufig letzte Eiszeit. Teile Dänemarks waren bei diesem erneuten Vorstoß des Eises noch nicht vollkommen vom Eis befreit. Auf Fünen lag noch ein riesiger Toteisblock, der sich, da abgeschnitten vom ständig wachsenden und sich verschiebenden Gletscher, nicht bewegte. So mußte sich das Eis, das bei diesem letzten Vorstoß aus Südosten kam, seinen Weg um Fünen herum bahnen.

Während dieser letzten Kaltphase, die vor rund 13 000 Jahren zu Ende ging, waren nur die östlichen und nördlichen Teile Dänemarks von Eis bedeckt. Die westliche Hälfte Jütlands war etwa ab dem Limfjord in Richtung Süden eisfrei. Hier überwiegen sandige Ablagerungen älterer Eiszeiten, die heutigen ausgedehnten Heidegebiete Mitteljütlands, während im Osten und im Norden Dänemarks die abschmelzenden Gletscher Ablagerungen aus Geröll, Kies und Lehm zurückließen, wo diese nicht vom Schmelzwasser mitgerissen wurden, also vorwiegend in flachen Ebenen. Man könnte Dänemark also als die »geologische Schutthalde Skandinaviens« bezeichnen.

Während des Abschmelzens der Eismassen, ein Prozeß, der vor etwa 17000 Jahren begann und sich über Jahrtausende hinzog, sammelten sich die zahlreichen Gletscherabflüsse zu einem riesigen *Schmelzwasserstrom*, der parallel zum Eisrand abfloß und sich tief in den aufgeschütteten Untergrund eingrub. Der heutige Gudenå, Dänemarks längster Fluß, fließt in dieser vom Schmelzwasser gebildeten Hohlform, die als Tunneltal bezeichnet wird, in nördlicher Richtung in den Randersfjord. In diesem Tal entstanden später langgestreckte, tiefe Seen, sogenannte *Rinnenseen*, die heutigen Seen des Seenhochlands.

Nach dem vollständigen Verschwinden der Eismassen blieb eine rauhe *Moränenlandschaft* zurück. Dort, wo die Eismassen einst endeten, erhoben sich Endmoränen, wie bei Bovbjerg, wo die 40m hohe Steilküste den südwestlichen Rand des Gletscherfelds markiert *(Tour 6)*. Dort, wo die Gletscher an ihrem Rand Geröll und Kies abgelagert hatten, entstanden hügelige Landschaften wie die Dollerup Bakker *(Tour 15)* oder die Mols Bjerge *(Tour 13)*, in denen sich zahlreiche *Toteislöcher* bildeten. Wasserlöcher, die heute weder einen Zu- noch einen Abfluß haben und entstanden, als vom Haupteisfeld abgetrennte Eisblöcke, die von Moränenschutt bedeckt waren, nur langsam abtauten und dabei Hohlformen bildeten.

Mit dem Abschmelzen der Gletscher verringerte sich der Druck auf die Landmassen, was zur Folge hatte, daß sich das Land hob. England, Dänemark, Deutschland und Schweden waren damals durch Landbrücken miteinander verbunden, und die

Niedrige Fachwerkhäuser, gepflasterte Straßen, buntgestrichene Fassaden – Charakteristika mancher dänischen Kleinstadt wie z. B. Ærøskøping (Tour 28).

Ostsee war ein Süßwassersee, der durch einen großen Strom zum Kattegat hin entwässert wurde. Nur in Nordamerika waren noch gewaltige Eismassen vorhanden. Als auch diese infolge weiterer Erwärmung abschmolzen, stieg, da ja bisher große Massen Wassers aus dem irdischen Wasserkreislauf durch das Eis gebunden waren, der Wasserspiegel der Meere gewaltig an, so daß trotz Anhebung der Landmassen ehemaliges Festland überflutet wurde. 2–2,5 m stieg das Wasser im Verlauf von mehreren tausend Jahren, so daß die Wasserstraßen Großer und Kleiner Belt entstanden und das zuvor mit Schweden und Deutschland verbundene Festland Dänemark zum heutigen Inselreich wurde. Es entstand das Yoldiameer, der Vorläufer der heutigen Ostsee.

Das nun »entblößte« Land war Wind und Wasser preisgegeben. Regenwasser spülte Erde hinunter in die Täler, Stürme verwehten Staub und Sand. Tundravegetation bedeckte den Boden, der Wald kehrte zurück, und der Mensch wanderte etwa um 11 000 v. Chr. ein.

Die Besiedlung

Vor rund 5000 Jahren begannen die Menschen sich niederzulassen, Tiere zu domestizieren und Ackerbau zu betreiben. Wo sie ihre Felder anlegten und wo sich in späteren Jahrtausenden Siedlungen entwickelten, hing von der Bearbeitbarkeit und Fruchtbarkeit des Bodens, von der Struktur der Landschaft ab, wiederum eine Folge der einstigen Verteilung des Eises über das Land.

Im *Westen Jütlands* war das Land ausgelaugt und karg. Nur wenige Bauern, die sich auch vom Fischfang ernähren mußten, konnten hier überleben. Erst als durch Schlick- und Sandablagerungen des Wattenmeeres in Südjütland fette Marschwiesen entstanden, konnte dort ab dem Mittelalter Vieh gezüchtet werden, das über Jahrhunderte Dänemarks wichtigster Exportschlager war. Trotzdem blieb die Westküste bis heute recht dünn besiedelt, denn die Ausgleichsküste, die sich unter dem Einfluß von Wasser und Wind ständig verändert, war immer schiffahrtsfeindlich, und erst mit den Hilfsmitteln moderner Technik konnten seit rund 100 Jahren große Fischereihäfen wie Esbjerg, Hanstholm und Thyborøn angelegt werden.

In *Mitteljütland*, wo sich der Rand der Eismassen befand, lagerten sich Mengen von Sand ab, nährstoffarmer Boden, der nur dem anspruchslosen Heidekraut genügte und auf dem deshalb nur vereinzelt Bauern versuchten, durch Schafhaltung und etwas Ackerbau zu überleben. Doch Sandverwehungen zerstörten immer wieder die unter Mühen angelegten Ackerflächen. Auch die in der Mitte des 18. Jh. durch ein paar wenige deutsche Kolonisten eingeleitete Urbarmachung war kein großer Erfolg. Erst die organisierte Bepflanzung der Heide mit Wald schützte die Ackerflächen vor dem Wind. Trotzdem gibt es hier heute noch ausgedehnte, unbesiedelte Heidelandschaften, z. B. südlich von Skive.

Auf der *Ostseite der jütischen Halbinsel* hingegen, die von Eis bedeckt gewesen war, ließen die sich zurückziehenden Gletscher Grund- und Endmoränen zurück. An der Küste höhlten abfließende Schmelzwasserströme breite Rinnen aus, in die später das Meer eindrang, so daß eine durch Buchten und Landzungen gegliederte Küstenlinie entstand, die geschützte Siedlungsplätze bot. Hier ließen sich auch, wie zahlreiche Funde aus der ersten Besiedlungsphase beweisen, einige der ersten Bauern nieder. Hier an der Ostküste entstanden auch in den geschützten Förden schon früh die ersten Städte wie Århus und Aalborg, die sich in den folgenden Jahrhunderten zu den größten Städte Dänemarks entwickelten.

Auch auf den Inseln, die einst vom Eis bedeckt waren, blieb fruchtbares Land zurück, auf dem sich erste Siedler niederließen und das auch heute noch vorwiegend landwirtschaftlich genutzt wird und das, je weiter man nach Osten kommt, um so dichter besiedelt ist.

Radfahren kann man beinahe überall in Dänemark: auf asphaltierten Radwegen entlang der Straßen, auf Waldwegen oder auf naturbelassenen Fahrwegen wie beim Bovbjerg Fyr (Tour 6).

Die heutige Kulturlandschaft

Steingräber und Grabhügel

Von den Gebäuden, die sich die ersten Bauern in der Jüngeren Steinzeit und in der Bronzezeit (4. Jt.–6. Jh. v. Chr.) bauten, blieben nur, da sie aus Holz oder Weidengeflecht und Lehm bestanden, Pfostenfundamente zurück, die erkennen lassen, daß es sich um langgestreckte Häuser gehandelt haben muß, die von mehreren Familien bewohnt wurden.

Erhalten aber blieben die eindrucksvollen *Grabkammern* aus riesigen Steinen. Sie finden sich dort, wo fruchtbarer Boden das Anlegen von Ackerflächen begünstigte, z. B. auf der Halbinsel Djursland *(Tour 14)*, am Rande der Mols Bjerge *(Tour 13)*, im Wald Halskov Vænge auf Falster *(Tour 31)*, bei Lejre auf der Insel Seeland *(Tour 35)*, auf der Halbinsel Hindsholm im Norden von Fünen *(Tour 21)* und im Westteil der Insel Møn. Ein niedriger, bis zu 10 m langer Gang – wie bei dem Grab »König Asgers Hügel« auf Møn – führte durch den aus Grassodenstücken aufgehäuften Grabhügel zu der Grabkammer, die über einen längeren Zeitraum hinweg als Gemeinschaftsgrab diente. Diese als *Ganggräber* bezeichneten Monumente zeugen von einer zunehmend höheren gesellschaftlichen Organisation, denn der Transport riesiger Felsbrocken sowie der Bau des Grabhügels konnte nicht von einem einzelnen bewerkstelligt werden. Diese Bestattungsorte verblieben meist am gleichen Ort, während die Siedlungen, bedingt durch die Auslaugung des Bodens aufgrund der noch einfachen Bearbeitungsmethoden, alle 10 bis 15 Jahre verlegt werden mußten.

Effektiveren Landbau ermöglichte erst die Einführung von Bronze (um 1 500 v. Chr.). Sie löste den Feuerstein als Werkzeugmaterial ab. Aus dieser Zeit stammen rund 50 000 erhaltene *Grabhügel*, die vor allem in Ansammlungen zu finden sind, z. B. im Wald Halskov Vænge auf Falster *(Tour 31)*, und vielleicht Gemeinschaftsanlagen für ganze Sippen waren. In diesen aus Grassodenstücken aufgehäuften Hügeln wurden die Toten in Eichensärgen begraben oder verbrannt und in Urnen beigesetzt. Sie wurden jetzt einzeln bestattet, was für eine ausgeprägte Hierarchie mit Häuptlingen und einem Adel als Führungsschicht spricht.

In Steinkammern, überdeckt durch einen Hügel und zugänglich durch einen Gang, bestatteten vor rund 5000 Jahren die ersten Bauern ihre Toten (Tour 35).

Steinsetzungen und Runensteine

In der Eisenzeit (500 v.Chr. – 1050 n.Chr.) bearbeiteten die Bauern das Land mit Werkzeugen, die sie aus Eisen herstellten, rodeten große Flächen und siedelten in dorfartigen Gemeinschaften, die zumeist aus rund einem Dutzend Höfen bestanden. Ein Drittel der heutigen Dörfer geht auf diese frühen Gründungen zurück und ist erkennbar an der Vorsilbe »Thor«. Auch die Ortsnamen, die auf -lev, -sted, -løse, -um und -inge enden, stammen aus dieser Phase. Erhalten aus dieser Zeit ist das Gräberfeld von Lindholm Høje *(Tour 18)*, wo die Form der *Steinsetzungen* auf das Alter der Gräber schließen läßt.

Diejenigen Steinsetzungen, die aus dem 9.Jh. stammen, ähneln in ihrer Form einem Schiffsrumpf und werden der Wikingerzeit zugeordnet, deren Beginn etwa um 750 angesetzt wird. Schiffe waren für die Wikinger von entscheidender Bedeutung, flache, wendige Segelboote, mit denen sie die Nordsee überquerten und die Küste von Großbritannien erreichten.

Innerhalb des Landes entwickelten sich im Verlauf der Wikingerzeit weitere Siedlungen, die häufig Namen erhielten, die auf -by, -tofte und -dale endeten. An der wichtigen Handelsstraße durch den Süden Jütlands entstanden die Städte Hedeby und Ribe *(Tour 2)*, die durch den Bau eines Walls aus Erde und Holz, den sogenannten »Danevirke«, gegen Süden gesichert waren. Militärische Gründe waren es auch, die zum Bau von Ringburgen wie denjenigen von Trelleborg und Fyrkat *(Tour 16)* führten. Es wurden aber auch Straßen angelegt, Brücken errichtet, z.B. über den Vejle Å *(Tour 9)*, und auf der Insel Samsø wurde ein Kanal angelegt, der den langen Weg um die Nordspitze der Insel ersparte *(Tour 38)*.

Aus dieser Zeit stammen auch die *Runensteine*, aufrecht stehende Steine, in die in Runenschrift Aussagen eingeritzt wurden, die an eine besondere Tat oder Person erinnern.

Die bekanntesten sind die von Jelling *(Tour 9)*, auf denen König Harald Blauzahn festhalten ließ, daß er Norwegen und Dänemark zu einem Reich vereinigt und die dänische Bevölkerung zu Christen gemacht habe.

Dörfer und Kirchen

Die Zeit zwischen dem 11. und dem 14. Jh. war eine Periode wirtschaftlicher Blüte in Dänemark. Die Bevölkerung wuchs, und es entstanden Hunderte neuer *Dörfer*, die jetzt nicht mehr, wie bis gegen Ende der Wikingerzeit um 1050, innerhalb einer Gemarkung »wanderten«, sondern ortsfest wurden. Die Dörfer wurden so angelegt, daß sich die Höfe um einen Anger, auf dem während der Nacht das Vieh weidete, bzw. um einen Teich gruppierten oder in zwei Reihen entlang der Dorfstraße standen.

Im Zusammenhang damit wurde ein neues Wirtschaftssystem, die *Gewannwirtschaft*, eingeführt, was bedeutete, daß die das Dorf umgebende Fläche je nach Bodenbeschaffenheit und Nutzbarkeit in Gewanne, in Flurstücke, eingeteilt wurde, woran wiederum jeder Bauer Anteil hatte und womit sichergestellt wurde, daß guter und schlechter Boden gleichmäßig verteilt wurde. Damit einher ging die Entwicklung des Eigentumsrechts an Grund und Boden. Bei der Namensgebung für diese Dörfer, die zwischen 1050 und 1300 entstanden und aus denen ungefähr ein Drittel der heutigen Dörfer hervorging, wurde die Endung -rup, -strup oder -drup an einen christlichen Personennamen angehängt.

Denn in dieser Zeit begann sich das Christentum, eingeführt durch den Wikingerkönig Harald Blauzahn gegen Ende des 10.Jh., im damaligen dänischen Reich zu verbreiten. Erste *hölzerne Kirchen*, die, so kann man nur vermuten, da keine erhalten blieb, den norwegischen Stabkirchen ähnelten, wurden vermutlich dort aufgestellt, wo sich bereits heidnische Kultstätten befanden. Erst englische Mönche, die im 11.Jh. die ersten Klöster – St. Ben's in Ringsted und St. Alban's bei Odense auf Fünen – gründeten, brachten die Fertigkeit mit, Bauten aus Stein und Mörtel zu errichten. Die erste *steinerne Kirche*, Vorläuferin der heutigen Domkirche, entstand um 1030 in Roskilde.

Gegen Ende des 11.Jh. setzte ein wahrer Bauboom ein, so daß beinahe alle der rund 1800 heutigen dänischen Kirchen um das Jahr 1200 bereits standen, also romanischen Ursprungs sind: einfache, schlichte Kirchen, bestehend aus Apsis und Kirchenschiff,

Zu einem Gut gehören ein stattliches Herrenhaus sowie Wirtschaftsgebäude (Gut Corselitse, Tour 31).

zunächst noch ohne Kirchturm. Einige der Kirchen wurden dem hl. Nikolaus geweiht, dem Schutzheiligen der Seefahrer. An die Seefahrer erinnert auch ein für einen Mitteleuropäer kurioses Detail der Innenausstattung: ein häufig unter der Decke hängendes Schiffsmodell.

Die am besten erhaltene und die größte romanische Kirche Dänemarks ist der Dom zu Ribe *(Tour 1)*. Der heutige, teils aus Tuff, teils aus Backstein im Jahr 1176 begonnene Bau ist zwar nicht die erste Steinkirche Dänemarks, doch steht der Dom höchstwahrscheinlich an derjenigen Stelle, an der der erste christliche Bau, eine einfache Holzkirche, auf dänischem Boden errichtet wurde. Denn um 860 legte Ansgar mit Erlaubnis des damaligen dänischen Königs, der selbst noch kein Christ war, eine Missionsstation in der von Händlern viel besuchten Stadt an. Der Dom von Ribe sowie die in den anderen Bischofsstädten Viborg und Roskilde entstandenen Kirchen sind die einzigen großen Kirchenbauten, was verrät, daß die Kirche in Dänemark niemals eine wirkliche politische Macht war.

Während der *Gotik* (1250–1500) wurden manche dieser romanischen Kirchen erweitert, indem Kirchtürme angefügt wurden, die den Seefahrern häufig als Orientierungshilfe dienten, und ein gotisches Gewölbe eingezogen wurde, das die zuvor flache Holzdecke im Kirchenschiff verdeckte. Diese Gewölbe wurden ausgemalt, um den des Lesens unkundigen Kirchgängern die Bibel zu veranschaulichen. Dabei wurden die damals üblichen Naturfarben direkt auf den noch feuchten Kalk aufgetragen, so daß sie

Bereits im 8. Jh. wurde Ribe, ein malerisches Fachwerkstädtchen, an einer damals wichtigen Handelsstraße durch Südjütland gegründet (Tour 2).

sich mit dem Kalk verbanden, eine Technik, die als »al fresco« bezeichnet wird. Bekannt sind vor allem die *Fresken* in der Aal-Kirche bei Oksbøl *(Tour 3)* und die in den Kirchen von Fanefjord, Keldby und Elmelunde auf der Insel Møn *(Tour 32),* geschaffen durch einen unbekannten Künstler, den sogenannten Elmelunde-Meister, gegen Ende des 15. Jh. Nach der Reformation im Jahr 1536, durch die Dänemark protestantisch wurde, wurden diese Bilder alle übertüncht, und noch heute sind Restauratoren damit beschäftigt, die Kalkschichten wieder abzutragen.

Handelswege und Städte

Kein Punkt Dänemarks ist mehr als rund 50 km von der Küste entfernt, ein Grund, weshalb der Seehandel seit den Zeiten der Wikinger eine große Rolle spielte. Menschen lebten vom Import- und Exportgeschäft, und erste Städte entwickelten sich am Meer und an den wichtigen Handelsstraßen.

Im 8. Jh. entstanden die beiden Städte Ribe und Hedeby (beim heutigen Schleswig), die eine an der West-, die andere an der Ostküste gelegen, dort, wo ein wichtiger *Handelsweg* an der schmalsten Stelle die jütische Halbinsel querte und von der Ostküste weiter über die Ostsee nach Schweden und über die russischen Flüsse bis zum Schwarzen Meer führte. Von Hedeby führte ebenfalls ein alter Weg, der sogenannte *Heerweg,* über Jahrhunderte der Hauptweg in Jütland, nordwärts. Wo dieser von mehreren Landstraßen gekreuzt wurde, wurde ebenfalls im 8. Jh. eine Stadt gegründet: Viborg, zentral in Mitteljütland gelegen.

Unweit der Heerstraße lag im 10. Jh. der Hof des Wikingerkönigs Gorm sowie seines Sohnes Harald Blauzahn in einem Ort namens *Jelling (Tour 9),* bis zur Vereinigung von Dänemark und Norwegen zu einem Reich ein zentraler Standort. Danach jedoch siedelte Harald Blauzahn auf die Insel Seeland über und machte *Roskilde (Tour 35)* zum Königssitz, was langfristig dazu führte, daß Seeland die führende Rolle in der dänischen Geschichte übernahm.

Unterstützt wurde diese Entwicklung durch die Tatsache, daß der internationale Seehandel sich etwa ab dem 12. Jh. im Ostseeraum konzentrierte, wo die Hanse, ein Zusammenschluß norddeutscher Handelsstädte, ihre Zentren hatte und Lübeck die einstige Rolle von Hedebey übernahm. Schiffe waren vermehrt im Sund zwischen Schweden – damals zu Dänemark gehörig – und Seeland unterwegs, so daß sich *Kopenhagen* schnell zu einem Handelszentrum für Salzheringe und Getreide entwickelte.

Getreide sowie andere landwirtschaftliche Produkte wurden, da die Straßenverbindungen noch nicht ausgebaut waren, von den Erzeugern zum nächsten Hafen geschafft und von dort exportiert. Diesen Weiterverkauf aber durften die Bauern – mit Ausnahme auf Langeland – nicht selbst in die Hand nehmen, sondern mußten ihn den Kaufleuten einer Stadt überlassen, der vom König Markt- und Handelsrechte übertragen worden waren. Charakteristische Gebäude in den zahlreichen im 12. und 13. Jh., vor allem auf den dänischen Inseln, entstandenen Handelsstädten sind deshalb auch die alten *Kaufmannshöfe,* in denen die Bauern ihre Ware ablieferten und sich mit den Dingen, die sie nicht selbst herstellen konnten, wie Salz, Gewürze, feine Stoffe, Wein versorgten.

Die Häfen blieben jedoch relativ klein, da sich kein Hafenort so richtig gegen die Konkurrenz durchsetzen konnte. Nur Kopenhagen, ab dem 15. Jh. Hauptstadt des dänischen Reiches, entwickelte sich als einzige der Kaufmanns- und Hafenstädte zu einem Kulturzentrum. Auffällig peripher liegt die Hauptstadt aus heutiger Sicht im Osten Dänemarks. Eine Lage, die nur verständlich wird, wenn man weiß, daß Dänemark vom 14. bis zum 17. Jh. die Vorherrschaft über ganz Nordeuropa hatte.

Herrenhöfe

Charakteristisch für das Landschaftsbild Dänemarks sind die prachtvollen *Herrenhäuser,* häufig umgeben von einem Wassergraben sowie einer weitläufigen Parkanlage und Wirtschaftsgebäuden. Denn ein Herrenhof ist im Prinzip ein besonders großer und reicher landwirtschaftlicher Betrieb, der sich aus einem Bauernhof entwickelt hat. Man nimmt an, daß diese Entwicklung eines Hofes zu einem Gutshof im Zusammenhang mit der Anlage von Dörfern und der Verteilung des Landes auf Gewanne begann, denn die ersten Güter sind ab dem 12. Jh. bekannt, z. B. Skjoldenæsholm auf Seeland *(Tour 34)*.

Doch erst ab dem 16. Jh., mit der Reformation, begann der Ausbau der stattlichen Herrenhäuser. Denn die Reformation (1536) mit der Enteignung kirchlichen Landbesitzes führte zur wirtschaftlichen Stärkung der Krone sowie zur Festigung der Macht des Adels: Das Land gehörte nun zu 47 Prozent der Krone, zu 47 Prozent dem Adel und zu 6 Prozent den freien Bauern.

Besonders dicht liegen die Herrenhäuser auf Fünen und Seeland, wo auch die frühesten gebaut wurden: Hesselagergård auf Fünen *(Tour 25)*, Gisselfeld Kloster auf Seeland *(Tour 33)* und Egeskov auf Fünen *(Tour 23)*. Erst im 20. Jh. wurden die Güter aufgelöst.

Mühlen

Auch Windmühlen gehören zum dänischen Landschaftsbild, sind heute oft attraktive Sehenswürdigkeiten, da sie besichtigt werden können.

Ursprünglich jedoch wurde zuerst die Kraft des Wassers benützt, um Korn zu mahlen. Zisterzienser in Løgumkloster waren die ersten, die um das Jahr 1200 *Wassermühlen* erbauten, die allerdings nur dort einzusetzen waren, wo die Flüsse genügend Gefälle hatten, wie z. B. in der hügeligen Landschaft auf Südfünen, wo bis heute die Kaleko Mølle bei Fåborg steht *(Tour 24)* oder nördlich von Kopenhagen im Tal des Mølleå, der einst auf kurzer Entfernung neun Mühlen betrieb *(Tour 36)*.

Auf gute Windverhältnisse konnte man sich auf den flacheren Inseln eher verlassen, doch kamen *Bockmühlen*, die erste Form der Windmühlen, erst Mitte des 16. Jh. auf. Das Mühlenhaus saß auf einem massiven Pfosten, dem Bock, und konnte, je nach Windrichtung, als Ganzes gedreht werden. Gut erhalten ist die bei Brundby auf Samsø *(Tour 38)*.

Abgelöst wurden die Bockmühlen durch die *holländischen Windmühlen*, bei denen sich nur der »Hut«, an dem die Flügel befestigt sind, bewegte. Diese Erfindung, die einem Holländer zugeschrieben wird, kam durch die intensive Verbindung zwischen Schleswig und Holland zwischen 1600 und 1700 nach Dänemark, wo sie Holländermühle genannt wurde. Mehrere Haupttypen entwickelten sich, der üblichste Typ war jedoch der mit einer achteckigen Plattform, von der aus der Mühlen-Mechanismus eingestellt wurde, wie bei der gut erhaltenen Mühle in Højer in Westjütland *(Tour 1)*.

Mühlen gehörten meist zu den Gutshöfen, und die Bauern der Umgebung waren gezwungen, ihr Korn dort mahlen zu lassen. Erst im Jahr 1862 wurde der Mühlenzwang aufgehoben, was zur Folge hatte, daß viele Holländermühlen gebaut wurden, die aber schon bald durch die mit Dampf betriebenen Mühlen abgelöst wurden. Heute erzeugen moderne »Windmühlen«, die Windräder, Elektrizität.

Einzelgehöfte

Fährt man mit dem Rad durch die dänische Landschaft, fällt auf, daß die überwiegende Siedlungsform das einzeln stehende Gehöft ist, vor Wind geschützt durch Baum- und Buschreihen. Dies ist eine Folge der gegen Ende des 18. Jh. in die Wege geleiteten *Bodenreform*.

Bis dahin hatten 90 Prozent der dänischen Bevölkerung in engen dörflichen Verbänden gelebt, die ihre Gewanne gemeinsam bearbeiteten. Die aufkommende Industrie und der verstärkte Bedarf an Lebensmitteln für eine ständig anwachsende Bevölkerung machten Neuerungen und eine effektivere Bearbeitung des Landes notwendig. So wurden bei der Landreform die Dorfgemeinschaften aufgelöst, und jeder Hof erhielt seinen eigenen Grund und Boden in einem Block, den er individuell bearbeiten konnte. Dorthin wurde auch das neue Bauernhaus ausgesiedelt.

Dadurch verschwanden die alten Dorfstrukturen, entwickelten sich die Dörfer zu Vororten von Städten oder wurden Bahnstationen. Nicht so auf Fünen, wo noch viele der alten Fachwerkhöfe im dörflichen Verband stehen *(Touren 20 und 21)*, da sich die Bevölkerung wohl aus Kostengründen der Aussiedlung der Bauern und Verkoppelung der kleinen Parzellen zu einem großen Landgebiet widersetzt hatte.

Die Westküste

Das Durchblättern des umfangreichen Ferienhaus-Katalogs bestätigt, was ein Blick auf die Landkarte bereits vermuten ließ: die Westküste Jütlands ist das Ziel Nummer 1 für diejenigen Touristen, die Sandstrand und Dünen suchen. Hier ist die Auswahl an Ferienhäusern am größten, was verständlich ist, wenn man weiß, daß sich etwa ab Höhe Esbjerg ein beinahe ununterbrochener Dünen- und Strandgürtel über rund 300 Kilometer bis zur Nordspitze Dänemarks hochzieht – ein Paradies für Strandläufer und Wasserratten.

Nur der südlichste Abschnitt der Küste zwischen der deutsch-dänischen Grenze und der Ho-Bucht nördlich von Esbjerg fällt da ganz aus dem Rahmen. Er ist Teil des Vadehavet – *Wattenmeers* –, das sich bis zum holländischen Den Helder hinzieht, ein seichtes Küstengebiet, in dem sich die Gezeiten so stark bemerkbar machen, daß das Wasser in einem Rhythmus von 6¼ Stunden zweimal pro Tag zu kommen und zu gehen scheint. Bei Flut ist das Land zwischen der beinahe zusammenhängenden Kette der vorgelagerten Inseln von Wasser bedeckt, bei Ebbe liegt es trocken. Denn der Unterschied zwischen Niedrigwasser und Hochwasser liegt an der Elbmündung bei 3 Metern, an der dänischen Küste bei gut 1,5 Metern. Ein Gebiet also, das sowohl Land als auch Meer ist und in dem Tiere, die ständig Wasser brauchen wie Fische, Seesterne und Seeigel, nur in den mit Wasser bedeckten Prielen überleben können. Für Wasservögel ein stets gefülltes Futterdepot, das auch Millionen von Zugvögeln im Frühjahr und Herbst zu schätzen wissen, wenn sie auf ihrem anstrengenden Zug oft monatelang im Wattenmeer rasten und so das Wattenmeer zum wichtigsten Wasservogelgebiet Europas machen.

Ständig kehren sie wieder, wie das Wasser, das seit Jahrtausenden feinsten Sand und Schlick herantransportiert und auf den flach überspülten Stellen der Küste ablagert, die dadurch kontinuierlich Zentimeter um Zentimeter in die Höhe wächst. Hat sie die Höhe des normalen Mittelwasserstands erreicht – ein Wert, der exakt zwischen Hoch- und Niedrigwasserstand angenommen wird –, siedeln sich auf diesen Anschwemmungen Pflanzen an, die den Salzgehalt des Bodens und Grundwassers vertragen können, zuerst Queller und Strandsoda, dann Rot-Schwingel, Strandmelde und Strandaster, und befestigen durch ihre Wurzeln die Ablagerungen. Mit der Zeit entstehen Strandwiesen, zwischen deren Pflanzen der Wind Sand und feinkörniges organisches Material ablagert, so daß der Boden weiter in die Höhe »wächst«, an der Westküste beispielsweise um mehrere Zentimeter pro Jahr.

Daraus entstehen die fetten Marschwiesen, die seit langer Zeit Menschen anzogen. Da dieses Land hinter der Küste jedoch im Bereich der Flußmündungen niedriger liegt als der normale Hochwasserstand, bestand immer die Gefahr einer Überflutung. So siedelten die Menschen auf Geestinseln, einstigen Moränenrücken, die einige Meter höher sind, oder sie warfen künstliche Hügel auf, die Warften, auf denen Gehöfte angelegt wurden.

Trotzdem waren und sind sie nie sicher vor Überschemmungen. In der Regel steigt bei Flut der Wasserstand nur einen Meter über den Mittelwasserstand, doch kann das Wasser bis auf fünf Meter ansteigen, wenn westliche Stürme zusätzlich Wasser vom Atlantik gegen die Küste pressen, so daß dort Stauungen entstehen. Von solchen Sturmfluten wurde die Nordseeküste immer wieder heimgesucht. Große Landflächen verschwanden, und Tausende von Menschen, im Jahr 1362 bei der »Groten Mandränke« allein mehrere Tausend, kamen in den Fluten um.

Um Küste und Siedlungen zu schützen, wurden im 15. Jh. die ersten Deiche aufgeworfen, wodurch außerdem neues Land entstand, der sogenannte Kog, der später als Weideland genutzt werden konnte. Immer mehr und immer höhere Deiche wurden angelegt sowie Schleusen, die verhinderten, daß die Wasser durch die trichterförmigen Mündungen der Flüsse bei Flut ins Land eindringen konnten. Doch selbst die gegenwärtige, sechs Meter hohe Deichkrone des neuen Deiches zwischen Højer und der Grenze könnte bei orkanartigem Westwind überflutet werden.

Vielleicht war diese ständige Gefahr der Überflutung der Grund, daß sich Städte im 12. und 13. Jh. nicht an der Küste, sondern an den Flüssen entwickelten: Tønder am Vidå, Ribe am Ribe Å, Varde am Varde Å. Diese hatten früher durch die Flüsse Verbindung zum Meer. Doch die Häfen von Ribe und Tønder versandeten, als Deiche gebaut und die Flüsse durch Schleusen abgesperrt wurden. Erst mit Hilfe moderner Technik ist es möglich, an der Westküste größere Häfen anzulegen. Allen voran der Fischereihafen Esbjerg, der heute zusammen mit Aalborg und Kopenhagen zu den größten Exporthäfen Dänemarks gehört und dessen Ausbau im 18. Jh. begonnen wurde, als Husum, damals einziger dänischer Hafen an der Westküste, an Deutschland verlorenging.

Weiter nördlich entwickeln sich nur langsam Häfen wie Thyborøn und Hanstholm, die direkt an der Nordseeküste liegen. Denn über Jahrhunderte galt diese Küste als schifffahrtsfeindlich, weshalb Häfen nur in den geschützten Buchten wie der Lemvig Bucht und in den durch Landzungen vom Meer abgetrennten Strandseen, den Förden (auf dänisch Fjorden), entstanden. Ständig und ungeschützt ist die Küstenlinie der Macht von Wind und Wasser ausgesetzt, da vorgelagerte Inseln hier fehlen.

Die nach Norden setzende Küstenströmung trägt Material ab, unterhöhlt die Küste, lagert Material wieder an, so daß sich die Küste ständig verändert und bei Seeleuten als gefährlich gilt.

Auch der Wind führt zu ständigen Veränderungen. Feinste Sandkörner werden herangeblasen, wodurch Dünen entstehen, die jedoch nicht beständig sind. Sie wandern, was im 16. Jh. zu verheerendem Sandtreiben geführt hat. Häuser und Kirchen wurden unter den Sandmassen begraben, bis entlang der dänischen Nordseeküste weitläufige Dünenstrecken und Plantagen (Aufforstungen) zur Befestigung des Bodens angelegt wurden.

Alles Faktoren, die verständlich machen, warum an der westjütischen Küste bis vor 100 Jahren nur einige wenige Fischer lebten und sie auch heute noch, im Vergleich zur Ostküste oder den ostdänischen Inseln, dünn besiedelt ist.

Die durch die Ablagerungen des Wattenmeers entstandene Marsch wurde durch einen Deich geschützt, auf dem die Nationale Radtour Nr. 1 verläuft (Tour 2).

1 Marschland um Tønder

Tønder – Højer – Vidåslüsen – Rudbøl – Møgeltønder – Tønder

Tourencharakter: Leichte, kulturhistorisch interessante Rundtour im flachen Marschland; markiert; vorwiegend auf verkehrsarmen Straßen, nur wenige Kilometer auf geschottertem Deichweg.
Länge: 43 km.
Gesamtanstieg: 30 m.

Die Tønderner Marsch ist das größte Marschgebiet Dänemarks. Kilometerweit erstreckt sich ein topfebenes Weidegelände, entwässert von zahllosen Kanälen und dem Vidå, einem wasserreichen Fluß. An diesem liegt, einige Kilometer landeinwärts, die Stadt Tønder, einst ein wichtiger Hafenort. Denn durch ihre Lage am Fluß hatte die Stadt früher Verbindung zum Meer. Da sich außerdem nach Süden ein unwegsames Wald- und Sumpfgebiet anschloß, endeten hier die aus dem Norden kommenden Handelsstraßen. Per Schiff wurden die Waren, vor allem Getreide und Vieh, nach den Niederlanden und den norddeutschen Seehäfen exportiert, was der Stadt zu einigem Wohlstand verhalf.

Doch die Lage am Fluß Vidå hatte nicht nur Vorteile. Immer wieder drang das Meer durch die Flußmündung in das niedrige Marschland ein, »raubte« Land, zerstörte, obwohl auf niedrigen Sandbänken am Fluß angelegt, die Stadt, tötete Menschen. Im November 1532 beispielsweise stand das Wasser drei Meter hoch in der Kirche zu Tønder und kamen mehrere tausend Menschen entlang der Wattenmeerküste um. Wenige Jahre später (1555) ließ Herzog Johan der Ältere die Meeresküste eindeichen, um Stadt und Umland vor Überschwemmungen zu schützen. Dies führte langfristig dazu, daß der natürliche Hafen versandete und Tønder seine Bedeutung als Hafenstadt verlor. Doch Klöppelspitzen, von mehr als 12000 Frauen und Mädchen in Heimarbeit hergestellt, wurden zur neuen Einnahmequelle und bescherten zumindest den Händlern einigen Reichtum, wie heute noch die Patrizierhäuser im Stadtbild von Tønder zeigen.

Mit dem Bau des ersten Deiches zwischen Højer und Rudbøl begann sich die Landschaft zu verändern. Denn in den folgenden Jahrhunderten wurden weitere Deiche gebaut, die die Küstenlinie immer weiter nach außen verschoben, so daß neuer Kog entstand – Marschland, das eingedeicht und künstlich entwässert wird – , der beweidet werden konnte. Die Højer-Schleuse, die im Jahr 1861 zusammen mit einem Deich gebaut wurde, der schnurgerade von Højer nach Süden führt, ist heute die »alte« Schleuse. Denn auch davor begann das Wattenmeer zu verlanden und sich das Vorland zu vergrößern, so daß im Jahr 1981 ein neuer, ca. 6 m hoher Deich aufgeworfen wurde und ein etwa 1,5 km breiter neuer Kog, der Margrethe Kog, entstand. Geschützt wird das Hinterland vor den Meeresfluten jetzt durch die neue Vidåsluse.

Streckenbeschreibung

Vom Parkplatz hinter dem Museum in Tønder halten Sie sich auf der Straße Ved Slotsbanken nach links zur Bahnlinie und auf der querlaufenden Jernbanegade nach rechts, passieren den Bahnhof und folgen der Strucksallé über die Bahngleise zum Bargumsvej (1,5 km; Radmarkierung 8). Auf einem Radweg entlang dieser Straße gelangen Sie nach links zum Vestre Omfartsvej am Stadtrand. Hier halten Sie sich an die Radmarkierung nach rechts und erreichen den Møgeltønder Omfartsvej (2,5 km), neben dem Sie auf einem Radweg nach links in Richtung Højer fahren. Nach einigen hundert Metern folgen Sie, wiederum auf einem Radweg, der links abzweigenden Straße in Richtung Møgeltønder (Radmarkierung 8), die Sie aber nach nur 400 m nach rechts verlassen (knapp 4 km; keine Radmarkierung). Ein in Verlängerung dieser Sackgasse weiterführender Rad- und Fußweg mündet in die

Aus Holland kamen im 17. Jh. die Windmühlen, bei denen sich nur noch der »Hut« und nicht mehr die ganze Mühle dreht.

1857

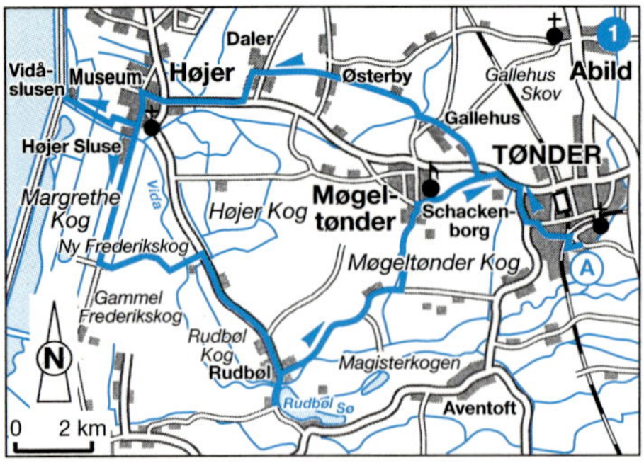

B419, Tønder – Højer. Nach Überqueren der B419 folgen Sie einer ruhigen Landstraße nach *Gallehus* (5 km).

An der Dorfstraße (Radmarkierung 81) stehen zwei Gedenksteine, die die Fundstelle der »Gallehus Trinkhörner« anzeigen. Hier fanden im Jahre 1639 ein Mädchen und im Jahr 1734 ein Mann jeweils ein vergoldetes, mit figürlichen Darstellungen verziertes Trinkhorn aus der Zeit um 400 n. Chr. Diese Gefäße wurden in der königlichen Kunstkammer aufbewahrt, aus der sie jedoch im Jahr 1802 gestohlen und von dem Dieb eingeschmolzen wurden, so daß heute nur noch Rekonstruktionen existieren.

Wenig später passieren Sie die Lindskov Mølle (6 km), eine Wassermühle (18. Jh.), die sich allerdings auf privatem Gelände befindet, ignorieren nach wenigen hundert Metern die Abzweigung des Radwegs 81, durchfahren *Østerby* (gut 8 km) und erreichen auf dem Kirkevej den Ort *Daler* (10 km).

Der Radmarkierung 87/88 folgen Sie durch den Ort zur B419 und auf ihr nach rechts zu einer Windmühle im Zentrum der Kleinstadt *Højer* (14 km). Vor der Windmühle wenden Sie sich auf der querlaufenden Skolegade nach links (Radmarkierung 1; Ww. Vidåslusen), passieren den Kiers Gård, einen alten Marschenhof, der heute als Kultur- und Kursuszentrum dient, biegen kurz nach dem Stadtrand rechts ab (Radmarkierung 87), passieren die alte *Højer Sluse* (knapp 16 km) und gelangen auf einer schnurgeraden Straße entlang dem Højer-Kanal durch den Margrethe Kog zur neuen *Vidåsluse* (17 km) mit einem Café und einer Ausstellung zur Entwicklung des Marschlands.

Auf demselben Weg kehren Sie zurück zur Straße, die Sie wegen dieses Abstechers verließen, und folgen nach rechts der Radmarkierung 1 über den Vidå, vorbei an einem Café und einigen Einzelhöfen, auf schnurgerader Straße durch den Ny Frederikskog. Nach etwa 3 km biegen Sie links (23 km) ab in Richtung Rudbøl auf einen zunächst noch asphaltierten Weg (Radmarkierung 1), der auf der Krone des ersten Deiches aus dem 16. Jh. verläuft und der den Ny Frederikskog vom Gammel Frederikskog trennt.

Unterhalb des Deiches liegen einige Häuser an der Ved Gaden genannten Stelle, wo im Mittelalter die Mündung des Vidå mit einem wichtigen Hafen lag, der jedoch wegen der Eindeichung genauso geschlossen werden mußte wie der Hafen in Tønder.

Auf Höhe des Weilers Nørremølle halten Sie sich leicht nach links, überqueren erneut den Vidå und stoßen bei einem Kro auf die Straße Højer – Rudbøl (26 km), auf der Sie nach rechts (Radmarkierung 8) das Straßendorf *Rudbøl* erreichen (29 km): Eine Ansammlung hübscher Häuser, ein Gasthof, alles idyllisch am Rudbøl-See gelegen, der eine Erweiterung des Flusses Vidå ist. Durch die einstige Schiffahrt auf dem Fluß wurde Rudbøl im Jahr 1629 zur Handelsstadt erhoben, was sie heute noch ist, allerdings eine der kleinsten Dänemarks. Mitten durch das Dorf verläuft die deutsch-dänische Grenze, die nur an zwei Grenzsteinen erkennbar ist.

Im Ort, nur wenige hundert Meter vor dem Rudbøl Sø und dem »Grænse Kro«, biegen Sie links ab (Radmarkierung 8) in Richtung Møgeltønder, durchfahren den ausgedehnten Møgeltønder Kog und gelangen auf einer links abzweigenden Straße (34 km; Radmarkierung 8) nach *Møgeltønder* (35,5 km). Der Radmarkierung folgen Sie durch den mit seinen strohgedeckten Häusern malerisch aussehenden Ort hindurch zur Slots Gade und zum Schloß Schackenborg.

Als schönste Dorfstraße Dänemarks gilt die Slots Gade mit den niederen, strohgedeckten Häusern, deren Türen kunstvoll bemalt sind. Anfang des 18. Jh. ließen sich entlang der kopfsteingepflasterten Straße Klöppelspitzen-Händler, Beamte und Guts-

Häuser sind auch heute noch, trotz erhöhter Brandgefahr, häufig mit Riedgras gedeckt, das überall in den Niederungen geerntet werden kann.

inspektoren nieder, die im Schloß Schackenborg arbeiteten. Diese barocke Anlage, heute wieder im Besitz der königlichen Familie, steht an der Stelle einer mittelalterlichen Burg, die bis zur Reformation (1536) dem Bischof von Ribe gehörte und ein strategisch wichtiger Vorposten gegen Süden war.

Sie verlassen den Ort auf der Slots Gade und erreichen auf einem Radweg entlang der Straße wieder die B419, Højer – Tønder (38,5 km). Auf demselben Weg, auf dem Sie Ihre Tour begannen, kehren Sie zu Ihrem Ausgangspunkt in Tønder zurück.

Nützliche Informationen

Ausgangsort: Tønder, Kleinstadt (13 000 E.) in Westschleswig, unweit der deutsch-dänischen Grenze; eine der ältesten Städte Dänemarks. Per Bahn erreichbar. Hotels, Campingplatz, JH (Tel. 74 72 35 00).
Anfahrt: E45, Flensburg – Kolding, Ausfahrt 75. Auf der A8 über Tinglev nach Tønder. Vom Stadtrand auf dem Søndre Landevej und auf dem Kongevej zum Museum. In der Straße Ved Slotsbanken, zwischen Museum und Bahnhof, ein Parkplatz.
Etappen: Tønder – Gallehus 5 km – Højer 9 km (14 km) – Vidåsluse 3 km (17 km) – Rudbøl 12 km (29 km) – Møgeltønder 6,5 km (35,5 km) – Tønder 7,5 km (43 km).
Einkehr unterwegs: Café und Kro in Højer; Cafeteria an der neuen Vidåsluse; Café am Vidå; Kro, ca. 4 km vor Rudbøl; Kro in Rudbøl; Slotskro in Møgeltønder.
Sehens- und Wissenswertes: In Tønder:
• *Alte Apotheke* mit Museum, am Marktplatz (Torvet); geöffnet täglich 14–17.30 Uhr.
• *Christkirche*, 16. Jh., Inventar aus der Renaissance und dem Barock; geöffnet Mo.–Sa. 9–16 Uhr. • *Museum*, kulturhistorisches Heimatmuseum mit Sammlungen von Klöppelspitzen, holländischen Fliesen; geöffnet Di.–So. 10–17 Uhr; Eintrittsgebühr.
In Højer: • *Mühlen- und Marschmuseum*, in einer Holzwindmühle von 1857 unterge-

Von der Schiffsbrücke in Ribe wurden jahrhundertelang landwirtschaftliche Produkte, vor allem Vieh, zu den deutschen und holländischen Nordseehäfen exportiert.

bracht, informiert über Sturmfluten und Lebensbedingungen in der Marsch; geöffnet Anfang April – Ende Okt. täglich 10–16 Uhr; Eintrittsgebühr. • *Højer-Kirche*, romanische Kirche (12. Jh.). • *Vidåsluse*, moderne Schleusenanlage; Tøndermarskens Naturcenter, geöffnet Anfang April-Ende Okt. täglich 10–18 Uhr; Eintritt frei. Cafeteria. In Møgeltønder: • *Kirche*, um 1275, eine der größten Dorfkirchen Dänemarks; durch gotische und barocke Anbauten erweitert; sehenswert wegen der Kalkmalereien, des Holzgestühls und des gotischen Altars.
• *Schloß Schackenborg*, zugänglich ist nur der Schloßpark auf der gegenüberliegenden Straßenseite. • *Kniplehusets Museum*, historische Sammlung von Klöppelspitzen; geöffnet täglich 10–18 Uhr; Eintrittsgebühr.
Fahrradverleih: Theis Cykler, Søndergade 7, Højer, Tel. 74 78 29 51.
Auskunft: Tønder Turistbureau, Torvet 1, DK-6270 Tønder, Tel. 74 72 12 20.
Karte: Sønderjylland på cykel, 1:100 000.

2 Von Ribe zum Wattenmeer

Ribe – Egebæk-Hviding – Vester Vedsted – Kammerslusen – Ribe

Tourencharakter: Leichte Tour, ohne Steigungen, auf ruhigen Straßen, auf Radwegen entlang der Durchgangsstraßen und entlang dem Deich; nahezu durchgängig markiert.
Länge: 25 km.
Gesamtanstieg: 25 m.

Eine der von Touristen häufig besuchten Städte Dänemarks ist Ribe. Nicht erstaunlich angesichts des mittelalterlichen Stadtkerns mit dem alles beherrschenden Dom; mit den stolzen Fachwerkhäusern, ausgefugt mit Backsteinen; mit den engen, kopfsteingepflasterten Gassen in der Nähe der Schiffsbrücke am Fluß Ribe Å. Die Lage an der engsten Stelle des Flusses war ausschlaggebend dafür, daß sich hier eine der wichtigsten Handelsstädte Jütlands entwickelte. Schon im 8. Jh. segelten ausländische Kaufleute den Fluß herauf, um Pelze, Bernstein, vor allem aber Ochsen einzukaufen. Ihre Blütezeit erlebte die Stadt zwischen dem 13. und 16. Jh. als Umschlagplatz für den Handel zwischen Dänemark, den Ländern der Nordseeküste und denen der Ostseeküste. Der Grund war der, daß die Schiffspassage um den Norden Jütlands herum gefährlich war, so daß die Waren von der Westküste Jütlands über Land zur Ostküste und von dort weiter zu den östlich gelegenen Ländern transportiert wurden. Zu Wikingerzeiten führte diese Handelsstraße im Süden Jütlands von Hollingstedt nach Haithabu (Hedeby). Als Haithabu jedoch seine Bedeutung verlor, entwickelte sich eine Verbindung zwischen Ribe und Kolding an der Ostküste Jütlands. Diese Lage sowie der Export von Pferden und vor allem Ochsen verhalf der Stadt zu einigem Wohlstand, der sich im großangelegten Ausbau manifestierte. Doch als gegen Ende des Mittelalters die Schiffe seetüchtiger wurden und in der Lage waren, die Nordspitze Jütlands zu umrunden, verlor Ribe seine Bedeutung als internationaler Handelsplatz.

Der Fluß, der für die Entwicklung der Stadt ausschlaggebend war, verursachte aber auch Probleme. Die Stadt lag zwar auf dem Ausläufer einer Geestinsel – einige Meter höher gelegen als die Marsch –, dennoch war die Gefahr einer Überschwemmung

Zum Schutz des tiefliegenden Marschlands gegen Sturmfluten wurden ab dem 17. Jh. entlang der Wattenmeerküste Deiche angelegt.

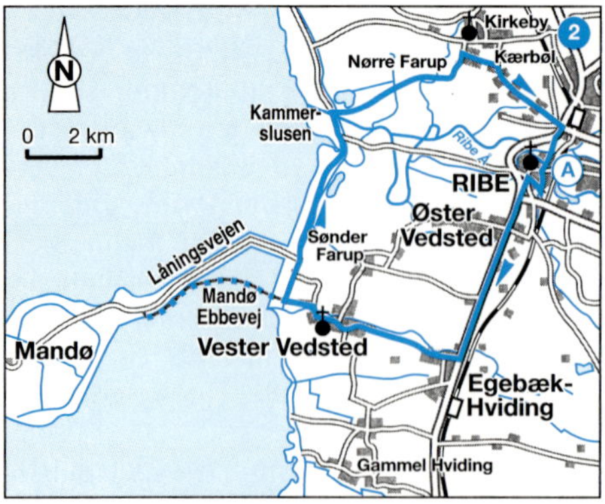

durch die den Ribe Å heraufdrückenden Wassermassen immer groß. Die Pläne, einen Deich zu bauen, wurden nach einer Beinahe-Katastrophe im Jahr 1976 endlich in die Tat umgesetzt. Jetzt schützt an der Mündung des Ribe Å eine Kammerschleuse, die sich schließt, wenn das zurückflutende Wasser gegen den Deich drückt, das Hinterland.

Streckenbeschreibung

Unmittelbar von der Einfahrt zum Parkplatz am südlichen Stadtrand (Tøndervej) von Ribe folgen Sie einem Radweg (Radmarkierung 10) entlang dem Tøndervej in südlicher Richtung, unterqueren die hier als Ringvej bezeichnete A11, Tønder – Ribe, und gelangen auf einem Radweg neben der schnurgeraden, stark befahrenen A11 nach *Egebæk-Hviding* (5km).

Wenige Meter nach dem Ortsbeginn biegen Sie rechts ab (Radmarkierung 10; Ww. Vester Vedsted) und gelangen auf einer ruhigen Straße, vorbei an der Vester Vedsted Plantage und zwischen Wiesen und Viehweiden hindurch, nach *Vester Vedsted* (8km). Sie fahren durch den Ort, in dem mehrere stattliche Gehöfte auffallen, geradeaus hindurch – nicht der Radmarkierung 10 nach links folgen! –, passieren die leicht erhöht liegende Kirche und folgen einem Sträßchen (Ww. Mandø Ebbevej) zur Küste (11km).

Von der Deichkrone aus blicken Sie über das Wattenmeer, in dem die Insel Mandø liegt, die bei Ebbe und guten Wetterverhältnissen mit dem Auto über den mit Besen markierten Weg durch das Watt erreichbar ist. Etwas weiter nördlich verläuft der Låningsvejen, der zwar höher liegt, aber bei Hochwasserstand ebenfalls nicht passierbar ist. Am sichersten ist es, möchte man die Insel Mandø besuchen, mit dem Mandø-Bus zu fahren, einem von einem schweren Traktor gezogenen, offenen Wagen, der, je nach Gezeiten und Wetterverhältnissen, 1–2mal pro Tag in Vester Vedsted abfährt.

Am Deich halten Sie sich nach rechts (Radmarkierung 1; Ww. Kammerslusen) und gelangen auf einem asphaltierten Fahrweg entlang dem mehrere Meter hohen Deich an eine Straße, die vollends zu *Kammerslusen* führt (16km). Bei dieser Schleuse an der als Bootshafen genutzten Mündung des Ribe Å befinden sich einige Wochenendhäuschen, ein Kiosk und ein Restaurant.

Unmittelbar an der Schleuse überqueren Sie auf einer Metallbrücke den Ribe Å, wenden sich nach rechts (Radmarkierung Nørre Farup) – nicht der Radmarkierung 10 entlang dem Deich folgen! – und erreichen auf dem schmalen Kammerslusenvej den Weiler *Nørre Farup* (20km).

Hier biegen Sie rechts ab (Ww. Ribe) und stoßen nach 1km auf eine Querstraße, der Sie nach rechts folgen. Am Stadtrand von *Ribe* (23km) überqueren Sie die A11, Esbjerg – Ribe, und gelangen auf einem Radweg entlang der Straße – nicht der Umgehungsstraße folgen, da stark befahren! – in die Stadtmitte (24km) und zurück zu Ihrem Ausgangspunkt.

Nützliche Informationen

Ausgangsort: Ribe, Kleinstadt (8000 E.) am Ribe Å mit mittelalterlichem Stadtbild. Per Bahn erreichbar. Hotels, Gasthöfe, Campingplatz, JH (Tel. 75420620).
Anfahrt: E45 Flensburg – Kolding, Ausfahrt 68. Auf der A47 über Vojens, anschließend auf der A24 nach Ribe. Etwa 400m nach Queren einer Bahnlinie am Stadtrand rechts abbiegen zu einem Kreisverkehr und der Ausschilderung »Centrum« 500m weit folgen zu einem großen Parkplatz am Tøndervej.
Etappen: Ribe – Egebæk-Hviding 5km –

Vester Vedsted 3 km (8 km) – Kammerslusen 8 km (16 km) – Ribe 9 km (25 km).
Einkehr unterwegs: Kro in Hviding (Abstecher 1 km); Café in Vester Vedsted; Restaurant an der Kammerschleuse (schöne Lage am Fluß).
Bademöglichkeit: Hallenbad in Ribe.
Sehens- und Wissenswertes: In Ribe:
• *Dom*, 12. Jh., die größte und am besten erhaltene romanische Kirche Dänemarks, gilt als einer der schönsten Dome Nordeuropas; Besteigung des Kirchturms möglich; geöffnet 1.6.–31.8. Mo.–Sa. 10–18 Uhr, So. 12–18 Uhr; im Frühjahr und Herbst Mo.– Sa. 10–17 Uhr und So. 12–17 Uhr; im Winter Mo.–Sa. 11–15 Uhr und So. 13–15 Uhr; Eintrittsgebühr. • *Sct. Catharinen* (Kirche und Kloster), eine der wenigen gut erhaltenen klösterlichen Anlagen (13. Jh.) mit Klosterhof und Kreuzgang; geöffnet 1.5.–30.9. täglich 10–12 und 14–17 Uhr, sonst 10–12 und 14–16 Uhr; Eintrittsgebühr für den Klosterhof. • *Altes Rathaus*, 1496 erbaut und ältestes existierendes Rathaus Dänemarks, kleines Museum im ehem. Gefängnis; geöffnet 1.6.–31.8. täglich 13–15 Uhr, ansonsten Mo.–Fr. 13–15 Uhr.
• *Quedens Gaard*, Kaufmannshof (um 1580), heute Museum, Spezialausstellung zu Ribe im Mittelalter. • *Hans-Tausens-Haus*, Wikingerausstellung; beide geöffnet 1.6.–31.8. täglich 10–17 Uhr, sonst Di.–So. 11–15 Uhr; Eintrittsgebühr. • *Spielzeugmuseum*, Von Støckens Plads 2; geöffnet 1.5.–31.8. täglich 10–17 Uhr, sonst Mi.–Fr. 12–17 und Sa. / So. 12–16 Uhr; Eintrittsgebühr. • *Ribe, Kunstmuseum*, Sct. Nicolaigade 10; geöffnet 15.6.–31.8. täglich 11–16 Uhr, sonst Di.–Sa. 13–16 und So. 11–16 Uhr, Eintrittsgebühr. • *Vester Vedsted, Kirche* (1250), schöne Lage auf kleiner Erhebung am Ortsrand. • *Mandø-Bus*, verkehrt während des Sommerhalbjahres, je nach Stand der Gezeiten, 1–2mal täglich ab Vester Vedsted; Auskunft über Fahrzeiten im Touristenbüro in Ribe oder unter Tel. 75 44 51 07.
Fahrradverleih: JH Ribe, Tel. 75 42 06 20, geöffnet 8–12 und 16–20 Uhr.
Auskunft: Ribe Turistbureau, Torvet 3–5, DK-6760 Ribe, Tel. 75 42 15 00.
Karte: Cykelferie i Ribe Amt, 1:100 000.

3 Romanische Dorfkirchen bei Varde

Varde – Alslev – Oksbøl – Billum – Janderup – Varde

Tourencharakter: Ruhige Tour auf verkehrsarmen Nebenstraßen ohne nennenswerte Steigung; durch offene Landschaft mit Einzelgehöften und kleinen Ortschaften; nahezu durchgehend markiert.
Länge: 39 km.
Gesamtanstieg: 60 m.

Charakteristisches Merkmal der Landschaft Dänemarks sind die Kirchen, die, häufig auf einer kleinen Erhebung errichtet, auch den Seefahrern einst den Weg wiesen. Weithin sichtbar sind sie auch heute noch im flachen Umland, die meist weiß gekalkten Türme und die Kirchen in »Treppenform«. Will man sie besichtigen, sollte man nicht in der Ortsmitte nach ihnen suchen, denn meist liegen sie am Dorfrand oder etwas außerhalb. Warum die Kirchen, auch der Dom in Ribe, einst nicht direkt im Ortskern erbaut wurden, kann nur vermutet werden: Vielleicht wurde in der ersten Hälfte des 12. Jh., als die meisten dänischen Dorfkirchen gebaut wurden, die Kirche als Stätte des christlichen Glaubens noch nicht von allen Dorfbewohnern geduldet, war doch der christliche Glaube erst Ende des 10. Jh. von dem Wikingerkönig Harald Blauzahn eingeführt worden. Oder sie wurden an Stellen errichtet, an denen sich zuvor heidnische Kultstätten befunden hatten.

Granit war bis zur Reformation der übliche Baustoff für Kirchen. Doch wo die Kirche nahe an der Küste oder an einem schiffbaren Fluß lag, wurden die Granitquader durch Tuffsteinquader ersetzt, die aus Deutschland über den Rhein und die Nordsee herantransportiert worden waren. So sind 40 Kirchen in Westjütland teilweise oder ganz aus Tuffsteinen erbaut, unter anderem auch die an dieser Tour gelegenen Kirchen von Oksbøl, Billum und Janderup. Die älteste der drei ist wohl die Aal-Kirche bei Oksbøl aus der ersten Hälfte des 12. Jh.,

Typische Merkmale einer der ca. 1800 im 12./13. Jh. entstandenen Dorfkirchen: Anordnung des Daches in Treppenform, weiß gekalkte Mauern und ein von weitem sichtbarer Turm.

die vor allem aufgrund ihrer Fresken bekannt ist: Szenen aus dem Leben des Heiligen Nikolaus, dem die Kirche geweiht ist. Ungewöhnlich aber ist vor allem der sogenannte Reiterfries an der Nordwand: sich gegenseitig auf einem Schlachtfeld erschlagende Reiter. Eine anschauliche Kampfszene, deren Darstellung in einer Kirche Anlaß gab zu weit auseinandergehenden Deutungen. Ganz anderer Art sind die Malereien in der Kirche von Billum aus dem 12./13. Jh. Im hellen Kirchenschiff sind direkt unter der flachen Holzdecke vier Wappen abgebildet, von denen man annimmt, daß sie die Wappen der Stifterfamilien der Kirche sind.

Streckenbeschreibung

Vom Parkplatz am Bahnhof in Varde verlassen Sie nach links, d.h. in südwestlicher Richtung, auf einem Radweg entlang der Straße Endraget (Radmarkierung 2) die Stadt, biegen zunächst auf eine Querstraße ab (knapp 2 km; Radmarkierung 2) in Richtung Ribe und halten sich nach wenigen hundert Metern an einem Kreisverkehr nach rechts (Ww. Alslev). Sie durchfahren den Weiler *Toftnæs* (4 km), überqueren den Alslev Å und stoßen, nachdem Sie Alslev (5,5 km) durchfahren haben, auf die B 475, Varde – Hjerting (7 km).

Auf der B 475 wenden Sie sich nach rechts in Richtung Hjerting – nicht der Radmarkierung geradeaus folgen –, biegen auf Höhe der Hoffmanns Plantage rechts ab (8,5 km) und erreichen auf einer schnurgeraden Straße das Straßendorf *Hostrup* (10 km). Unmittelbar vor dem Ortsschild von Kokspang halten Sie sich nach rechts, passieren die Kirche von Hostrup und folgen wenig später an einer Straßengabelung nach links dem Kravnsøvej, der in die stark befahrene B 463, Esbjerg – Billum, einmündet (12 km).

Der Fluß Varde Å ist der einzige der in das Wattenmeer einmündenden Flüsse, der nicht durch eine Schleuse reguliert ist.

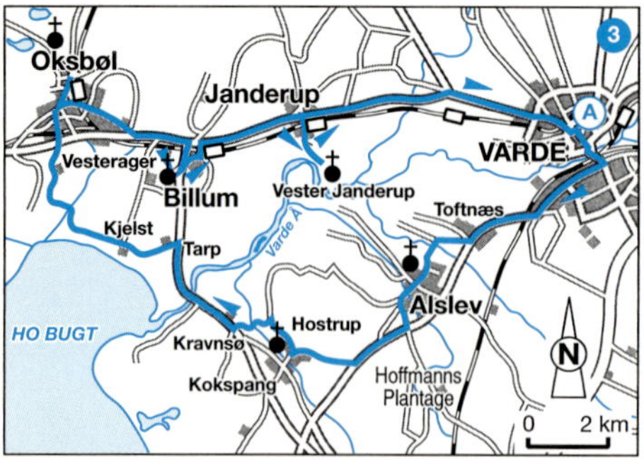

Sie wenden sich nach rechts in Richtung Oksbøl, überqueren unweit der Ho Bugt den breiten Varde Å und biegen bei den wenigen Häusern von *Tarp* links ab (15 km; Ww. Kjelst). Die Radmarkierung 1 führt Sie durch Kjelst, zwischen feuchten Wiesen hindurch, an ausgedehnten Sandgruben mit einem See (19 km) vorbei und mittels einer Unterführung unter der B 431, Varde – Oksby, hindurch nach *Oksbøl* (21 km).

Im Ort wenden Sie sich nach rechts in die Vestergade (Radmarkierung 8), wenig später erneut nach rechts in die Østergade und stoßen auf die B 431, Oksbøl – Varde (23,5 km).

Wenn Sie sich die romanische Aal-Kirke ansehen möchten, biegen Sie nicht in die Vestergade ab, sondern halten sich geradeaus in Richtung Øster Vrøgum (Abstecher hin und zurück 1,5 km).

Auf einem Radweg (Radmarkierung 8) neben der stark befahrenen B 431 erreichen Sie *Billum* (25 km). Kurz vor dem Ortsbeginn biegen Sie rechts ab (Ww. Ribe) zur Kirche von Billum. Von der Kirche kehren Sie 200 m zurück und gelangen auf dem Kirkebyvej (Ww. Billum) in die Ortsmitte (26,5 km), wo Sie weiter dem Radweg entlang der Straße nach *Janderup* folgen (29,5 km).

Der im Ort rechts abzweigende Åkirkevej (Ww.: Hinweisschild mit stilisierter Kirche) führt zur gesondert stehenden romanischen Kirche (30 km). Auf demselben Weg kehren Sie in den Ort zurück und gelangen, weiterhin auf dem Radweg neben der Straße, über einen Kreisverkehr (knapp 35 km) nach Varde (36,5 km). Sie halten sich geradeaus und kehren durch die Straße Vesterport, die Fußgängerzone Vestergade, die Torvgade und den Posthusvej zum Parkplatz am Bahnhof zurück.

Nützliche Informationen

Ausgangsort: Varde, am Varde Å gelegene Kleinstadt (11 000 E.) mit lebhafter Fußgängerzone. Per Bahn erreichbar. Hotels, JH (Tel. 75 22 10 91).
Anfahrt: E 45, Flensburg – Kolding, Ausfahrt 64. Auf der E 20 über Vejen in Richtung Esbjerg. Vor Esbjerg abbiegen auf die A 11 nach Varde. Parken vor den Gebäuden von Post und Bahnhof.
Etappen: Varde – Alslev 5,5 km – Hostrup 4,5 km (10 km) – Tarp 5 km (15 km) – Oksbøl 6 km (21 km) – Billum 5,5 km (26,5 km) – Janderup 3 km (29,5 km) – Varde 9,5 km (39 km).
Einkehr unterwegs: In Oksbøl; Kro in Billum; in Janderup.
Sehens- und Wissenswertes: In Varde:
• *Museet for Varde By*, Lundvej 4, kulturhistorisches Heimatmuseum; geöffnet 1.5.–13.8. täglich 13–17 Uhr; 1.9.–30.4. 14–17 Uhr; Eintrittsgebühr. • *Artillerimuseum*, Vestervold 11 A, zur Geschichte dänischer Geschütze; geöffnet täglich 11–17 Uhr. • *Minibyen*, Arnbjerg Anlægget, Miniaturnachbildung der Stadt Varde im Jahr 1860; geöffnet 12.5.–4.9. täglich 10–18 Uhr; 5.9.–18.9. und 15.10.–23.10 täglich 10–16 Uhr; 19.9.–14.10. täglich 13–16 Uhr; Eintrittsgebühr. • *Sommerland*, Vergnügungspark; geöffnet Mitte Mai – Anfang Sept. täglich 10–18 Uhr; Eintrittsgebühr.
• *Blåvandshuk-Egns-Museum* in Oksbøl, Kirkegade 1, Heimatmuseum mit Ausstellung zur deutschen Besatzungszeit 1940–1945 sowie zum deutschen Flüchtingslager bei Oksbøl 1945–1949; geöffnet 15.6.–15.9. und 17.–24.10. täglich 14–17 Uhr; 16.9.– 14.6. So. 14–17 Uhr; Eintrittsgebühr.
Fahrradverleih: Statoil Servicenter, Sønderbro 2, Varde, Tel. 75 22 44 88; täglich geöffnet 6–24 Uhr.
Auskunft: Varde Turistkontor, Torvet 5, DK-6800 Varde, Tel. 75 22 32 22.
Karte: Cykelferie i Ribe Amt, 1:100 000.

4 Am Ringkjøbig Fjord

Skjern – Lønborg – Skaven Strand – Bork Havn – Nørre Bork – Lønborg – Tarm – Skjern

Tourencharakter: Leichte Tour durch flache, weite Landschaft mit langem Abschnitt auf einer Durchgangsstraße, aber auch landschaftlich äußerst reizvollem Abschnitt entlang der Förde; einige Kilometer auf Schotterweg.
Länge: 54 km.
Gesamtanstieg: 70 m.

Bei einem Blick auf die Landkarte fällt auf, daß die Küstenlinie Westjütlands nördlich von Esbjerg beinahe geschlossen ist und daß manchmal nur schmale Landstreifen große Seen vom Meer abtrennen: den Ringkjøbing Fjord, den Stadil Fjord und den Nissum Fjord. Fjorde, wie man sie aus Norwegen kennt, sind dies jedoch nicht, sondern durch Dünenbildung vom Meer abgetrennte Seen, sogenannte Strandseen. Nicht immer war diese Küste so ausgeglichen. Vor einigen tausend Jahren verlief sie weiter östlich, war durch Buchten gegliedert und fiel steiler zum Meer ab. Doch durch eine Anhebung des Landes sowie ständige Ablagerungen des Meeres entstanden Landzungen, auf denen sich durch den Westwind herangetragener Sand ablagerte und Dünen bildete. Die so entstandenen Seen sind flach, nur an einigen Stellen ist das Fjordwasser, das einen Salzgehalt von 5–20 Prozent hat, 4 m tief.

Holmsland Klit, eine 30 km lange Landzunge, trennt den Ringkjøbing Fjord, Dänemarks größten Strandsee, von der Nordsee. Diese Landzunge hat in den letzten Jahrhunderten ständig ihre Form verändert, indem der Durchlaß zwischen See und Meer weiter nach Süden wanderte. Im Zusammenhang damit bildete sich die Halbinsel Tipperne im Süden des Fjords.

Auf ihr wuchs Marschgras, das, da es schneller trocknete als anderes Gras, von den Bauern der Umgebung geschätzt wurde als Heu, als oft einziges Winterfutter für ihre Rinder. Denn die Viehzucht auf den fetten Wiesen rund um den Ringkjøbing Fjord war seit dem Mittelalter ein einträgliches Geschäft. Das hier gezüchtete Schlachtvieh wurde jeweils im Herbst auf dem sogenannten Drivvejen nach Süden getrieben, wo es in den Häfen von Ribe oder Hjerting eingeschifft wurde in Richtung Süden. Dieser Handel, der den Bauern der Umgebung einigen Wohlstand brachte, hat jedoch seine große wirtschaftliche Bedeutung seit dem Ersten Weltkrieg verloren. Auch ziehen die Bauern heute nicht mehr, wie früher üblich, jeweils am 7. Oktober zur Heuernte auf die Halbinsel, weshalb der auf dem Weg dorthin an der Furt über den Fahle Å gelegene Fahl Kro, der damals eine willkommene Einkehrmöglichkeit war, heute ein Museum mit Kaffeestube ist.

Streckenbeschreibung

Vom Bahnhof in Skjern folgen Sie der Hauptstraße, der Bredgade, nach rechts, d.h. in Richtung Tarm, 500 m weit, biegen rechts ab (Radmarkierung 4) auf den Klostervej, überqueren zunächst die Bahnlinie Esbjerg – Holstebro, dann am Stadtrand den Ganer Å und halten sich auf dem querlaufenden Lønborgvej (knapp 2 km) nach links in Richtung Nørre Nebel. Die ruhige, streckenweise schnurgerade Straße führt über den Skjern Å (6,5 km), den wasserreichsten Fluß Dänemarks, der seit 1968 reguliert ist, früher aber aufgrund seiner Wassermassen vor allem im Winter ein Hindernis für Reisende war, die oft in den umliegenden Gasthöfen auf besseres Wetter warten mußten.

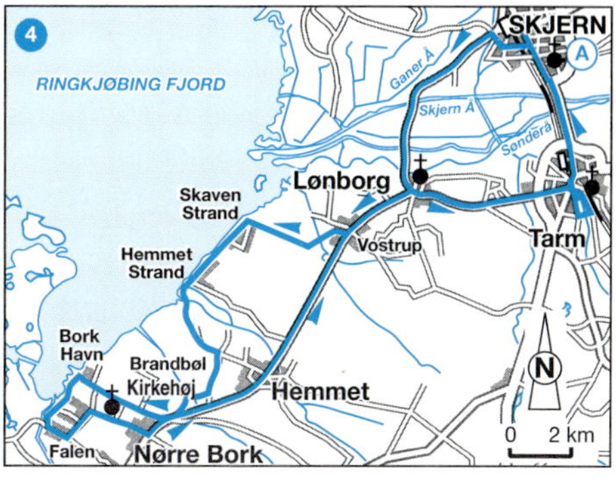

Eine Reihe Fischerhütten bei Hemmet Strand, eine Herde grasender Kühe – ein typisches Bild für die Landschaft um den Ringkjøbing Fjord, wo außer Fischfang schon seit Jahrhunderten auf den fetten Marschwiesen auch Viehzucht betrieben wird.

Wenig später führt die Straße über den Sønderå und mündet in *Lønborg* in die B423, Tarm – Nørre Nebel, ein (7,5 km). Die Kirche in Lønborg, im Mittelalter ein wichtiger Ort, in dem sowohl der König als auch der Bischof von Ribe eine Burg hatte, lohnt einen Abstecher.

Der schnurgeraden B423 folgen Sie, ohne Radweg, nach rechts (Radmarkierung Drivvejen) in die Ortsmitte von *Vostrup* (9,5 km), wo Sie nicht der Radmarkierung nach rechts in Richtung Vesterby folgen, sondern, 100 m weiter, erst auf die folgende Straße rechts abbiegen (Ww. Camping) und den Bootshafen der Ferienhaussiedlung *Skaven Strand* erreichen (13 km).

Links des Hafens beginnt ein sandiger Schotterweg, der in südlicher Richtung direkt die Küste entlang- und an einer weiteren Ferienhaussiedlung, *Hemmet Strand*, vorbeiführt. Am südlichen Rand dieser Siedlung folgen Sie einer Schotterstraße nach rechts (16,5 km; Radmarkierung Odderstien), stoßen nach wenigen hundert Metern auf Höhe der Fischerhütten von *Hemmet Strand* auf eine querlaufende Schotterstraße (Abstecher zum Fischerhafen hin und zurück 500 m), auf der Sie nach links (Radmarkierung Drivvejen) zu den wenigen Gehöften von *Brandbøl* gelangen. An einer Straßenkreuzung (19 km; am Straßenrand ein Transformatorenhäuschen) biegen Sie rechts ab (Radmarkierung Drivvejen) in Richtung Nørre Bork. Nach gut 1 km folgen Sie einem rechts abzweigenden Feldweg (Radmarkierung 8, Odderstien), der in die B423 einmündet (22 km).

Auf ihr halten Sie sich nach rechts auf Nørre Bork zu, verlassen sie aber schon nach 50 m wieder nach rechts (Radmarkierung Drivvejen) und gelangen, vorbei an Kirkehøj mit der Kirche von Nørre Bork und vorbei an einer Ferienhaussiedlung, nach *Bork Havn* (25,5 km), einen geschäftigen Fischer- und Bootshafen mit Einkehrmöglichkeiten. Entlang der Küste und am Rand der Ferienhaussiedlung Falen führt die Straße zum *Fahl Kro Museum* (27,5 km).

Die am Kro vorbeiführende Straße verlassen Sie nach knapp 1 km auf dem links abzweigenden Falenvej (Radmarkierung 8, Hemmet, Nørre Bork), halten sich nach wiederum 1 km nach rechts auf den Kosigvej und erreichen, vorbei an Kirkehøj, in *Nørre Bork* die B 423 (31 km).

Sie wenden sich nach links und folgen der Durchgangsstraße auf einem schmalen Randstreifen durch *Hemmet* (35 km) und *Vostrup* (40 km) nach *Lønborg* (42,5 km), von wo ein Radweg entlang der Straße nach *Tarm* führt (46,5 km). Am Stadtrand überqueren Sie die A 11, Esbjerg – Holstebro, und stoßen auf die querlaufende Storegade, die durch den Stadtkern von Tarm verläuft.

Für einen Besuch des kleinen Museums Hattemagerhuset biegen Sie nicht auf die Storegade nach links ab, sondern kreuzen die Storegade und folgen etwa 700 m weit der Straße Svinget (Ww. Hattemagerhuset), in ihrer Fortsetzung dann dem Foersumvej und biegen nach links in einen Schotterweg ein, der zum Hattemagerhuset führt (Abstecher hin und zurück 1,5 km).

Nach Überqueren der Bahnlinie Esbjerg – Holstebro gelangen Sie auf einem Radweg entlang dem Skjernvej am Stadtrand zu einem Kreisverkehr (50,5 km), an dem Sie sich geradeaus halten, die A 28, Tarm – Grindsted, kreuzen, auf einem Radweg neben der A 11 den Skjern Å überqueren und den Stadtrand von Skjern erreichen (52,5 km). Sie fahren weiter geradeaus in die Stadtmitte und gelangen zurück zum Parkplatz am Bahnhof.

Aus dem kleinen Fischerort Bork Havn hat sich ein beliebter Ferienort mit Yachthafen und Ferienhaussiedlung entwickelt.

Nützliche Informationen

Ausgangsort: Skjern, Verkehrs- und Handelszentrum am Skjern Å. Per Bahn erreichbar. Hotels, Campingplatz.
Anfahrt: E45, Kolding – Århus, Ausfahrt 61. Auf der A28 über Vejle und Grindsted nach Skjern. Parkplatz am Bahnhof in Skjern.
Etappen: Skjern – Lønborg 7,5 km – Skaven Strand 5,5 km (13 km) – Brandbøl 5,5 km (18,5 km) – Bork Havn 7 km (25,5 km) – Nørre Bork 5,5 km (31 km) – Lønborg 11,5 km (42,5 km) – Tarm 4 km (46,5 km) – Skjern 7,5 km (54 km).
Bademöglichkeit: Im Ringkjøbing Fjord.
Einkehr unterwegs: Restaurant in Skaven Strand; Restaurant und Café in Bork Havn; Kaffeestube Fahl Kro; Restaurant in Lønborg; Restaurant im Hotel in Tarm.
Sehens- und Wissenswertes: In Skjern: • *Stadtmuseum*, Bredgade 73–77, in der Wohnung eines früheren Lokomotivführers neben dem alten Wasserturm; geöffnet Mo.–Fr. 13–16 Uhr. • *Windmühle*, die noch Korn mahlt, Ausstellung zur Nutzung der Windenergie; geöffnet Juni–Okt. Mo.–Fr. 11– 17, So. 13–17 Uhr. • *Kirche St. Knud* in Lønborg, mittelalterliche Kirche (um 1100) mit Kalkmalereien (um 1500); schönes Glockenspiel um 8.15, 12.00, 15.00 und 17.00 Uhr. • *Fahl Kro*, Gasthof, der im Jahr 1856 an der Furt über den Fahl Å gebaut wurde; heute Museum mit wechselnden Ausstellungen, historische Bootswerft; im Kro Kaffeestube; geöffnet Ende Mai–Anfang Okt. Mo.–Sa. 11–17 und So. 13–17 Uhr; Eintrittsgebühr. • *Kirche von Nørre Bork*, um 1200, mit Viehgatter, das verhindern sollte, daß Vieh auf den Friedhof zum Grasen ging. • *Hutmacherhaus* in Tarm, Foersumvej 1, historische Hutmacherwerkstatt im ältesten Haus von Tarm (Anfang 19. Jh.); geöffnet Juni–Aug. Mo.– Fr. 11–17 und So. 13–17 Uhr.
Fahrradverleih: Geschäft Karl Fjord, Jernbanegade 3, Skjern, Tel. 97 35 00 65 (gegenüber BHF).
Auskunft: Turistkontor, Østergade 8, DK-6900 Skjern, Tel. 97 35 18 55.
Karte: Cykelferie i Ringkjøbing Amt, 1:200 000.

5 Das Braunkohlegebiet bei Herning

Herning – Kølkær – Søby – Høgild – Skærbæk – Herning

Tourencharakter: Ruhige Rundtour ohne wesentliche Steigungen auf verkehrsarmen Nebenstraßen.
Länge: 45 km.
Gesamtanstieg: 180 m.

Ein Gewirr kleinerer Seen, deren Wasser eine rötliche Färbung hat, helle Sandhügel, bewachsen mit Kiefern – eine eigenartige Landschaft, die nicht so ganz in das übliche Dänemarkbild passen will. Und in der Tat ist diese Landschaft nicht natürlich, sondern eine Folge des Eingriffs durch den Menschen. Denn hier bei Søby südlich von Herning wurde zwischen 1940 und 1970 Braunkohle abgebaut. Braunkohle, ein durch Vertorfung und Fäulnis aus organischen Substanzen entstandener Energierohstoff, wird zum Heizen verwendet, obwohl dessen Heizwert geringer ist als der von Steinkohle. Da die Braunkohle im Tagebau abgebaut wurde, wurden große Flächen abgetragen, so daß in dem zuvor besiedelten Gebiet einige Höfe weichen mußten. Dafür entstand ein neues Dorf aus Hunderten einfacher Baracken, in denen rund 2000 Menschen unter primitiven Verhältnissen lebten. Søby Klondike wurde diese Barackensiedlung genannt, in der es damals mehrere Läden, einen Kindergarten, eine Rettungsstation gab. Denn obwohl im Tagebau gearbeitet wurde, war die Arbeit in den Gruben nicht ungefährlich: 57 Arbeiter verloren hier ihr Leben. Nicht ungefährlich ist es auch heute, wenn man von den angelegten Pfaden im Braunkohlegebiet abweicht, denn die während des Abbaus aufgehäuften lockeren Sandhügel können abrutschen in die Seen, die sich in den einstigen Gruben gebildet haben.

Streckenbeschreibung

Vom Parkplatz am Freilichtmuseum in Herning überqueren Sie auf einer Fußgängerbrücke die Bahnlinie Herning – Silkeborg und den mehrspurigen Dronningens Boulevard, eine Umgehungsstraße, und wenden sich auf der querlaufenden Dalgasgade nach rechts. Die sich anschließende Sølvgade führt am Bahnhof vorbei und stößt auf die Fonnesbecksgade. Hier folgen Sie der Radmarkierung »Silkeborg« nach links zur querlaufenden Østergade. Auf ihr halten Sie sich nach rechts (Radmarkierung) und gelangen auf dem Silkeborgvej zur breiten, schnurgeraden A15, auf der Sie auf einem Radweg durch ein Industrie- und Gewerbegebiet die Stadt in Richtung Silkeborg verlassen.

In *Birk* biegen Sie an der Herning Højskole nach rechts ab (gut 3 km) – auf der gegenüberliegenden Straßenseite zweigt die Radmarkierung »Gjellerup« ab –, fahren zwischen einigen Industrie- und Gewerbebetrieben hindurch und stoßen auf den Birkagervej, eine schmale Straße, die geradeaus zwischen Wiesen und Feldern auf Hammerum zuführt. Kurz vor dem Ortsrand wenden Sie sich nach rechts (gut 5 km), folgen dem V. Fasterupvej über die Bahngleise

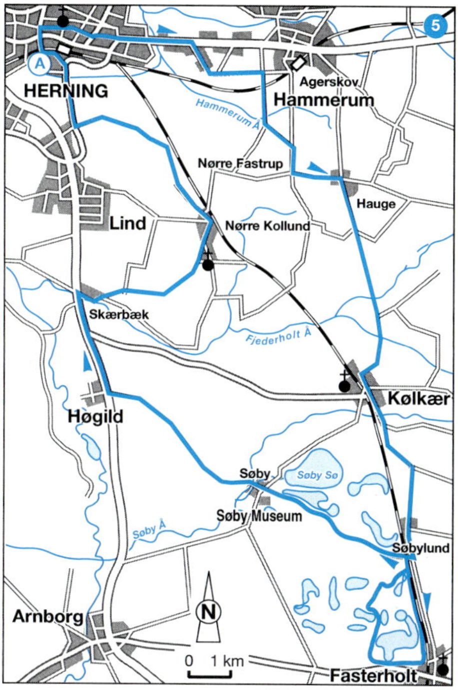

Immer wieder trifft man auf Freilichtmuseen wie in Herning, wo restaurierte Bauernhöfe einen Einblick ermöglichen in das einstige Leben auf dem Land.

und zu einer Querstraße, dem Fasterupvej, auf der Sie nach rechts zu einer weiteren Querstraße gelangen (7,5 km).

Ihr folgen Sie nach links bis *Hauge* (9 km) und halten sich auf dem Kølkærvej nach rechts. Zwischen Feldern, Wiesen und gelegentlichen Einzelhöfen erreichen Sie *Kølkær* (13,5 km) und wenden sich auf der querlaufenden Kølkærhovedgade nach links in den Ort. Hier wurde zur Zeit des Braunkohleabbaus am Bahnhof die Braunkohle von den Lastautos und Pferdewagen umgeladen auf Eisenbahnwaggons.

An einem Kreisverkehr halten Sie sich geradeaus, durchfahren Søbylund (17 km) in Richtung Fasterholt und überqueren die Bahnlinie Herning – Vejle.

Hier beginnt eine Schleife, die in den interessantesten Teil des ehemaligen Braunkohlereviers hineinführt und Sie wieder zum Bahnübergang zurückbringt. Unmittelbar nach den Gleisen wenden Sie sich nach links (Ausschilderung »Udsigtspunkt«) und folgen einem breiten, sandigen Fahrweg entlang der Bahnlinie (nach 400 m nicht der Ausschilderung »Udsigtspunkt« nach rechts folgen!) in das ehemalige Braunkohlerevier, in dem die Kohle im Tagebau gefördert wurde. Riesige, mittlerweile mit Wald und Heide bewachsene Sandhügel, die ehemaligen Abraumhalden, zeugen noch davon.

Vorbei an einigen Seen – ehemalige Fördergruben, die sich mit Wasser füllten –, erreichen Sie unweit des Ortsrands von Fasterholt bei einem Windrad eine Fahrweggabelung (20,5 km), an der Sie sich entlang einem schmalen Kanal nach rechts halten. Auf Höhe eines großen Gehöfts wenden Sie sich erneut nach rechts und gelangen zu einem Parkplatz (22,5 km), von dem ein ausgeschilderter Fußweg zu einem *Aussichtspunkt* auf einem bewaldeten Sandhügel führt (Vorsicht: Fußweg nicht verlassen, da Erdrutschgefahr!). Sie stoßen wieder auf die Bahnlinie und folgen dem Fahrweg nach links zum Bahnübergang, an dem Sie nun nach links der Straße – dem alten Transportweg für die Kohle – nach Søby folgen.

Sie passieren eine alte Brikettfabrik, den Søbysø und ausgedehnte Heidegebiete, ehe Sie Søby erreichen (28 km). Kurz nach dem Ortsbeginn zweigt links (keine Ausschilderung) ein sandiger Weg ab, der zu einigen Holzhütten führt, in denen ein privates Museum zum Kohleabbau eingerichtet wurde. Bei den wenigen Häusern von *Søby* folgen Sie dem Søbyvej nach links, biegen aber schon nach 100 m rechts ab in Richtung Høgild. Wenig später passieren Sie eine Abzweigung zu einer Einkehrmöglichkeit und gelangen, abwechselnd durch Wald, Heidegebiete und zwischen Feldern hindurch, nach Høgild (gut 32 km), wo Sie auf die A 18, Vejle – Herning, stoßen. Sie wenden sich nach rechts und erreichen auf einem Radweg entlang der Straße *Skærbæk* (34,5 km). Rechts zweigt der Skærgårdvej ab, dem Sie durch Skærbæk hindurch, anschließend zwischen Wiesen, Feldern und durch Wald nach *Kollund* folgen (knapp 38 km).

In den Gruben bei Søbylund, in denen in den vierziger Jahren im Tagebau Braunkohle gefördert wurde, haben sich inzwischen Seen gebildet.

In Kollund, einem alten Dorf, halten Sie sich auf der Dorfstraße, dem Kollundbyvej, nach links in Richtung Hammerum, passieren eines der letzten alten Häuser aus selbstgebrannten Backsteinen (Haus Nummer 17) und biegen am Ortsrand links ab in Richtung Herning. Sie nähern sich der Bahnlinie, passieren ein Kraftwerk und stoßen wieder auf die A 18 (43 km), der Sie auf einem Radweg nach rechts zum Ortsrand von Herning folgen. Wenige hundert Meter nach dem Ortsschild »Herning« folgen Sie nach links der Ausschilderung »Kulturmuseum« und kehren zu Ihrem Ausgangspunkt zurück.

Nützliche Informationen

Ausgangsort: Herning, moderne Industriestadt in der mitteljütländischen Heidelandschaft.
Per Bahn erreichbar. Hotels, Campingplatz, JH (Tel. 97 12 31 44).
Anfahrt: E 45, Haderslev – Århus, Ausfahrt 61.
Auf der A 18 über Vejle nach Herning.
400 m nach dem Ortsschild »Herning« der Ausschilderung »Kulturmuseum« folgen zu einem Parkplatz am Museum.
Etappen: Herning – Kølkær 13,5 km – Søby

14,5 km (28 km) – Skærbæk 6,5 km (34,5 km) – Herning 10,5 km (45 km).
Einkehr unterwegs: Kaffeestube bei Søby, nur So. geöffnet.
Sehens- und Wissenswertes: • *Herning Museum*, Museumsgade, eines der ersten Heimatmuseen Dänemarks mit Freilichtmuseum sowie Ausstellungen zur Geschichte der Gegend; geöffnet Di.–Fr. 10–17 Uhr, Sa. und So. 11–17 Uhr, Mo. geschlossen außer im Juli; Eintrittsgebühr. • *Dänisches Fotomuseum*, Museumsgade, wechselnde Ausstellungen von Fotografen, Sammlung von Kameras; geöffnet Di.–So. 13–17 Uhr, Mo. nur im Juli geöffnet. • *Søby Museum*, kleines Museum, untergebracht in einer ehemaligen Braunkohlenarbeiterbaracke; geöffnet 1.4.–31.10. 10–18 Uhr, täglich außer Fr.; 1.11.–31.3. Sa. und So. 10–15 Uhr.
Fahrradverleih: Ernst Sørensen, Silkeborgvej 5, Herning, Tel. 97121831.
Auskunft: Turistbureau, Bredgade 2, DK-7400 Herning, Tel. 97124422.
Karte: Cykelferie i Ringkjøbing Amt, 1:200000.

6 Zum Leuchtturm von Bovbjerg

Lemvig – Ferring – Bovbjerg Fyr – Lemvig

Tourencharakter: Nicht ganz mühelose Tour auf Radwegen und verkehrsarmen Nebenstraßen von der in einer Bucht gelegenen Hafenstadt Lemvig zur Küste; ständiges leichtes Auf und Ab durch offene Landschaft.
Länge: 39 km.
Gesamtanstieg: 400 m.

Im Zeitalter der Segelschiffe war, bevor die Leuchtfeuer gebaut wurden, die Westküste Jütlands unter Seeleuten eine der am meisten gefürchteten Küsten der Welt. Zu recht, denn zahlreiche Strandungen hatten die vollständige Zerstörung der Schiffe sowie in vielen Fällen den Tod der Seeleute zur Folge. So kamen beispielsweise bei dem südlicher gelegenen Thorsminde im Jahr 1811 mehr als 1300 Menschen um, als zwei englische Kriegsschiffe strandeten. Der im Jahr 1875 erbaute Leuchtturm von Bovbjerg sollte die Seeleute vor den Gefahren dieser Küste warnen.

Ständige, durch das nagende Wasser verursachte Veränderungen an der Küste sind die Ursache, daß diese Gewässer so gefährlich sind. Material wird von der Küste abgetragen und an anderen Stellen abgelagert. Diese Abtragung war bei Bovbjerg an der 40 m hohen Steilküste besonders stark. Das Meer fraß sich ins Land vor, spülte den Strand weg, unterhöhlte die Steilküste und verlegte so zwischen 1790 und 1884 die Küste 160 m weiter landeinwärts. Die Ferring-Kirche, die einst wesentlich weiter entfernt vom Meer erbaut wurde, liegt heute unweit der Kante der Steilküste, und die Kirche des benachbarten Ortes Trans, die einst umgeben war von Häusern, liegt einsam oberhalb des Küstenrandes – die Häuser fielen längst dem Meer zum Opfer. Um ein weiteres Vordringen des Meeres zu verhindern, wurden im Jahr 1875 die ersten Buhnen – aus großen Steinblöcken aufgeworfene Wälle quer zur Küstenlinie – gebaut. Der Plan gelang, das Meer begann zwischen den Buhnen wieder Sand abzulagern und zerstörte nicht länger das Steilufer.

Streckenbeschreibung

Vom Parkplatz am Museum in Lemvig fahren Sie 50 m zurück in Richtung Hafen, biegen links ab auf den Strandvejen (Ww. Gjellerodde) und folgen auf 2 km Länge einem Radweg neben der Straße unmittelbar entlang der Bucht von Lemvig. Sie passieren den *Hornsø* (2,5 km), an dem Spuren von Siedlungen aus der Zeit von 5000 bis 4000 v.Chr. gefunden wurden, und steigen am Rand einer Ferienhaussiedlung zu einem Linksknick der Straße an (4,5 km).

Wenn Sie jetzt schon eine Rast- oder Badepause einlegen möchten, wenden Sie sich nach rechts zur Küste, passieren einige Bunker aus dem Zweiten Weltkrieg und erreichen auf einem Schotterweg entlang dem Strand den restaurierten Hof Gjellergård mit

Kaffeestube (Abstecher hin und zurück 3,5 km).

Zur Fortsetzung der Tour kehren Sie zurück zu dem Linksknick und folgen der Straße (Radmarkierung Harboøre) zur erhöht liegenden Kirche von *Tørring* (5,5 km), an der Sie rechts abbiegen auf den Kobberholmvej. Sie gelangen in die flache Talsenke des Hove Å, wo Sie einer querlaufenden Straße (7,5 km) kurzzeitig nach links (Radmarkierung), dann einer nach rechts abzweigenden Straße nach *Klinkby* folgen.

Dort halten Sie sich auf der Durchgangsstraße B 181 nach rechts in Richtung Harboøre und steigen an zu den Hygum Bakker, einem ca. 60 m hohen Moränenrücken, auf dessen Höhe deutlich sichtbare Grabhügel liegen. Von diesem höchsten Punkt der Tour (50 m/10,5 km) überblicken Sie die Küste und die Meereseinbuchtung Nissum Bredning.

Kurz darauf verlassen Sie die B 181 nach links (Ww. Engbjerg) und passieren die *Engbjerg Kirke* (12 km), die auf einem mehrere Meter hohen Absatz liegt, der ehemali-

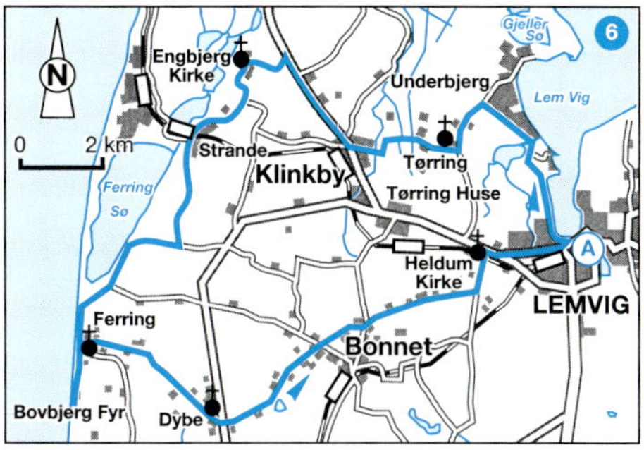

gen Küstenlinie, bis zu der vor einigen tausend Jahren das Meer heranreichte. Sie erreichen das nur aus einer Häuserzeile bestehende *Strande* (14,5 km), wo Sie auf die Radmarkierung 1 stoßen, der Sie über die Bahnlinie Struer – Harboøre geradeaus in Richtung Ferring folgen. Nach leichtem Auf und Ab stoßen Sie auf den querlaufenden Gåskærvej (17 km), der nach rechts, entlang dem Ufer des Ferring Sø, zur Ferienhaussiedlung *Ferring Strand* führt (20 km). Kurz vor dem Deich biegen Sie nach links in den geschotterten Kåsgårdvej ein und gelangen

Oberhalb von Bovbjerg steht die Kirche von Ferring, auf deren Friedhof die Gräber mit Zäunen zum Schutz gegen Sandverwehungen umgeben sind.

Um die weitere Unterspülung der Steilküste beim Leuchtturm von Bovbjerg zu verhindern, wurden Buhnen angelegt, zwischen denen sich schon wieder Sand ablagert.

nach *Bovbjerg* (21 km), auf der Karte als Ferring bezeichnet.

Von dieser kleinen Siedlung mit Einkehr- und Einkaufsmöglichkeiten führt der Radweg Vestkystvejen (Radmarkierung 1) weiter, vorbei an der Ferring Kirche und parallel zur Küste auf einem Schotterweg zum *Leuchtturm Bovbjerg* (knapp 28 km) oberhalb des Steilabfalls der Küstenlinie.

Wer möchte, kann dem Radweg weiter entlang der Küste bis zur Kirche von Trans folgen (hin und zurück 3 km).

Auf demselben Weg kehren Sie zurück zur Ferring-Kirche, biegen nach rechts in die Vesterhavsgade ein (ohne Markierung), die ab dem Ortsrand Stamphøvej genannt wird und die Sie landeinwärts zu den wenigen Häusern und der romanischen Kirche von *Dybe* bringt (29 km). Sie halten sich nach links, überqueren die B 181, fahren durch welliges Gelände zum querlaufenden Knakkervej (32 km), dem Sie 50 m nach rechts folgen, dann links abbiegen (Ww. Lemvig) und zu einer weiteren Querstraße (36 km) gelangen. Sie wenden sich nach links, überqueren die Bahnlinie Lemvig – Harboøre und erreichen bei der *Heldum-Kirche* die B 513 (37 km), der Sie auf einem Radweg nach rechts folgen zum Ortsrand von *Lemvig*. Sie biegen links ab, fahren durch eine Wohnsiedlung hindurch, in zwei Kehren in die Bucht von Lemvig hinunter und zurück zum Parkplatz am Museum, Ihrem Ausgangspunkt.

Nützliche Informationen

Ausgangsort: Lemvig, alte Handelstadt (7600 E.) mit modernem Stadtkern in der geschützten Lemvig-Bucht. Per Bahn erreichbar. Hotels, Campingplatz.
Anfahrt: E 45, Kolding – Århus, Ausfahrt 61; auf der A 18 über Vejle und Herning nach Holstebro; A 11 bis Struer und B 513 nach Lemvig. Parkplatz am Museum nahe dem Hafen.
Etappen: Lemvig – Klinkby 8,5 km – Strande 6 km (14,5 km) – Ferring 6,5 km (21 km) – Bovbjerg Fyr 2 km (23 km) – Dybe 6 km (29 km) – Heldum-Kirche 8 km (37 km) – Lemvig 2 km (39 km).
Einkehr unterwegs: Cafeteria in Bovbjerg.
Bademöglichkeit: Am Strand bei Bovbjerg.
Sehens- und Wissenswertes: • *Lemvig Museum*, Heimatmuseum mit Sammlungen über Strandungen und das Rettungswesen; geöffnet 1.6.–15.9. täglich 10–16 Uhr, sonst Di., Do., So. 14–16 Uhr; Eintrittsgebühr. • *Gjellergård*, restaurierter Bauernhof an der Lemvig Bucht, Ausstellung und Verkauf von Handarbeiten, Kaffeestube; geöffnet 19.6.–30.8. Di., Do. und So. 13–17 Uhr; Eintritt frei. • *Bernsteinschleiferei Tingstedet* in Bovbjerg, Werkstatt und Verkauf; geöffnet täglich 10–18 Uhr, Okt.–Mai 10–17 Uhr. • *Minimuseum* in Bovbjerg, geologische Beschreibung sowie Karten der Gegend; Eintritt frei. • *Jens Søndergaard Museum*, Ausstellung von Werken des Künstlers in dessen ehemaligem Sommerhaus in Bovbjerg; geöffnet 1.10.–1.4. Do., So. 11.30–17 Uhr. • *Ferring-Kirche* in Bovbjerg, mittelalterliche Kirche (12. Jh.) mit Fresken, auf dem Friedhof sind die Gräber von weißen Holzzäunen umgeben, die gegen den Westwind schützen sollen. • *Bovbjerg Fyr*, der 26 m hohe Leuchtturm ist frei zugänglich, von der Plattform Blick über das Meer und auf 18 Kirchen in der weiteren Umgebung.
Fahrradverleih: Keiner.
Auskunft: Lemvig Turistbureau, Toldbodgade 4, DK-7620 Lemvig, Tel. 97 82 00 77.
Karte: Cykelferie i Ringkjøbing Amt, 1:200 000.

Der Flyndersø, inmitten eines Heidegebiets gelegen, hat sich in einem ehemaligen Schmelzwasserabflußtal, einem sogenannten Urstromtal, gebildet (Tour 7).

Im Freilichtmuseum Hjerl Hede wurden mehrere Höfe zusammengetragen und in Form eines Dorfes wiederaufgebaut.

7 Durch Heide zum Freilichtmuseum Hjerl Hede

Skive – Sevel – Hjerl Hede – Sahl – Rønbjerg – Skive

Tourencharakter: Einfache Tour durch flache Heidelandschaft auf ruhigen Nebenstraßen und auf grob geschottertem Fahrweg; markiert.

Länge: 44 km.
Gesamtanstieg: 90 m.

Jahrhundertelang war ein großes Gebiet in Mitteljütland, nördlich von Herning, unbesiedelt: Alheden, ein ausgedehntes Heidegebiet. Wie so häufig in Dänemark, ist auch hier die letzte Eiszeit landschaftsprägend gewesen. Denn bis vor rund 12 000 Jahren reichte die Eiskappe, die ganz Nordeuropa bedeckte, bis auf Höhe des heutigen Limfjords herunter. Hier an der Eisrandlinie schob der Gletscher Gesteinsmaterial vor sich her, das als wallförmige Endmoräne nach dem Abschmelzen liegenblieb. Das Schmelzwasser sammelte sich in einem breiten, flachen Tal, einem sogenannten Urstromtal, in dem es Richtung Nordsee abfloß. Der Flyndersø ist der letzte Rest dieses Urstromtals. Im Bereich des Tales lagerte sich auch der von den Gletscherabflüssen mitgeführte Sand ab, heute ein wasserdurchlässiger, nährstoffarmer, karger Boden, auf dem nur die genügsamen Heidepflanzen überleben konnten. Wer hier trotzdem siedelte, mußte sich durch Heimarbeit, z.B. Stricken, etwas dazuverdienen.

Heute sind Teile dieser Heide südlich von Skive Naturschutzgebiet. Inmitten des Heidegebiets liegt das Freilichtmuseum Hjerl Hede. Hier wurden historische Gebäude – Gehöfte, eine Schmiede, eine Molkerei, ein Dorfgasthaus, ein Kaufladen und eine Schule – zusammengetragen und in der Form eines Dorfes wiederaufgebaut. Angeschlossene Museen sowie ein Steinzeitdorf vermitteln einen lebendigen Eindruck vom einstigen Dorfleben.

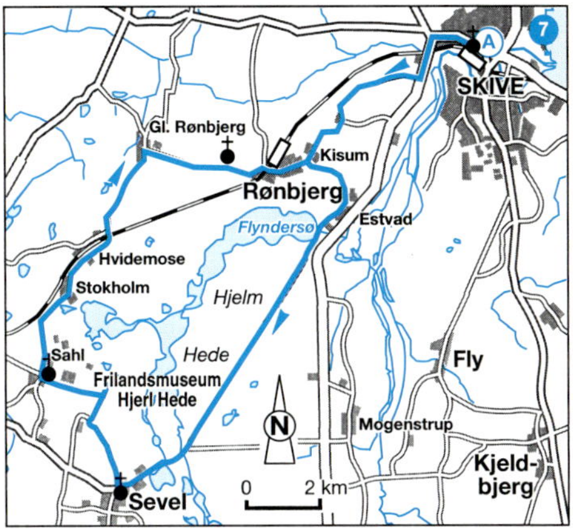

Streckenbeschreibung

Vom Parkplatz am Friedhof in Skive folgen Sie nach links der Reberbane, anschließend auf einem Radweg der Møllegade und biegen am Stadtrand links ab auf die A34 (1,5 km) in Richtung Herning. Kurz nach Überqueren der Bahnlinie Skive – Struer biegen Sie rechts ab (Radmarkierung Holstebro) auf eine breite, aber ruhige Straße, die in ein Landsträßchen übergeht.

Die gute Radmarkierung führt Sie in zahlreichen Kurven und nach mehreren leicht zu verfolgenden Abbiegungen zunächst in Richtung Rønbjerg, dann durch den aus wenigen Gehöften bestehenden Weiler *Kisum* (7 km) und in die kleine Ortschaft *Estvad* (knapp 9 km).

Am Ortsende (Ww. Flyndersø Camping) geht das Sträßchen in einen Schotterweg über, den Gammel Skivevej. Diese einstige Poststraße – am Wegrand sind gelegentlich alte Meilensteine zu sehen – führt am *Flyndersø* vorbei und verläuft anschließend auf ca. 7 km Länge schnurgerade am Rand einer unter Naturschutz stehenden, größtenteils offenen Heidelandschaft, der Hjelm Hede. Der wegen des losen Schotters streckenweise mühsam zu befahrende Weg mündet im Tal des Stubberå in ein querlaufendes Sträßchen ein (17 km), das nach rechts zur Ortschaft *Sevel* (18,5 km) ansteigt. Gegenüber der Kirche zweigt in diesem Ort der Hjerl Hede Vej nach rechts ab (Radmarkierung Skive).

An einem Linksknick der Straße (Ww. Sahl Kirke) halten Sie sich geradeaus zum *Freilichtmuseum Hjerl Hede* (22,5 km). Mit den aus der Umgebung hierher gebrachten Gebäuden des 16. bis 20. Jh. – einfache Bauernhäuser und Gehöfte, verschiedene Handwerkerhäuser, eine Kirche und eine Windmühle, ein Laden und ein Kro – wurde eine vollständige Ortschaft geschaffen.

Sie kehren die wenigen hundert Meter zurück zum oben genannten Linksknick der Straße, wenden sich nach rechts und gelangen nach *Sahl* (24,5 km) mit der wegen eines in Dänemark einzigartigen vergoldeten Altarbilds bemerkenswerten Kirche.

Die Straße in Richtung Hvidemose nähert sich der Bahnlinie Skive – Struer und führt entlang der Gleise durch Wald und über Heideflächen, vorbei an den wenigen Bauernhäusern von *Stokholm* (27 km) und *Hvidemose* (29 km) – hier überqueren Sie die Bahngleise –, nach *Gammel Rønbjerg* (32 km). Sie biegen rechts ab, passieren die einzeln stehende Rønbjerg Kirke und wenden sich am Ortsbeginn von *Rønbjerg* (35 km) nach links in den Rakkervej, kreuzen die Bahnlinie und folgen der Radmarkierung in Richtung Skive nach *Kisum* (knapp 37 km).

Auf demselben Weg, auf dem Sie von Skive hierher gelangten, kehren Sie zu Ihrem Ausgangspunkt zurück.

Nützliche Informationen

Ausgangsort: Skive, Kleinstadt an einem Südarm des Limfjords. Per Bahn erreichbar. Hotels, Campingplatz.
Anfahrt: E45, Kolding – Århus, Ausfahrt 47. Auf der A26 über Viborg nach Skive. Parkplatz vor dem Friedhof und der Frue Kirke.
Etappen: Skive – Kisum 7 km – Sevel 11,5 km (18,5 km) – Hjerl Hede 4 km (22,5 km) – Rønbjerg 12,5 km (35 km) – Skive 9 km (44 km).
Einkehr unterwegs: Kro in Sevel; Cafeteria im Freilichtmuseum.
Bademöglichkeit: Am Flyndersø.
Sehens- und Wissenswertes: In Skive:
• *Museum* mit eindrucksvoller Bernsteinsammlung; geöffnet 1.6.–30.9. Mo.–Fr. von 11–17, Sa. und So. von 14–17 Uhr, ansonsten Di.– So. 14–17 Uhr; Eintrittsgebühr.
• *Frue Kirke,* mittelalterliche Kirche (12. Jh.) mit Wandmalerien aus dem 16. Jh. • *Skive-Badeland,* Erlebnisbad; geöffnet Mo.–Fr. 6.30–21 Uhr, Sa. 8–17 und So. 9–18 Uhr.
• *Freilichtmuseum Hjerl Hede,* zeigt die Entwicklung des dänischen Dorfes vom 16. bis zum 20. Jh.; während der Sommermonate werden die Häuser »belebt«; Steinzeitsiedlung, in der die Arbeit der einstigen Steinzeitmenschen nachvollzogen werden kann; geöffnet Anfang April–Ende Okt. täglich 9–17 Uhr; Mitte Juni–Mitte Aug. 9–19 Uhr. • *Sahl-Kirche,* romanische Kirche (um 1150) mit Fresken aus dem 16. Jh. und einem goldenen Altarbild (um 1200).
Fahrradverleih: Im Touristenbüro in Skive.
Auskunft: Skive-egnens Turistbureau, Østerbro 7, DK-7800 Skive, Tel. 97 52 32 66.
Karte: Cykelture i Viborg Amt, 1:100 000, und Cykelferie i Ringkjøbing Amt, 1:200 000.

8 Die Insel Mors im Limfjord

Nykøbing – Feggeklit – Sejerslev – Hanklit – Sundby – Nykøbing

Tourencharakter: Geologisch interessante Tour auf Nebenstraßen durch hügelige Landschaft; markiert.
Länge: 70 km.
Gesamtanstieg: 360 m.

Bekannt ist die Nordspitze der Insel Mors für eine geologische Besonderheit: für die Ablagerungen aus Kieselgur (auf dänisch »moler«). Was jedoch nicht bedeutet, daß diese

Über eine dammartige Verbindung erreicht man von Mors die geologisch interessante Landzunge Feggeklit.

Radtour nur für Hobby-Geologen interessant ist. Denn die zum Meer hin steil abfallenden hellen Sedimentschichten auf der Landzunge Feggeklit und an der Nordwestküste bei Hanklit sind landschaftlich äußerst reizvolle Küstenstriche, wo sich außerdem für den geduldigen Sammler die Möglichkeit bietet, Fossilien zu finden. Diese wiederum kann er im Moler-Museum bestimmen lassen, oder er kann, sollte ihm selbst das Sammlerglück nicht hold gewesen sein, dort ausgestellte Fossilien betrachten und sich darüber informieren, wie diese Ablagerungen zustande kamen.

Vor mehr als 50 Millionen Jahren lagerten sich auf dem Grund eines riesigen Binnensees die Schalen winzigster Algen (Diatomeen) ab, deren Skelett aus kieseligem Opal bestand. Dieser Schlamm wandelte sich, vermischt mit Lehm, im Laufe der Zeit um in Kieselgur, ein lockeres, poröses, mehliges Sediment. Da außer den Kieselalgen auch andere Tiere und Pflanzen auf den Boden des Gewässers absanken, findet man heute in diesen Ablagerungen versteinerte Blätter, Holzstücke, Insekten, Fische, sogar Vögel. Auch Ascheschichten finden sich zwischen den Kieselgurschichten, Zeugnisse einstiger vulkanischer Aktivität in Nordeuropa. Diese Ablagerungen, die heute über der Wasseroberfläche liegen, verlaufen jedoch nicht mehr horizontal, sondern sind wie eine Wellenlinie gefaltet. Auswirkungen der letzten Eiszeit, als Eismassen die Bodenschichten

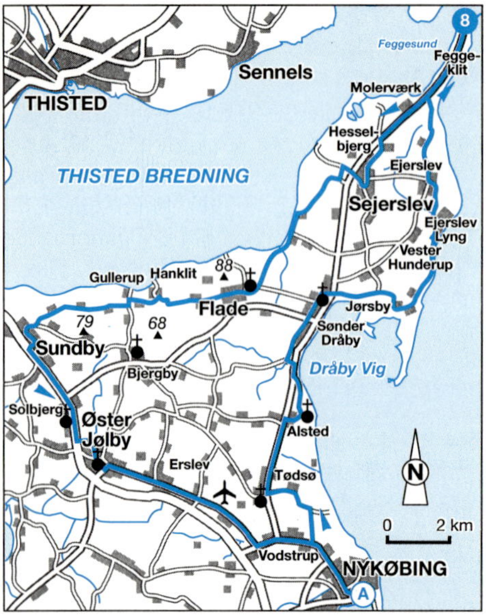

verschoben. Das extrem leichte und hochporöse Gestein wird schon seit Beginn des Jahrhunderts bei Skarrehage abgebaut, gebrannt und als isolierender Baustoff, als saugendes Pulver bzw. Bindemittel in der chemischen Industrie und als Katzenstreu verwendet.

Streckenbeschreibung

Vom Parkplatz am Bootshafen in Nykøbing fahren Sie auf der Nygade durch das Stadtzentrum, verlassen auf der Straße Nørrebro das Stadtgebiet und erreichen auf dem Randstreifen einer zu den Hauptverkehrszeiten stark befahrenen Ausfallstraße (Radmarkierung Thisted) den Ortsbeginn von *Vodstrup* (2,5 km). Nach rechts zweigt der Bjørndrupvej ab (Radmarkierung mit stilisierter Sonne), eine schmale Straße, die zwischen den wenigen Bauernhöfen von *Bjørndrup* hindurchführt (knapp 5 km) und bei *Tødsø* in die B 581 einmündet (5,5 km). Der B 581 folgen Sie in einem langgezogenen Anstieg nach rechts in Richtung Feggesund, biegen rechts ab (8 km) und wenden sich in *Alsted* in die schmale Straße Kirkesvinget. In stetem Auf und Ab, vorbei an der romanischen Kirche von Alsted, gelangen Sie entlang der Küste wieder an die B 581 (10 km).

Ihr folgen Sie wenige hundert Meter weit in Richtung Feggesund, verlassen Sie nach links und erreichen, parallel zur B 581 und stets mit Blick auf den Limfjord, *Sønder Dråby* (12 km). 100 m nach der romanischen Dorfkirche zweigt rechts der Strandvænget ab, kreuzt die B 581 (14 km) und führt unweit der Küste zwischen Wiesen und Viehweiden zu den Höfen von *Jørsby* (16 km). Entlang der Küste – mit einem Badestrand bei Vester Hunderup (20 km) – und vorbei an der hinter Bäumen und Büschen versteckt liegenden Ferienhaussiedlung Ejerslev Lyng (20,5 km), erreichen Sie *Ejerslev* (22 km).

Im Ort folgen Sie einer querlaufenden Straße nach rechts und sehen alsbald Feggeklit vor sich liegen, eine steil zum Meer hin abfallende Erhebung, passieren den Zugang zum Strand von Ejerslev Vang (24,5 km) und stoßen erneut auf die B 581 (25,5 km), die auf einer schmalen Landzunge, an *Feggeklit* vorbei (27 km), zu einem Kro und zur Fähranlegestelle Feggesund führt (gut 28 km).

Die heute noch etwa 25 m hohe Erhebung Feggeklit besteht aus zahlreichen Schichten fossilreicher Ablagerungen von Kieselgur und Asche, die aus vulkanischer Aktivität im Gebiet des heutigen Skagerrak stammt. Am straßenseitigen Hang ist gut zu beobachten, wie Erosion die unterschiedlich harten Schichten terrassenartig herausmodellierte. Der sagenhaften Überlieferung nach soll hier Hamlet seinen Vater gerächt haben, indem er dessen Mörder, seinen Onkel und Stiefvater König Fegge, erschlagen habe. Der Bereich um das angebliche Grab von König Fegge ist zugänglich, doch der Rest des Bergrückens ist Privatgelände.

Auf demselben Weg kehren Sie um, bleiben nun aber auf der B 581 und biegen erst nach einigen Kilometern links ab in Richtung Hesselbjerg (34 km).

Wenn Sie sich das *Moler Museum* und ein Molerwerk ansehen möchten, biegen Sie hier von der B 581 nach rechts ab auf den Skarrehagevej (Abstecher zum Museum 1,5 km hin und zurück, zum Molerwerk an der Küste 3 km hin und zurück).

In *Sejerslev* (34,5 km) biegen Sie von der Ortsdurchgangsstraße 50 m vor der Kirche rechts ab auf den Prinsenvej in Richtung Skranderup, halten sich am Ortsrand wiederum nach rechts und unterqueren die

B 581. Die schmale, kurvenreiche Straße, die durch eine zunehmend hügelige Landschaft mit einzelnen Gehöften und, auf 1,5 km Länge, unmittelbar entlang der Westküste von Mors verläuft, führt durch die größere Ortschaft *Flade* (43 km) hindurch und mit meist kurzen, teilweise aber recht steilen Anstiegen in Richtung Sundby.

Etwa 3 km nach Flade (46 km) können Sie nach *Hanklit* abbiegen, wie Feggeklit eine steil abfallende Erhebung aus Kieselgur und Ablagerungen von Vulkanasche, die auf einem Spaziergang entlang dem Strand genauer in Augenschein genommen werden können (Abstecher hin und zurück 1,5 km). Bei der Fortsetzung der Tour passieren Sie die Zufahrt zum *Gullerup Strand Kro* (49 km; Abstecher hin und zurück 700 m), von dem aus Hanklit gut zu sehen ist, und gelangen kurz hinter *Sundby* (51,5 km) an die verkehrsreiche A 26, Thisted – Nykøbing, der Sie auf einem Radweg in Richtung Nykøbing (Radmarkierung 2; nicht mehr der Radmarkierung mit dem Sonnensymbol nach rechts folgen!) in einem langgestreckten Anstieg und einer ebensolchen Gefällstrecke, vorbei an Solbjerg, in Richtung Øster Jølby folgen. Wenige hundert Meter vor Øster Jølby (57,5 km) verlassen Sie die A 26 wieder, unterqueren sie und fahren auf der Hauptstraße durch Øster Jølby hindurch.

Auf der einstigen Durchgangsstraße kommen Sie durch *Erslev* hindurch (60 km), passieren im nun recht flachen Gelände zunächst einen Landeplatz, dann einen ausgedehnten Fabrikkomplex (63,5 km) und biegen auf den Karetmagervej links ab (64,5 km). Wenig später kreuzen Sie die B 581, passieren Syd Tødsø (66 km) und erreichen auf dem breiten Randstreifen einer stark befahrenen Straße den Stadtrand von *Nykøbing* (67,5 km). Auf der Straße Nørrebro gelangen Sie in die Stadtmitte und zurück zum Bootshafen am Klosterfjord.

Nützliche Informationen

i

Ausgangsort: Nykøbing (12 000 E.), »Hauptstadt« der Insel Mors, gut erhaltene Industriestadt aus der Zeit um 1900. Hotel, Campingplatz, JH (Tel. 97 72 06 17).
Anfahrt: E 45, Århus – Randers, Ausfahrt 40. A 16 nach Viborg, A 26 über Skive nach Nykøbing (Insel Mors im Limfjord). Parkplatz am Bootshafen.
Etappen: Nykøbing – Sønder Dråby 12 km – Vester Hunderup 8 km (20 km) – Feggeklit 7 km (27 km) – Sejerslev 7,5 km (34,5 km) – Flade 8,5 km (43 km) – Sundby 8,5 km (51,5 km) – Øster Jølby 6,5 km (58 km) – Nykøbing 12 km (70 km).
Einkehr unterwegs: Kro am Feggesund; in Flade; Gullerup Strand Kro (mit Blick auf Hanklit); Erslev Kro (mit Garten).
Bademöglichkeiten: Vester Hunderup; Ejerslev Vang; beim Gullerup Strand Kro.
Sehens- und Wissenswertes: • *Dueholm-Kloster* in Nykøbing, gegründet im Jahr 1369 durch den Johanniterorden, heute historisches Museum mit verschiedenen Ausstellungen, Café; geöffnet täglich 10–16 Uhr. • *Molermuseet*, Skarrehagevej 8, Hesselbjerg; zur Entstehung der Moler-Erde; Fossiliensammlung, Demonstration der Herstellung von Moler-Schmuck, Verkaufsstand und Café; geöffnet 1.5.– 31.10. täglich 10–16 Uhr, in der Hochsaison längere Öffnungszeiten. • *Landbrugsmuseet Skarregaard*, Feggesundvej, Sejerslev; Museum in restauriertem Bauernhof, Café; geöffnet 1.5.–31.10. täglich 10–16 Uhr. • *Traktor- und Landmaschinenmuseum* in Solbjerg, Rebslagervej 1; geöffnet Mo.–Fr. 8–18, Sa. und So. 9–17 Uhr. • *Benfidan-Schmetterlingsfarm* in Erslev, Præstbrovej 10; geöffnet Mo.–Fr. 10–16 Uhr; Eintritt frei.
Fahrradverleih: Skov's Cykler, Nygade 19, Nykøbing M., Tel. 97 72 02 68 und Rådhustorvets cykler, Nykøbing, Tel. 97 72 46 85.
Auskunft: Morsø Turistbureau, Havnen 4, DK-7900 Nykøbing M., Tel. 97 72 04 88.
Karte: Cykelture i Viborg Amt, 1:100 000.

Mehrtägige Rundtour an der Westküste

Länge: 190 km, bei Übernachtung in JH Einteilung in 4 Tagesetappen möglich.
Ausgangs- und Endpunkt: Varde, per Zug erreichbar *(s. Tour 3)*.
Tourencharakter: Einfache Tour in flachem Gelände entlang der Westküste; über die Landzunge Holmsland Klit und um den reizvollen Strandsee Ringkjøbing Fjord

Eine geologische Besonderheit sind die bei Hanklit gut sichtbaren Kieselgurablagerungen, die durchzogen sind von Schichten vulkanischer Asche.

herum; vorbei an kleinen Häfen, romanischen Kirchen, schönen Sandstränden.
Unterkunftsmöglichkeiten: JH Varde, »Ungdomsgården«, Pramstedvej 10, Tel. 75221091. JH Oksbøl, Præstegårdsvej 21, Tel. 75271877. JH Henne »Solfang«, Strandvejen 458, Tel. 75255075. JH Ringkjøbing, Kirkevej 28, Tel. 97322455. JH Hemmet, Bork Havn, Langagervej 1, Tel. 75280222. Zahlreiche Camping- und Lagerplätze an der Strecke.
Wegverlauf: *1. Tag:* 40 km. Varde – reg. Route 8 über Janderup und Billum nach Oksbøl – Nat. Route 1 durch Kærgård Klitplantage nach Henne Strand (JH, Campingplätze).
2. Tag: 57 km. Henne Strand – Nat. Route 1 über Nymindegab und Hvide Sande nach Ringkjøbing (JH, Hotels, Campingplätze).
3. Tag: 48 km. Ringkjøbing – reg. Route 4 nach Skjern – über Lønborg und Skaven Strand nach Bork Havn (s. Tour 4).
4. Tag: 45 km. Bork Havn – Fahl Kro (s. Tour 4) – ohne Markierung zur Straße 181 – reg. Route 10 nach Varde.
Karten: Cykelferie i Ribe Amt, 1:100000, und Cykelferie i Ringkjøbing Amt, 1:200000.

Nord- und Ostjütland

Wer heute auf schnellstem Weg die Halbinsel Jütland im Auto der Länge nach durchfahren möchte, um beispielsweise zu den Fährhäfen Hirtshals und Frederikshavn oder zu seinem Ferienhaus an den ausgedehnten Sandstränden in der Jammerbucht zu gelangen, der wählt zweifellos die Autobahn, die im äußersten Osten der Halbinsel verläuft. Eine gut ausgebaute Straße, auf der man binnen weniger Stunden am Ziel ist und auf der Wegweiser zuverlässig die Richtung oder die nächste Stadt angeben: Kolding, Vejle, Århus, Aalborg.

Wer sich Zeit lassen will und mit dem Fahrrad fährt, der wählt den Hærvejen, eine Radroute, die dem Verlauf eines uralten Weges folgt, auf dem vor rund 1000 Jahren Menschen zu Fuß oder Pferd unterwegs waren, um die Versammlungsstätte des Things zu erreichen oder Waren von Schleswig nach Viborg zu transportieren. Auf diesem Heerweg, der auch Königs-, Ochsen- oder Pilgerweg genannt wird und durch die höhergelegenen Gebiete im Osten verläuft, konnte man in rund fünf Tagen von der südlichen Grenze Dänemarks bei Schleswig aus die mitteljütländische Stadt Viborg erreichen. Wegweiser allerdings gab es nicht, als Orientierungspunkte dienten Grabhügel, in denen die unterwegs Gestorbenen bestattet worden waren. Auch an diesem Weg lagen zur Wikingerzeit schon Siedlungen: das Dorf Vorbasse, der alte Königssitz Jelling, bekannt durch die beiden Runensteine *(Tour 9)*.

Entlang der Ostküste existierten bereits Dörfer in den weit ins Land hineingreifenden Meereseinschnitten, den Fjorden, die eine geschützte Lage sowie die Möglichkeit boten, weit ins Landesinnere vorzudringen. Eindrucksvolle Zeugnisse aus dieser Zeit sind die Festung Fyrkat bei Hobro *(Tour 16)* unweit des Mariagerfjords und das Gräberfeld Lindholm Høje oberhalb des Limfjords, an dem sich später die Stadt Aalborg *(Tour*

An den geschützten Meeresarmen der Ostküste entwickelten sich ab der Wikingerzeit Siedlungen, die heute lebhafte Städte sind, wie z. B. Horsens (Tour 10).

18) entwickelte, heute eine der größten Städte Dänemarks und ebenso wie Århus aus einer Wikingersiedlung hervorgegangen.

Zieht man außerdem die zahlreichen Grabhügel und -kammern aus der Jüngeren Steinzeit und der Bronzezeit auf Djursland *(Touren 13 und 14)* sowie die ebenfalls auf dieser Halbinsel im 16. und 17. Jh. erbauten stattlichen Herrenhäuser in Betracht, so drängt sich der Schluß auf, daß die Ostküste wohl schon immer bevorzugtes Siedelland war.

Das wird verständlich, betrachtet man die Landkarte: Während die Westküste den ständigen Westwinden und der rauhen Nordsee abweisend den »kalten Rücken« zuzustrecken scheint, öffnet sich die Ostküste durch zahllose kleine Buchten und Förden gegen die inselreiche Ostsee. Beide Landschaftsformen sind langfristige Auswirkungen der über mehrere 100000 Jahre andauernden Vergletscherung, in deren Verlauf im Westen und Norden Jütlands sandige Flächen entstanden mit kargem Boden, der zusätzlich ständig durch Sandtreiben bedroht war. In der Osthälfte Jütlands aber, die in der letzten Eiszeit vergletschert war, lagerte sich fruchtbarer Boden ab, bildeten sich tiefe Meereseinschnitte wie der Horsensfjord *(Tour 10)* und der Mariagerfjord *(Tour 16)*, aber auch hügelige Moränenlandschaften wie die Dollerup Bakker *(Tour 15)* und die Rebild Bakker *(Tour 17)*.

Das Seenhochland *(Tour 12)*, ebenfalls ein von den Gletschern geprägtes Gebiet, gilt mit als schönste Landschaft Dänemarks: Hier liegen die höchsten Berge, der Yding Skovhøj (173 m) und der Himmelbjerg (147 m ; *Tour 11*), der lange als der höchste Berg Dänemarks galt, hier fließt der längste Fluß des Landes, der Gudenå, liegt der größte See Jütlands, der Mossø. Insgesamt eine stark gegliederte hügelige Landschaft mit ausgedehnten Wäldern, Seen und Wasserläufen.

Vollkommen anders ist der Landschaftscharakter in Nordjütland, das man eigentlich als eine separate Insel bezeichnen muß, die durch den Limfjord von der restlichen Halbinsel Jütland abgetrennt wird. Wind und Meer bestimmen in dieser flachen Landschaft das Leben, wirken auf die Küste ein, die dadurch ständig verändert wird: Hervorspringende Abschnitte der Küste werden durch das Wasser abgetragen, das Material an anderen Stellen abgelagert, so daß langsam neues Land entsteht. Die im Wasser schwebenden kleinen Partikel – Sand und Kies – werden dabei durch die Strömung in Richtung Norden befördert. So wächst die nördlichste Spitze Dänemarks, Skagens Odde, ständig weiter an in nordwestlicher Richtung.

Die vom Meer angespülten Sandkörner werden von dem meist aus Westen wehenden Wind aufgegriffen und davongetragen. Trifft der Wind auf ein Hindernis, wird seine Kraft geschwächt und der mittransportierte Sand fällt zu Boden, wo er sich z. B. hinter einem Grasbüschel ablagert. So entstehen allmählich Dünen.

Auf diesen Sandflächen siedelten sich mit der Zeit Bäume an, wuchs Gras, so daß die Dünen nicht weiter wanderten. Mitte des 17. Jh. jedoch änderte sich diese Situation. Ein plötzlich einsetzendes Sandtreiben verwüstete große Teile Westjütlands. Kirchen wurden zugeweht, Dörfer und Felder mußten aufgegeben werden *(Tour 19)*.

Um dieses vermutlich durch eine Reihe heftiger Stürme ausgelöste und durch das Abholzen der Bäume und Beweiden der Dünen verursachte Sandtreiben einzudämmen, wurde auf eine staatliche Verordnung von 1792 hin Strandhafer angepflanzt und auf die offenen »Dünenwunden« Torfboden gelegt. Als auch diese Versuche, das Sandtreiben zu stoppen, mißlangen, bepflanzte man ab 1850 die Dünen mit Bäumen. Heute gibt es nur noch eine Wanderdüne, Råbjerg Mile, die sich mit einer Geschwindigkeit von 20 m pro Jahr in Richtung Osten bewegt.

Doch nicht nur der Wind bereitete den Bewohnern der Westküste Probleme. Durch die starke Küstenströmung, die ständig an den steiler abfallenden Küstenabschnitten nagt und Material verschiebt, sowie die geringe Wassertiefe vor der Küste gerieten in den vergangenen Jahrhunderten immer wieder Schiffe im schweren Seegang in Not. Deshalb heißt der nördlichste Küstenabschnitt nicht ohne Grund Jammerbucht. Inzwischen warnen Leuchttürme die Seeleute vor den hier lauernden Gefahren.

9 Rund um Jelling, den einstigen Königssitz

Jelling – Schloß Engelsholm – Vingsted – Skibet – Jelling

Tourencharakter: Leichte, ruhige Tour mit teilweise langgezogenen Anstiegen durch wellige Landschaft; 8 km auf der Trasse einer stillgelegten Bahnlinie durch das autofreie Tal des Vejle Å.

Länge: 30 km.
Gesamtanstieg: 260 m.

Unscheinbar wirkt heute der kleine Ort Jelling, verglichen mit der Rolle, die er einst in der dänischen Geschichte spielte. Hier, zentral im damaligen dänischen Reich und unweit der Heerstraße gelegen, befand sich im 10. Jh. der Sitz des dänischen Königs Gorm des Alten und seines Sohns Harald mit dem Beinamen Blauzahn. Der Königshof lag, so wird vermutet, auf dem heutigen Friedhofsgelände, unweit der beiden riesigen Grabhügel, zwischen denen die um 1100 erbaute Kirche steht. Davor zwei Runensteine: Auf dem kleineren, den König Gorm für seine Frau Thyra aufstellen ließ, wird zum erstenmal der Name dieses Landes als *Dänemark* angegeben. Die Inschrift auf dem größeren Stein, von Harald Blauzahn in Erinnerung an seinen Vater und seine Mutter errichtet, besagt, daß er, Harald, Norwegen und Dänemark vereint und alle Dänen zu Christen gemacht habe. Die Aufstellung des Steines erfolgte im Jahr 985, einige Jahre nach der Bekehrung Haralds, der im Jahr 960, so erzählt die Legende, zusah, wie der Mönch Poppo ein rotglühendes Stück Eisen in den Händen hielt, ohne sich zu verletzen, was Harald dazu bewog, den christlichen Glauben anzunehmen. Wahrscheinlicher jedoch ist, daß es handfeste politische Gründe waren, denn er wollte dem Deutschen Reich zuvorkommen, das durch die Christianisierung Dänemarks seinen Einfluß ausdehnen wollte. Als sicher gilt jedoch, daß Harald hier eine für damalige Verhältnisse große Holzkirche errichten ließ, der zwei weitere Kirchen sowie um 1100 die heutige Steinkirche folgten. In den Fundamenten der ersten Kirche wurde bei Grabungen ein Skelett gefunden, vermutlich das von König Gorm, den Harald nach seiner Bekehrung zum Christentum unter der Kirche bestatten ließ, nachdem er zuvor vielleicht im nördlichen der beiden Grabhügel beigesetzt worden war.

Streckenbeschreibung

Vom Parkplatz bei der Kirche in Jelling fahren Sie am Informationsbüro vorbei und folgen gegenüber den beiden riesigen Grabhügeln der Ausschilderung »Fårup Sø« nach rechts auf dem Målvangvej, biegen schon nach 100 m links ab auf den Fårupvej und überqueren die Bahnlinie Vejle – Holstebro. Zunächst auf einem Radweg entlang der Straße, anschließend auf einer schmalen Straße erreichen Sie eine Rechtsabzweigung (knapp 2 km; Radmarkierung 34 und 35) in Richtung Fårupgård.

Auf dem Gammelbyvej passieren Sie mehrere Zugänge zum Fårup Sø, überqueren eine Kreuzung (4 km) und erreichen in einer recht flachen Landschaft die wenigen Gebäude von *Gammelby* (6 km), wo Sie die B 441, Kolding – Give, überqueren (Radmarkierung 34 und 35). Eine schmale Straße führt zu den wenigen prächtigen Gehöften von *Sødover* (knapp 8 km), bei denen Sie sich auf einer querlaufenden Straße nach rechts wenden, aber schon nach 200 m in

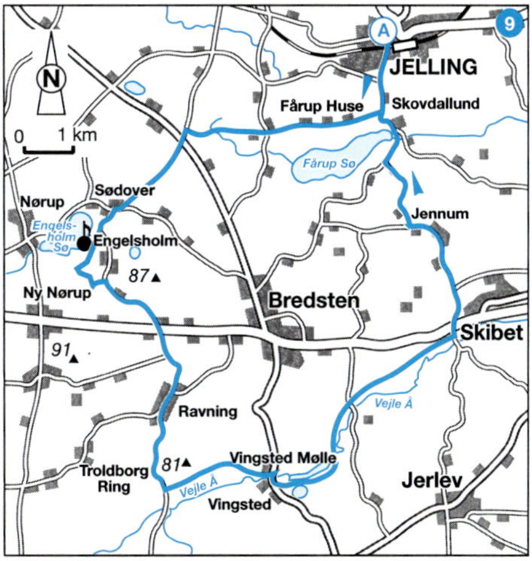

Wichtige Dokumente der dänischen Geschichte: die Runensteine von Jelling.

Richtung Engelsholm (Radmarkierung 35) links abbiegen auf eine schmale Straße. Wo nach wenigen hundert Metern die Straße links abknickt, folgen Sie einem Feldweg geradeaus entlang dem Ufer des Engelsholm Sø zum Wasserschloß *Engelsholm* (9 km), das von einstigen Wirtschaftsgebäuden sowie einer Parkanlage umgeben ist. Heute ist in den Gebäuden eine Volkshochschule und Ausbildungsstätte mit Kursen für Töpferei, Malerei und Bildhauerei untergebracht.

Auf einer gepflasterten Allee (Radmarkierung 34) verlassen Sie das Schloß wieder, biegen nach 200m links ab, steigen auf einer schmalen Straße leicht an und wenden sich nach wenigen hundert Metern erneut nach links in Richtung Sødover (Radmarkierung 35). Nach weiteren 400m folgen Sie dem schmalen Ravningvej (Radmarkierung 35) nach rechts, überqueren die A28, Vejle – Grinsted, und gelangen nach Ravning (12,5 km).

Sie fahren durch den Ort hindurch und in mehreren Kurven durch Wald bequem in das breite Tal des Vejle Å hinab (15 km). An dem steilen Westabhang liegt Troldborg Ring, eine Fluchtburg, vermutlich aus der Eisenzeit. Wo die Straße den Talboden erreicht, erbauten Wikinger um 980 n.Chr. eine über 5m breite Holzbrücke, die Ravningbroen, die ihnen auf dem Weg zum Königssitz Jelling die Überquerung des sumpfigen Tales erleichterte. Die Brückenköpfe dieses etwa 1m über der heutigen Oberfläche verlaufenden Fahrwegs wurden in letzter Zeit rekonstruiert.

Ein Radweg, der Bindeballestien (Radmarkierung 36), führt auf der Trasse einer stillgelegten Bahnlinie, die auf der Talsohle verläuft, nach links zur *Vingsted Mølle* (gut 17 km). Die ehemalige Mühle, heute eine Töpferei, liegt links des Vejle Å und beherbergt eine kleine Ausstellung zur Umgebung. Bei dem Gebäudekomplex zu Ihrer Rechten handelt es sich um das Vingsted Center, ein Sportzentrum.

Schloß Engelsholm ist einer der im 16. Jh. errichteten stattlichen Herrenhöfe, der später zu einer barocken Schloßanlage ausgebaut wurde.

Wenige Meter vor der Durchgangsstraße überqueren Sie den Vejle Å und biegen nach wenigen Metern wieder links ab (Radmarkierung 36). Sie folgen weiterhin dem Flüßchen talabwärts, kreuzen eine Straße und erreichen den Ortsrand von *Skibet* (22,5 km), wo der Radweg bei der Kirche in eine Straße einmündet, auf der Sie nach links ansteigen (Radmarkierung 34 und 35) zur A28.

Nach Unterqueren der Straße steigen Sie weiter an nach *Jennum* (24,5 km), fahren durch den Ort hindurch und biegen rechts ab in Richtung Fårup Sø. Die schmale, kurvenreiche Straße führt durch welliges Gelände zu einer querlaufenden Straße, auf der Sie sich nach rechts halten zum *Fårup Sø* (27 km). Das Seeufer bietet sich für eine Pause an: Kiosk, Kro, Bootsverleih, Bademöglichkeit und Nachbildung eines Wikingerschiffs.

Am bewaldeten Seeufer steigen Sie an zu den wenigen Häusern von *Skovdallund* (28 km) und kehren auf dem gleichen Weg, auf dem Sie Ihre Tour begonnen haben, nach Jelling zurück.

Nützliche Informationen

i

Ausgangsort: Jelling, Kleinstadt nordwestlich von Vejle. Kro, Campingplatz.
Anfahrt: E45, Kolding – Århus, Ausfahrt 60. In Vejle der Ausschilderung »Jelling/B442« folgen nach Jelling. 100 m nach dem Informationsbüro bei der Kirche und den Grabhügeln ein Parkplatz.
Etappen: Jelling – Schloß Engelsholm 9 km – Vingsted Mølle 8 km (17 km) – Skibet 5,5 km (22,5 km) – Jelling 7,5 km (30 km).
Einkehr unterwegs: Skovdal Kro am Fårup Sø.
Bademöglichkeiten: Freibad in Jelling; am Fårup Sø.
Sehens- und Wissenswertes: • *Jelling-Kirche*, um 1100 erbaut, wurde jedoch durch Feuer und Kriege immer wieder teilweise zerstört, so daß wenig aus der Romanik erhalten ist; auch die Kalkmalereien im Chor mußten im letzten Jahrhundert restauriert werden und können heute nur noch als Kopien der einstigen Malereien betrachtet werden. • *Møllehuset* in Jelling, Kunsthandwerkstätten in ehemaligem Mühlengebäude; Verkauf, Café; geöffnet Mitte Juni–Mitte August täglich 10–17 Uhr, ansonsten 12–17 Uhr. • *Schloß Engelsholm*, im Jahr 1593 erbaut, später im barocken Stil verändert, heute eine Volkshochschule mit Schwerpunkt auf Kunst und Kunsthandwerk. Nur Park zugänglich.
Fahrradverleih: Buhl Jensen, Gormsgade 14–16, Vejle, Tel. 75 82 15 09.
Auskunft: Turistinformation, Gormsgade 4, DK-7300 Jelling, Tel. 75 87 13 01.
Karte: Cykelruter i Vejle Amt, 1:100 000.

10 Am idyllischen Horsensfjord

Horsens – Schloß Boller – Skjold – Sønderby – Snaptun – Glud – Sejet – Horsens

Tourencharakter: Nicht ganz mühelose Rundtour auf markierten Nebenstraßen, teilweise mit Schotterbelag, und kurzzeitig auf einer befahrenen Durchgangsstraße durch das hügelige Gebiet südlich des Fjords.
Länge: 49 km.
Gesamtanstieg: 320 m.

Durch die Bezeichnung Fjord sollte man sich nicht zu der Annahme verleiten lassen, es handle sich hier um einen tiefen Meereseinschnitt mit steil ansteigenden Felswänden wie im Nachbarland Norwegen. Denn Fjord ist das dänische Wort für Förde, und das wiederum bezeichnet eine langgestreckte, schlauchförmige Meeresbucht in einer flachen, von Gletschern aufgeschütteten Landschaft, durch die, als das Eis zu schmelzen begann, Wasser zum Meer abfloß in einer flachen, breiten Rinne, in die später das Meer eindrang. Von der Entstehungsgeschichte her also durchaus eher mit einem »Fjord« zu vergleichen als die ebenfalls als Fjorde bezeichneten Strandseen an der Westküste Jütlands.

Mehrere solcher Förden greifen an der Ostküste tief ins Land hinein, doch der Horsensfjord zählt mit Recht zu den schönsten. In der Bucht liegen kleinere Inseln, von denen eine ein Schutzgebiet für Kormorane ist, und auf dem Wasser sind meist farbige Segelboote unterwegs, die ihren Liegeplatz in der Marina am Ende der Förde haben. Dort ließen sich um das Jahr 1000 herum Wikinger nieder, die von hier aus Handel mit Vieh und Getreide betrieben, und daraus entwickelte sich die heutige Stadt Horsens, eine lebhafte Einkaufsstadt mit viel Sinn für Kunst und Kultur.

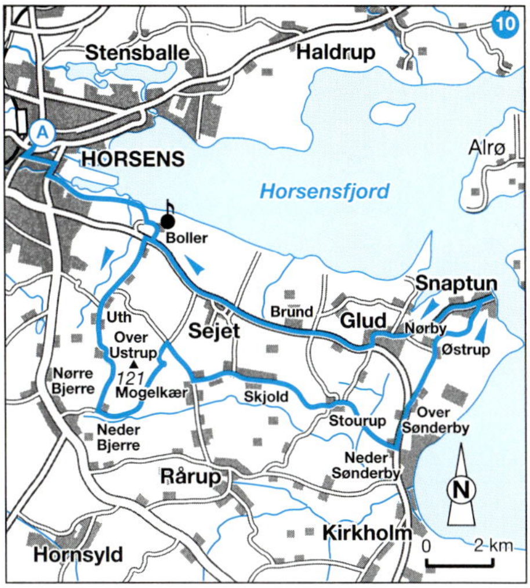

Streckenbeschreibung

Vom Vitus-Berings-Plads in Horsens folgen Sie der Lichtenbergsgade 900 m weit, biegen am Spedal Sø Torv links ab in die Straße Spedalsø und stoßen auf die querlaufende Høegh Guldbergs Gade, der Sie auf einem Radweg kurzzeitig in Richtung Juelsminde folgen, ehe Sie sich nach links wenden (2 km) und auf dem asphaltierten Bollerstien (Radmarkierung 53, Boller) zwischen Wiesen und Viehweiden entlang dem verschilften Ufer des Horsens Fjord zu einem einzeln stehenden Wohnhaus gelangen (5 km). Hier endet der asphaltierte Radweg, und ein breiter Schotterweg steigt nach rechts durch den Wald zu einem ruhigen Sträßchen an, auf dem Sie sich nach links wenden (Radmarkierung 53 und 5), kurz darauf das *Wasserschloß Boller* (5,5 km) passieren, ein im 14. Jh. erbautes Gebäude, heute Pflegeheim, umgeben von einer weitläufigen Parkanlage. Kurz danach stoßen Sie auf die stark befahrene B 459, Horsens – Juelsminde (6 km).

Ihr folgen Sie 200 m nach rechts in Richtung Horsens und biegen links ab in Richtung Uth (Radmarkierung 53). Zwischen Wiesen und Feldern steigen Sie auf einer ruhigen Landstraße stetig leicht an, halten sich in *Uth* an einer Straßengabelung bei der Kirche (8,5 km) nach links in Richtung Purhøj und folgen bei den wenigen Bauernhöfen von *Over Ustrup* (10 km) dem querlaufenden Purhøjvej nach links. Das Sträßchen steigt auf einige hundert Meter Länge steil an auf den Hügel *Purhøj* (120 m), von wo sich ein umfassender Rundblick bietet, führt auf etwa 500 m Länge als schmale Schotterstraße über die Erhebung und fällt, wieder asphaltiert, nach *Neder Bjerre* (12 km) im Tal des Skjold Å.

Am Ortsrand gabelt sich die Straße. Der links abzweigende Neder Bjerrevej führt vollends auf die Talsohle, wo Sie einem nach links abzweigenden Sträßchen folgen (Radmarkierung Syd om Horsens Fjord, Juelsminde), das am Fuß des bewaldeten Talhangs, ständig leicht auf und ab, in zahlreichen Kurven zu einer Kreuzung führt (15,5 km). Sie wenden sich nach rechts in Richtung Mogelkær, durchfahren den Iskæleder Skov und biegen links ab in Richtung Skjold (17 km, Radmarkierung 53).

In dem weit auseinandergezogenen Ort *Skjold* (gut 18 km) folgen Sie dem Kirkevej geradeaus (nicht links abbiegen in Richtung Horsens!), wenden sich nach mehreren hundert Metern auf dem querlaufenden Pebelvej nach links, nach nur 30 m wieder nach rechts und gelangen auf einem kurvenreichen Sträßchen, zwischen den wenigen Gehöften von *Stourup* (gut 21 km) hindurch, zur Rechtsabzweigung (21,5 km) des Stourupvej (Radmarkierung). Dieses Sträßchen durchquert auf etwa 1 km Länge als Schotterweg eine hier bewaldete Talsenke und steigt, wieder asphaltiert, nach *Neder Sønderby* an (24 km), von wo aus Sie die Küste vor sich liegen sehen. Am Ortsrand folgen Sie nach rechts dem Pægårdsvej, der wenig später in die B 459 einmündet.

Wenn Sie baden möchten, halten Sie sich

geradeaus und gelangen durch eine Ferienhaussiedlung zu einem mehrere Kilometer langen Strand (Abstecher hin und zurück 1,5 km). Auf den folgenden 2,5 km zweigen noch einige weitere Zugänge zu diesem Strand ab.

Auf der zeitweise stark befahrenen B 459 (Radmarkierung 5, Snaptun) steigen Sie ohne Radweg einige hundert Meter weit an, passieren die entlang der Straße aneinandergereihten Bauernhöfe von *Over Sønderby* und verlassen die B 459 nach rechts (knapp 26 km) in Richtung Snaptun (Radmarkierung 5). Am Ortsbeginn von *Østrup* (27,5 km) biegen Sie rechts ab (keine Radmarkierung!), gelangen auf einer schmalen Straße nach *Snaptun* und auf der Hauptstraße vollends zum hübschen Fischer- und Fährhafen (30,5 km).

Auf dem gleichen Weg fahren Sie zurück nach Østrup (33,5 km), biegen aber am Ortsrand (s.o. Angabe »27,5 km«) rechts ab und erreichen *Glud* (34,5 km). Im Ort biegen Sie von der Durchgangsstraße erneut rechts ab auf den Glud Kirkevej (Radmarkierung 5, Boller, Horsens), verlassen diese Wohnstraße nach 800 m nach links (Radmarkierung 5) und gelangen auf dem Museumsvej zu einem Freilichtmuseum an der B 459 (knapp 36 km).

Auf der eben verlaufenden B 459 halten Sie sich nach rechts in Richtung Horsens, passieren Brund und folgen kurz vor Sejet der ehemaligen Durchgangsstraße nach links (40 km) durch *Sejet* hindurch (im Ort nicht einer lokalen Radmarkierung nach links folgen!). Diese Straße mündet wieder in die B 459 ein, der Sie, nun auf dem Randstreifen, weiter folgen bis zur Abzweigung der Straße, die zum *Schloß Boller* führt (43 km).

Auf demselben Weg, auf dem Sie von Horsens zum Schloß Boller gelangten, kehren Sie zu Ihrem Ausgangspunkt zurück.

Der Horsensfjord, der wie die anderen durch Gletscherabflüsse geformten Meeresarme der Ostküste als Fjord bezeichnet wird, ist eine schlauchförmige Meeresbucht in flacher Landschaft.

Hervorragend markiert sind die an roten Nummern deutlich erkennbaren Nationalen Radrouten, die, wie beim Schloß Boller, häufig durch reizvolle Waldgebiete führen.

Nützliche Informationen

Ausgangsort: Horsens, Handelsstadt (55 000 E.), am Ende des Horsensfjords gelegen; lebhafte Fußgängerzone; zahlreiche Museen. Per Bahn erreichbar. Hotels, Campingplatz, JH (Tel. 75 61 67 77).
Anfahrt: E 45, Kolding – Århus, Ausfahrt 57. Der Ausschilderung »Centrum« folgen zum Rand des Stadtkerns. Parkplatz auf dem Vitus-Berings-Plads.
Etappen: Horsens – Schloß Boller 5,5 km – Skjold 12,5 km (18 km) – Neder Sønderby 6 km (24 km) – Snaptun 6 km (30 km) – Glud 4,5 km (34,5 km) – Schloß Boller 8,5 km (43 km) – Horsens 6 km (49 km).
Einkehr: In Snaptun (Hotel, Bistro); in Glud; in Sejet.
Bademöglichkeiten: Zwischen Neder Sønderby und Østrup (24 km bis 26,5 km) sind mehrere Abstecher (je ca. 1,5 km hin und zurück) zum Strand möglich.
Sehens- und Wissenswertes: In Horsens: • *Kunstmuseum*, Ausstellung von Gegenwartskunst sowie wechselnde Ausstellungen; geöffnet 1.7.–31.8. Mo.–Fr. 10–16 Uhr, Sa. und So. 10–17 Uhr, ansonsten erst ab 11 Uhr; Eintrittsgebühr. • *Horsens Museum*, zur Stadtgeschichte; geöffnet 1.7.–31.8. täglich 10–16 Uhr, ansonsten Di.–So. 11–16 Uhr; Eintrittsgebühr. • *Industriemuseum*, zeigt die Entwicklungen im Handwerk und in der Industrie; geöffnet 1.7.–31.8. Mo.–So. 10–16 Uhr, ansonsten Di.–So. 11–16 Uhr. • *Glud Museum*, in Glud, untergebracht in einem schönen Fachwerkgebäude aus dem Jahr 1662; Sammlung von Gegenständen, die die Arbeit auf dem Land zeigen, alte Häuser mit Originalmöblierung, archäologische Sammlung.
Fahrradverleih: Søgård Cykler, Sønderbrogade 7, Horsens, Tel. 75 62 53 48.
Auskunft: Tourist Information, Søndergade 26, DK-8700 Horsens, Tel. 75 62 38 22.
Karte: Cykelruter i Vejle Amt, 1:100 000.

11 Zum Aussichtspunkt Himmelbjerg

Ry – Himmelbjerg – Gammel Rye – Voerladegård – Alken – Øm Kloster – Ry

Tourencharakter: Ständiges Auf und Ab in hügeligem, stark gegliedertem, landschaftlich reizvollem Seenhochland; vorwiegend auf wenig befahrenen Straßen.

Länge: 42 km.
Gesamtanstieg: 360 m.

147 Meter ist er hoch, der Himmelbjerg, für dänische Verhältnisse ein wahrhaftiger »Gipfel«, der, obwohl nicht ganz der höchste, so doch der bekannteste Aussichtsberg Dänemarks ist. Und das nicht nur wegen des wirklich schönen Rundblicks. Nationale Bedeutung hat er, wie die vielen Gedenksteine hier oben zeigen, die an Politiker, an Pastoren, an den Kampf um die Wahlberechtigung für Frauen und an Steen Steensen Blicher erinnern, den Mann, der den Himmelbjerg erst bekannt gemacht hat. Im Jahr 1839 rief der Dichter und Pfarrer hier oben auf dem »dänischen Olymp« – der Himmelbjerg galt damals noch als der höchste Berg Dänemarks – eine Volksversammlung zusammen, die zwar volksfestartigen Charakter hatte mit Tanz und Gesang, aber auch einen politischen Hintergrund. Blichers Traum war es, eine Begegnungsstätte für das Volk zu schaffen, für alle Dänen, gleich welchen Alters oder Standes. Eine Idee, die der damals europaweit laut werdenden Forderung nach Demokratie und Selbstbestimmung entsprach. Waren es zunächst nur wenige Hundert, die seinem Aufruf folgten, so nahm die Zahl derer, die an den zwischen 1839 und 1844 stattfindenden Versammlungen teilnahmen, ständig zu. Ob diese Treffen Einfluß gehabt haben auf die Entscheidung des Königs Friedrich VII., im Jahr 1849 einer demokratischen Verfassung zuzustimmen, mag dahingestellt sein. Auf dem Himmelbjerg jedenfalls wurde zur Erinnerung an dieses für die dänische Geschichte so wichtige Ereignis der Aussichtsturm erbaut, von dem aus man einen weiten Blick über das umgebende Seenhochland hat.

Streckenbeschreibung

Vom Parkplatz am Kreisverkehr in Ry folgen Sie auf einem Radweg (R4, Gammel Rye) der Straße in Richtung Silkeborg, überqueren den Gudenå und steigen auf mehrere Kilometer Länge streckenweise recht steil an. Vorbei an der Linksabzweigung nach Gammel Rye, wenden Sie sich nach rechts auf den Himmelbjergvej (4,5 km; R7) und steigen weiterhin stetig an – nach ca. 1,5 km nicht der Markierung »R7« nach links folgen! – zur mit lichtem Wald bestandenen Gipfelhochfläche (147 m) des *Himmelbjerg* (7 km).

Mehrere Gedenksteine, ein Aussichtsturm, von dem aus der Julsø zu überblicken ist, ein Hotel mit Cafeteria und einige Kioske machen diesen Punkt zu einem beliebten Ausflugsziel.

Auf demselben Weg kehren Sie zurück in Richtung Ry, biegen aber rechts ab (10 km; R4 und R7) und gelangen auf der Ryesgade bequem nach *Gammel Rye* (10,5 km). Kurz nach dem Ortsbeginn zweigt ein Sträßchen links ab zu einem Mühlen- und zu einem Holzschuhmuseum.

Gammel Rye ist, wie der Name sagt (gammel=alt), älter als der Ort Ry, der erst im Zusammenhang mit dem Bau der Eisenbahn im Jahr 1871 entstand. Gammel Rye hingegen hatte schon im Mittelalter eine gewisse Bedeutung, bedingt durch seine Lage in der

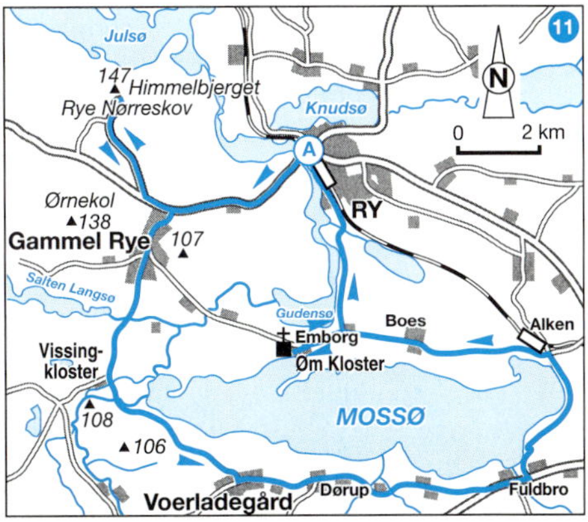

In dem durch den ehemaligen Schmelzwasserabfluß ausgegrabenen Tunneltal des Gudenå haben sich Seen wie der Julsø gebildet, die vom Himmelbjerg aus gut zu überblicken sind.

Nähe von Øm Kloster und der heiligen Sørens-Quelle, was sich außerdem auch daran zeigt, daß einer der dänischen Könige im Jahr 1534 in dieser Kirche gewählt wurde. Eine bedeutende Wahl, konnten sich doch die Adligen gegen die katholischen Bischöfe durchsetzen und einen protestantischen Herzog zum König erheben, was zur Folge hatte, daß Dänemark ein protestantisches Land wurde.

Der leicht fallenden Straße folgen Sie durch den langgezogenen Ort hindurch (R4), überqueren den Salten Å und haben wenig später die Möglichkeit, einen Abstecher nach links (13,5 km) zu machen zum nur einige hundert Meter entfernten Gudenå Museum, das über die archäologischen Befunde zur Steinzeit in der Umgebung des Gudenå informiert.

Nach Durchqueren einer flachen Landbrücke zwischen dem Salten Langsø und Mossø biegen Sie links ab (15 km) und folgen der Markierung »R51, Søhøjlandet« zum Südufer des Mossø, des größten Sees Jütlands. Zwischen Viehweiden und einzeln stehenden Bauernhöfen steigen Sie in wenigen hundert Metern Entfernung zum See nach *Voerladegård* an (19 km), folgen im Ort einer Querstraße nach links und durchfahren den kleinen Ort Dørup (20,5 km).

Durch eine Talsenke mit den wenigen Höfen von *Hem* hindurch erreichen Sie die breite, stark befahrene Durchgangsstraße Østbirk – Skanderberg, der Sie, ohne Radweg, nach links in das Tal des Tåning Å folgen, die Sie aber 250 m nach Überqueren des Flüßchens nach links verlassen in Richtung Alken (R7 und R15). Die schmale, stetig leicht ansteigende und wieder fallende Straße verläuft am Ostufer des *Mossø*, vorbei an einigen Picknickplätzen und Ferienhäusern. Wo die Markierung R15 nach rechts abzweigt, halten Sie sich geradeaus (R7), überqueren den Illerup Å und steigen nach *Alken* an (29,5 km).

Im Ort folgen Sie einer querlaufenden Straße nach links (R7) in Richtung Øm Kloster, fahren zwischen den wenigen, teilweise strohgedeckten Häusern von *Boes* (32,5 km) hindurch, passieren die Abzweigung in Richtung Ry und biegen nach links auf den Munkevej ab, der zu den Mauerresten und zum Museum *Øm Kloster* bei den wenigen Gehöften von *Emborg* führt (36 km). Die Ruinen des einst bedeutenden Zisterzienserklosters aus dem Jahr 1172 können besichtigt werden.

Auf demselben Weg kehren Sie zurück zur Abzweigung nach Ry und steigen entlang dem Ostufer des Gudensø im Wald stetig an nach *Ry* (40 km). Vorbei am Bahnhof gelangen Sie in die Ortsmitte, wo Sie sich nach links halten und zu Ihrem Ausgangspunkt zurückkehren.

Nützliche Informationen

Ausgangspunkt: Ry, moderne Kleinstadt am Gudenå, entstanden als Siedlung um den Bahnhof Ende des letzten Jahrhunderts. Boote über den Julsø zum Himmelbjerg. Per Bahn erreichbar. Hotel, Gasthöfe, Campingplätze, JH (Tel. 86 89 14 07).
Anfahrt: E 45, Haderslev – Århus, Ausfahrt 52. Auf der B 445 in Richtung Silkeborg nach Ry. Parkplatz hinter dem Park Hotel in der Ortsmitte.
Etappen: Himmelbjerg 7 km – Gammel Rye 3,5 km (10,5 km) – Voerladegård 8,5 km (19 km) – Alken 10,5 km (29,5 km) – Emborg 6,5 km (36 km) – Ry 6 km (42 km).
Einkehr unterwegs: Aussichtsrestaurant auf dem Himmelbjerg; Kro in Gammel Rye; Voerladegård; Kaffeestube in Boes.
Bademöglichkeit: Am westlichen Ende des Mossø bei Alken.
Sehens- und Wissenswertes: • *Ferskvandsmuseet*, Frischwasseraquarium in Ry; geöffnet 1.5.–30.9. von 10–17 Uhr. • *Mühlen- und Holzschuhmuseum* in Gammel Rye; geöffnet 1.5.–30.9. täglich 10–17 Uhr. • *Gudenåmuseet*, in Vissingkloster, kleines privates Museum zur Steinzeit; geöffnet 1.5.–1.10. von 9.30–11.30 und 14–16 Uhr; Eintrittsgebühr. • *Øm Kloster* in Emberg; geöffnet täglich außer Mo. 9–17 Uhr.
Fahrradverleih: Cykeludlejning, Ry, Skanderborgvej 19, Tel. 86 89 14 91.
Auskunft: Turistbureau, Klostervej 3, DK-8680 Ry, Tel. 86 89 34 22.
Karte: Cyklist Turistkort, Blatt 1, Århus Amt, 1:100 000.

In alten Dörfern wie Gammel Rye stößt man immer wieder auf hübsche Fachwerkbauernhöfe.

12 Im Seenhochland um Silkeborg

Silkeborg – Resenbro – Linå – Laven Stationsby – Sejs – Silkeborg

Tourencharakter: Leichte Tour auf verkehrsarmen Straßen und auf Radwegen entlang der Durchgangsstraßen durch wellige, bewaldete Landschaft; teilweise markiert.
Länge: 35 km.
Gesamtanstieg: 220 m.

Mehrere Seen, die sich aneinanderreihen, teilweise durchflossen vom Gudenå, Dänemarks längstem Fluß, eine hügelige, bewaldete Landschaft mit den beiden höchsten Bergen Dänemarks – das ist das Seenhochland, eine Gegend, die seit der Mitte des letzten Jahrhunderts Touristen anzieht und die der Dichter Hans Christian Andersen, bekannt durch seine Märchensammlung, gar als eine »Mischung aus Schottland und Schwarzwald« beschrieb. Doch der Wahrheit zuliebe: Der Himmelbjerg erreicht knapp 150 m Höhe. Trotzdem strömten, seit der Berg durch die dort abgehaltenen Volksversammlungen *(s. Tour 11)* in das Licht der Öffentlichkeit gerückt worden war, die Ausflügler, darunter Könige und alles, was Rang und Namen hatte, zum »dänischen Olymp«, den sie damals noch für den höchsten Gipfel Dänemarks hielten. Sowohl am Fuß des Berges als auch auf dem Gipfel sorgten bald Pavillons, die später zu Hotels erweitert wurden, für die »Bergsteiger«, mußten doch immerhin 130 Höhenmeter zwischen der Bootsanlegestelle am Julsø und dem Gipfel zurückgelegt werden. Die Anreise erfolgte ab 1861 von Silkeborg aus mit dem Raddampfer, der auch heute noch über den Julsø dampft. Vom See bzw. vom Nordufer des Sees aus wirkt der Berg auch wirklich beeindruckend, fällt er doch zum See recht steil ab, was eine Folge seiner Entstehungsgeschichte ist. Genau genommen ist er gar kein richtiger »Berg«, der nach allen Seiten abfällt, sondern die freierodierte Kante eines Tales, das durch Schmelzwasserströme nach der letzten Eiszeit ausgewaschen wurde.

Streckenbeschreibung

Von Ihrem Parkplatz am Ufer des Silkeborg Langsø in Silkeborg fahren Sie in Richtung Århus auf dem mehrspurigen, verkehrsreichen Århusvej, halten sich links und überqueren den Remstrup Å, passieren den Hafen mit der Ablegestelle der Touristenboote über den Julsø – gegenüber befindet sich das Silkeborg Museum – und steigen auf einem Radweg (Radmarkierung 7 und 1) entlang der Straße in Richtung Århus einige hundert Meter weit an. Nach einer Wohnsiedlung stoßen Sie im Wald auf die A 15, Silkeborg – Århus (4 km), halten sich geradeaus und gelangen entlang dem Gudenå nach *Resenbro* (6 km).

Im Ort biegen Sie rechts ab in Richtung Linå und folgen einer ruhigen Straße durch Wald, anschließend zwischen Viehweiden und den wenigen Gehöften von *Skellerup* hindurch (8,5 km) im flachen Tal des Linå zu einer querlaufenden Straße, auf der Sie sich nach links wenden und *Linå* erreichen (11 km).

Im Ort folgen Sie nach 100 m einer Querstraße nach links in Richtung Voel, kreuzen wenig später – an der Kreuzung befindet sich ein Kro – am Ortsrand die A 15 und durchfahren auf einer ruhigen Straße eine recht wellige Landschaft mit mehreren Anstiegen. An der folgenden Kreuzung (14,5 km) halten Sie sich auf dem Mollerupvej nach links und erreichen *Laven Stationsby* (15,5 km).

Im Ort gabelt sich die Straße: nach links (Ww. Ry) gelangen Sie nach wenigen hundert Metern zu einer breiten Querstraße, der Sie nach links folgen (Ww. Ry). Diese kurvenreiche, auf der Sohle eines flachen Tals verlaufende Straße verlassen Sie nach etwa 2 km nach rechts (17,5 km), überqueren die Bahnlinie Silkeborg – Skanderborg und gelangen in den kleinen Ort *Alling*, der wegen seiner strohgedeckten Häuser und der kleinen romanischen Kirche einen Besuch wert ist.

Auf demselben Weg kehren Sie nach Laven Stationsby zurück, fahren nun aber in Richtung Silkeborg geradeaus durch den am Julsø gelegenen Ort hindurch und steigen mit Blick auf den Julsø und den Aussichtsturm auf dem Himmelbjerg nach *Laven* an (22 km). In ständigem Auf und Ab führt die kurvenreiche Straße durch ein ausgedehntes Waldgebiet und fällt auf ca. 1,5 km Länge wieder zum Julsø.

Entlang der Bahnlinie gelangen Sie nach *Svejbæk* (26,5 km) – gleich am Ortsanfang befindet sich das Hotel-Restaurant mit Café und Museum »Ludvigslyst« – und fahren auf der Durchgangsstraße durch den Ort und das sich anschließende *Sejs* hindurch (28 km).

Ab dem Ortsende von Sejs folgen Sie einem Radweg neben der Straße, entlang dem Ufer des Brassø, passieren einen Badeplatz sowie die Abzweigung zu dem Hotel / Restaurant Ny Hattenæs Kro und erreichen, abwechselnd auf dem schmalen Randstreifen der recht stark befahrenen Straße oder auf einem Radweg zwischen der Straße und dem Ufer, den Ortsbeginn von *Silkeborg* (33,5 km).

Kurz zuvor schon passierten Sie einen hübsch gelegenen Bootshafen und gelangen, an malerisch am Remstrup Å gelegenen Häusern mit ihren Bootsstegen vorbei – rechter Hand ein Restaurant mit Blick auf den Remstrup Å (34 km) –, wenig später zum kleinen, idyllischen Hafen von Silkeborg und zu Ihrem Ausgangspunkt in der Stadtmitte zurück.

Seit Mitte des 19. Jh. legen Schiffe im Hafen von Silkeborg ab, um Touristen zum Fuß des Himmelbjergs zu bringen.

13 Die Berge von Mols

Besucherzentrum Strandkær – Vistoft – Tved – Skødshoved Strand – Knebel – Agri – Besucherzentrum

Tourencharakter: Abwechslungsreiche Tour mit einigem Auf und Ab in hügeliger Berglandschaft; auf ruhigen Nebensträßchen und Schotterwegen; markiert.
Länge: 36 km.
Gesamtanstieg: 450 m.

Auf einer Landzunge der Halbinsel Djursland liegen die Berge von Mols, abseits der großen Durchgangsstraßen, wenig besucht und dünn besiedelt. Ein paar Höfe nur, die heute in der von tiefen Tälern zergliederten Hügellandschaft zu sehen sind, ein paar kleinere Dörfer auf dem Landstreifen zwischen Bergen und Meer. Nicht zu übersehen aber sind zahlreiche Zeichen einer früheren Besiedlung: Steingräber und Grabhügel, vor Tausenden von Jahren erbaut, Spuren schmaler Ackerstreifen aus dem Mittelalter. Die geschützten Buchten und der bequeme Zugang zum Meer waren es wohl, was die Menschen vor 5000 Jahren veranlaßte, hier zu siedeln, die Landflächen entlang der Küste urbar zu machen, die Wälder in den Hügeln zu roden. In dieser rauhen Moränenlandschaft, hinterlassen von den abschmelzenden Eismassen vor rund 10000 Jahren, weidete jahrhundertelang Vieh. Was dazu führte, daß sich hier eine ganz eigene Flora entwickelte: Gras, Heide, durchsetzt von stacheligem Heckengestrüpp und kleinen Eichenwäldchen. Doch die Lebensbedingungen waren hart, die Erträge auf dem nährstoffarmen Boden mager, weshalb die Dörfer ab dem Beginn des 19. Jh. verödeten. Einige Jahrzehnte später begann die Aufforstung der einstigen Weide- und Ackerflächen mit Nadelbäumen. Doch seit den sechziger Jahren bemüht sich der Naturschutzbund darum, den besonderen Charakter dieser offenen Landschaft, in der etwa die Hälfte aller in Dänemark heimischen

Nützliche Informationen

Ausgangsort: Silkeborg, moderne Kleinstadt am Gudenå. Per Bahn erreichbar. Gasthöfe und Hotels, Campingplatz, JH (Tel. 86823642).
Anfahrt: E45, Kolding – Århus, Ausfahrt 56. Auf der A52 nach Silkeborg. Große Parkplätze vor der Brücke über den Silkeborg Langsø in der Nähe des Rathauses.
Etappen: Silkeborg – Resenbro 6 km – Linå 5 km (11 km) – Laven Stationsby 4,5 km (15,5 km) – Sejs 12,5 km (28 km) – Silkeborg 7 km (35 km).
Einkehr unterwegs: Motel in Resenbro; Kro bei Linå; Hotel in Laven Stationsby; Restaurant in Svejbæk; Kro am Brassø.
Bademöglichkeit: Im Brassø.
Sehens- und Wissenswertes: In Silkeborg:
• *Raddampfer »Hjejlen«,* regelmäßige Abfahrten vom Hafen zum Himmelbjerg.
• *Museum,* regionale Kulturgeschichte, bes. Ausstellungsstück ist der Tollundmann, der als besterhaltene Moorleiche der Welt gilt; geöffnet Mitte April–Mitte Okt. 10–17 Uhr, ansonsten Do., Sa. und So. 12–16 Uhr.
• *Kunstmuseum,* Arbeiten von dän. und ausländ. Künstlern, vorwiegend aus dem 20. Jh.; geöffnet April–Ende Okt. Di.–So. 10–17 Uhr, ansonsten Di.–Fr. 12–16 und Sa., So. 10–16 Uhr. • *Aqua,* Frischwasseraquarium und Museum; geöffnet Juni–Aug. täglich 10–18 Uhr, ansonsten Di.–Sa. 10–16 und So. 10–17 Uhr. • *Hotel- und Restaurantmuseum,* zur Entwicklung des Hotelgewerbes, untergebracht im alten Sommerrestaurant Ludvigslyst am Julsø; geöffnet Mai–Sept. Di.–So. 10–22 Uhr.
Fahrradverleih: Daghøjskolen, Toldbodgade 29–31, Silkeborg, Tel. 86811399 und Cykelcentret, Borgergade 9, Silkeborg.
Auskunft: Turistbureau, Torvet, DK-8600 Silkeborg, Tel. 86821911.
Karte: Cyclist Turistkort, Århus Amt, Blatt 1, 1:100000.

Wie in Silkeborg, so wurde auch in den meisten Städten Dänemarks der Stadtkern in eine Fußgängerzone ungewandelt, in der Räder nur geschoben werden dürfen.

Pflanzenarten gefunden werden kann, zu erhalten, indem ein speziell gezüchtetes, genügsames Rind wieder hier weidet, wo schon so viele Bauern ihre Spuren hinterlassen haben. Die eindrucksvollste Hinterlassenschaft ist sicher das Poskær Stenhus: Fünf große Steine tragen eine tonnenschwere Steinplatte und bilden so eine Grabkammer – vermutlich waren es einmal zwei –, umgeben von einem Kranz von senkrecht stehenden Randsteinen. Verschwunden ist die einstige Abdeckung aus Erde, durch die ein Gang zur Kammer geführt hat. Rund 4000 bis 5000 Jahre alt ist dieses Hünengrab, dessen Bau von den um diese Zeit seßhaft gewordenen Menschen aus der Steinzeit nur unter größter gemeinsamer Anstrengung hatte errichtet werden können. Die Steine wurden wahrscheinlich von der Knebel-Bucht herbeigeschafft mit Hilfe von Schlitten, Baumrollen und Zugseilen. Um die Grabkammer abzudecken, mußten unzählige Grassodenstücke abgestochen worden sein, was wiederum den Verlust eines mehrere Hektar großen fruchtbaren Areals bedeutete. Insgesamt ein »Prestigeobjekt«, das sowohl die Machtposition des Toten als auch die Bereitschaft der Gemeinschaft zu einem solch aufwendigen Einsatz widerspiegelt.

Streckenbeschreibung

Vom Parkplatz am Besucherzentrum Strandkær folgen Sie einem geschotterten Fahrweg nach links 300 m weit leicht bergauf zu einer Gabelung, an der Sie sich auf dem Provstskovvej nach links wenden in Richtung Agri. Wenig später stoßen Sie auf eine weitere Gabelung: Sie halten sich geradeaus in Richtung Toggerbo. An einer dritten Gabelung (1,5 km) wenden Sie sich nach rechts, wiederum in Richtung Toggerbo, passieren den Aussichtspunkt Skovsbjerg (Abstecher zu Fuß hin und zurück 250 m) und gelangen an das erste Gehöft (knapp 3 km) des Weilers *Toggerbo*. Hier halten Sie

Nur wenige Gehöfte liegen in der hügeligen Landschaft der Mols Bjerge, die seit Jahrhunderten als Weidegebiet benutzt wurden.

Einst von einem Hügel bedeckt war die Grabkammer Poskær Stenhus, in der vor rund 5000 Jahren über einen längeren Zeitraum hinweg Tote bestattet wurden.

sich auf dem Toggerbovej nach links (Ww. Trehøj, Vistoft) und erreichen am Fuß des ersten von drei Hügeln einen Parkplatz (4 km). *Trehøj* (127 m), das sind drei Grabhügel aus der Bronzezeit, von deren Spitzen man einen weiten Ausblick hat.

Scharf nach rechts (Ww. Agri) gelangen Sie an eine Talsenke (5,5 km), nach deren Durchquerung Sie sich an einer Weggabelung nach links halten (keine Ausschilderung). Wenn Sie sich ein riesiges Toteisloch – entstanden, als sich beim Abschmelzen des Gletschers ein Eisblock vom zusammenhängenden Eisfeld löste und, unter Moränenmaterial begraben, über einen längeren Zeitraum hinweg langsam abschmolz, wodurch sich mit der Zeit eine Hohlform bildete – ansehen möchten, folgen Sie nach 200 m einem rechts abzweigenden Waldweg nach Tinghule (Abstecher hin und zurück 1,5 km).

Entlang der Talsenke, vorwiegend abwärts und vorbei an einigen Toteislöchern, verlassen Sie den Wald und gelangen nach wenigen hundert Metern nach *Viderup* (8 km), wo Sie einem Sträßchen nach rechts zu einer Querstraße folgen. Sie wenden sich nach links, nach nur 30 m wieder nach rechts (Ausschilderung Hotel Mols Gaarden) und gelangen wenig später in das mit Viderup zusammengewachsene *Vistoft.*

Kurz nach Vistoft biegen Sie an einer Kreuzung rechts ab (Ww. Tved), fahren auf die Bucht Knebel Vig zu und biegen bei den wenigen Gehöften von *Torup* (11,5 km) nach links ab (Ww. Tved). Wenig später folgen Sie an einer Gabelung der Ausschilderung »Tved« nach rechts.

Am Ortsende von *Tved* folgen Sie der links abzweigenden Straße nach Tillerup (15 km), fahren zwischen den wenigen Höfen von Blåkær hindurch und gelangen zu den großen Gehöften von *Bjødstrup* (17 km). Auf dem Hundshøjvej nähern Sie sich der Küste – rechts eine ausgedehnte Feriensiedlung –, fahren am Skødshoved Strand entlang und passieren einen Bootshafen mit Café/Restaurant (19,5 km).

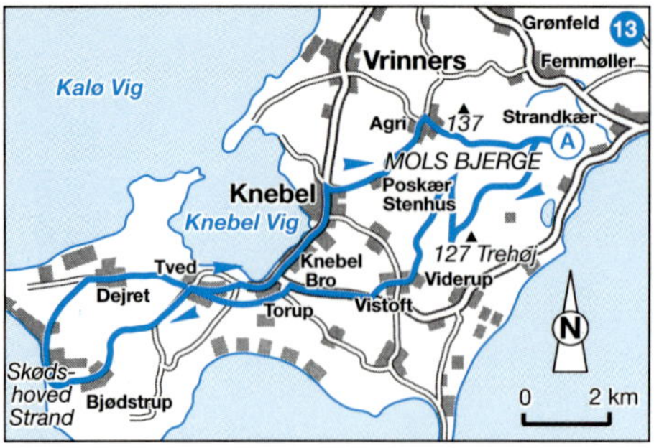

Die Straße entfernt sich nun von der Küste, verläuft zwischen den beeindruckenden Gehöften von *Dejret* hindurch und führt nach *Tved* (24 km). Am Ortsende biegen Sie links ab in Richtung Knebel, durchfahren entlang der Bucht Knebel Vig den langgestreckten Ort *Knebel Bro* und erreichen, vorbei an der weithin sichtbaren Kirche, das Dorf *Knebel* (28,5 km).

Am Ortsrand folgen Sie der Straße nach Agri, passieren das *Poskær Stenhus* (30 km), den größten Dolmen Dänemarks, und steigen an nach *Agri* (32 km). Bei dem See am Ortsrand handelt es sich um ein riesiges Toteisloch.

Im Ort biegen Sie rechts ab in Richtung Mols Bjerge, halten sich nach wenigen Metern an einer Gabelung nach links (Ww. Strandkær), passieren einen Rastplatz – zu Fuß ist ein Abstecher zum Aussichtspunkt Agri Bavnehøj möglich (hin und zurück 100 m) – und halten sich auf dem Schotterweg an den folgenden beiden Wegkreuzungen geradeaus in Richtung Strandkær. In der Århus Plantage steigen Sie an zu einem Querweg (35 km), auf dem Sie sich für wenige Meter nach links, anschließend auf einem weiteren querlaufenden Weg nach rechts halten zum *Strandkær Besøgscenter.*

Nützliche Informationen

Ausgangsort: Parkplatz am Besucherzentrum Strandkær inmitten der Mols Bjerge. Nächster Gasthof in Femøller Strand.
Anfahrt: E 45, Haderslev – Aalborg, Ausfahrt 47. Auf der A 15 nach Rønde; in Rønde abbiegen und über Egens, Grønfeld und Femøller nach Femøller Strand. Rechts abbiegen auf die Küstenstraße, wenig später erneut nach rechts, der Ausschilderung »Besøgscenter Strandkær« folgen zu einem kleinen Parkplatz.
Etappen: Strandkær Besøgscenter – Trehøj 4 km – Viderup 4 km (8 km) – Tved 5,5 km (13,5 km) – Skødshoved Strand 5,5 km (19 km) – Knebel 9,5 km (28,5 km) – Strandkær Besøgscenter 7,5 km (36 km).
Einkehr unterwegs: Hotel in Vistoft; Cafés in Skødshoved Strand, Knebel Bro und Knebel.
Bademöglichkeit: Am Skødshoved Strand.
Sehens- und Wissenswertes: • *Besucherzentrum Strandkær,* Ausstellung zur Landschaft der Mols Berge; täglich geöffnet.
Fahrradverleih: Burgeren, Knebel, Bygade 30, Tel. 86 35 15 15.
Auskunft: Turistbureau, Strandvejen 2, DK-8400 Ebeltoft, Tel. 86 34 14 00.
Karte: Cyclist Turistkort, Århus Amt, Blatt 2, 1:100 000.

14 Auf der Halbinsel Djursland

Gammel Estrup – Auning – Pindstrup – Nimtofte – Fjellerup – Gjesing – Auning – Gammel Estrup

Tourencharakter: Ruhige Tour durch landwirtschaftlich genutzte Landschaft und Wald, voriegend auf schwach befahrenen Straßen mit mehreren langgezogenen Steigungen.
Länge der Tour: 51 km.
Gesamtanstieg: 340 m.

Wie eine »Nase« ragt die Halbinsel Djursland an der Ostküste Jütlands in das Kattegat hinaus und liegt damit abseits der Touristenströme. Ruhig ist es hier, wellig die Landschaft, fruchtbar der Boden, der wohl, will man von der Vielzahl prähistorischer Denkmäler her schließen, schon früh bebaut wurde und der auch, betrachtet man die Anzahl der stattlichen Herrenhöfe, einigen adligen Landbesitzern zu Wohlstand verholfen hat. Schloß Meilgård, Schloß Rosenholm, Schloß Clausholm, Estruplund sind nur einige der eindrucksvollen, hauptsächlich im 16. und

17. Jh. erbauten Wohnsitze adliger Familien. Passend erscheint es da, daß in Gammel Estrup das Museum über jütländische Herrensitze eingerichtet wurde, gilt das Haus doch als einer der stattlichsten Herrensitze, dessen Geschichte außerdem bis in das 13. Jh. zurückverfolgt werden kann. Über Generationen hinweg war das Anwesen im Besitz zweier Adelsfamilien gewesen, die eng mit dem Königshaus verbunden waren. Im Jahre 1926 jedoch veräußerten nach dem Tode des gräflichen Besitzers die Erben zunächst das Inventar, dann den Herrensitz. Doch nur wenige Jahre später wurden Schloß und Garten von einem Mitglied der Familie zurückgekauft; das Schloß wurde, soweit möglich, restauriert und mit den Originalmöbeln und -gemälden ausgestattet. Heute kann man sich bei einem Gang durch die Räume – u. a. den Rittersaal, den Renaissancesaal, die Kapelle – einen Eindruck vom Lebensstil einstiger Großgrundbesitzer verschaffen. Wer den Kontrast liebt, dem sei anschließend der Besuch des Dänischen Landwirtschaftsmuseums empfohlen, das in den ehemaligen Wirtschaftsgebäuden des Schlosses untergebracht ist und das mit Hilfe von Ausstellungen und nachgestellten Arbeitsszenen über das einfache »Leben auf dem Lande« während der letzten Jahrhunderte informiert.

Streckenbeschreibung

Vom Parkplatz am Schloß Gammel Estrup halten Sie sich nach links, überqueren auf einem schmalen Randstreifen entlang der stark befahrenen A16, Randers – Grenå, das Flüßchen Alling Å und steigen sanft an nach *Auning* (1,5 km). Stets geradeaus durch den Ort, kreuzen Sie die Bahnlinie Randers – Grenå, biegen wenige hundert Meter nach dem Ortsende rechts ab (knapp 4 km) und gelangen nach *Pindstrup* (7 km).

Sie durchfahren den Ort, anschließend den Klemstrup Skov, und wenden sich bei den ersten Häusern von *Marie Magdalene* nach links (12 km). Im Ort passieren Sie die sehenswerte Kirche und gelangen auf dem ruhigen Bøjstrupvej zu den wenigen Höfen von *Bøjstrup* (14 km), bei denen Sie einer Querstraße nach rechts folgen in Richtung

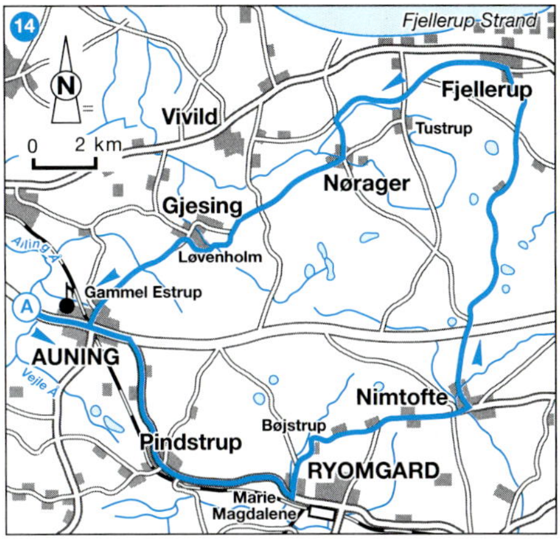

Nimtofte. Vorbei an Einzelhöfen und Weilern erreichen Sie eine weitere Querstraße (16,5 km), auf der Sie sich nach links halten und nach *Nimtofte* gelangen (19 km).

In der Ortsmitte, kurz nach der Kirche, wenden Sie sich nach links in Richtung Randers, kreuzen die A16 (22 km) und folgen der Ausschilderung »Fjellerup« auf einer ruhigen Straße zu einer Straßengabelung (gut 22 km). Wenn Sie den Freizeitpark »Djurs Sommerland« besuchen möchten, folgen Sie am Ortsrand von Nimtofte der Ausschilderung »Djurs Sommerland« nach links. Sie stoßen auf die A16, auf der Sie, nach links, den Freizeitpark erreichen. Auf der A16 zurück in Richtung Grenå, gelangen Sie an die obengenannte Kreuzung (Angabe »22 km«; der Umweg beträgt 2,5 km).

An der oben erwähnten Gabelung (Angabe »gut 22 km«) halten Sie sich nach rechts und gelangen auf einem kurvenreichen Sträßchen, vor allem durch Wald, zu einer weiteren Straßengabelung (27 km), an der Sie sich links halten in Richtung Fjellerup, an einer Straßenkreuzung (29 km) geradeaus und durch Wald nach *Fjellerup* gelangen (31 km). Im Ort stoßen Sie auf den querlaufenden Kanneshøjvej, der nach links durch den Ort hindurchführt.

Wenn Sie eine Badepause einlegen möchten, kreuzen Sie den Kanneshøjvej, überqueren auf dem Strandvejen die B547, Randers – Grenå, und gelangen, durch eine Ferienhaussiedlung hindurch, zum *Fjellerup Strand* (Abstecher hin und zurück 3 km).

An einigen schönen Gehöften vorbei gelangen Sie zu einer Kreuzung (35 km; Ww. Vivild), an der Sie sich geradeaus halten und wenig später linker Hand einen Parkplatz liegen sehen. Von hier aus ist zu Fuß ein kurzer Abstecher zum Tustrup Stenhuse zu empfehlen: auf einem flachen Plateau liegen mit nur wenigen Metern Abstand zwei Dolmen und ein Ganggrab, gruppiert um ein sogenanntes Kulthaus.

Danach erreichen Sie eine weitere, im Wald gelegene Kreuzung, an der Sie links abbiegen und auf einer schmalen Straße *Nørager* erreichen (38 km). Sie durchfahren den Ort, halten sich am Ortsrand an einer Straßengabelung auf dem Auningvej nach links und folgen über recht ebenes Gelände der Straße nach Gjesing. Wo kurz vor Gjesing die Straße nach rechts abknickt (43 km), halten Sie sich auf einer Allee geradeaus zu dem nur einige hundert Meter entfernten *Herrenhaus Løvenholm*, in dem heute ein Forschungsinstitut für Land- und Forstwirtschaft untergebracht ist; zugänglich ist nur der große Park.

Ein Sträßchen führt vor den Wirtschaftsgebäuden nach rechts und zu einer Kreuzung in *Gjesing* (44 km), an der Sie sich nach links wenden (Ww. Auning) und einer breiten Straße folgen, vorbei an dem für Besucher zugänglichen Gehöft *Onkelsminde* (45,5 km) nach Auning (48 km), von wo Sie auf der A16 nach Gammel Estrup, Ihrem Ausgangspunkt, zurückkehren.

Fruchtbarer Boden machte die Halbinsel Djursland schon früh zu einem beliebten Siedlungsplatz.

Schloß Gammel Estrup, eines der zahlreichen prachtvollen Herrenhäuser auf der Halbinsel Djursland, ist als Museum für die Öffentlichkeit zugänglich.

Nützliche Informationen

Ausgangsort: Gammel Estrup, Herrensitz bei Auning; dort Kro, Campingplatz.
Anfahrt: E 45, Århus – Aalborg, Ausfahrt 43. Auf der A 16 in Richtung Grenå zum Schloß Gammel Estrup. Parkplatz am Schloß.
Etappen: Gammel Estrup – Pindstrup 7 km – Marie Magdalene 5 km (12 km) – Nimtofte 7 km (19 km) – Fjellerup 12 km (31 km) – Nørager 7 km (38 km) – Auning 10 km (48 km) – Gammel Estrup 3 km (51 km).
Einkehr unterwegs: In Auning (Kro); Pindstrup; Nimtofte (Hotel); Fjellerup; Nørager.
Bademöglichkeit: Fjellerup Strand.
Sehens- und Wissenswertes: • *Gammel Estrup*, Schloß erbaut 1400–1750, heute Herrensitzmuseum; geöffnet 1.4.–30.9. täglich 10–17 Uhr; 1.10.–31.3. täglich außer Mo. 11–15 Uhr. • *Dänisches Landwirtschaftsmuseum*, auf dem Gelände von Gammel Estrup, große Sammlung von Geräten und Maschinen sowie Ausstellung zu Leben auf dem Lande während der letzten 200 Jahre; geöffnet täglich 10–17 Uhr; Café, Museumsladen; Restaurant im Schloßhof. • *Kirche in Marie Magdalene*, um 1450, Kalkmalereien; geöffnet 8–16 Uhr, Info-Tafel am Eingang. • *Djurs Sommerland*, Vergnügungspark; geöffnet Mitte Juni–Ende Juli 10–20 Uhr, 12.5.–17.6. und 1.8.–28.8. von 10–18 Uhr. • *Bauernhof Onkelsminde*, Auningvej 9, für Besucher geöffnet, Café; geöffnet Mitte Juni–Ende Aug. täglich 10–18 Uhr; Ende März–Ende Okt. täglich 11–17 Uhr.
Fahrradverleih: Keiner.
Auskunft: Sønderhald Turistinformation, Landbrugsmuseet Gl. Estrup, Randersvej 4, DK-8963 Auning, Tel. 86 48 34 44.
Karte: Cyclist Turistkort, Århus Amt, Blatt 2, 1:100 000.

15 Der Hald Sø – Relikt der letzten Eiszeit

Viborg – Rindsholm – Lysgård – Hald Ege – Viborg

Tourencharakter: Abwechslungsreiche, landschaftlich reizvolle Tour mit kurzzeitig steilen Anstiegen; auf Radwegen und ruhigen Nebenstraßen; teilweise markiert.
Länge: 31 km.
Gesamtanstieg: 360 m.

Bis in das Herz Jütlands hatte sich während der letzten Eiszeit der Eispanzer aus Norden vorgeschoben, so daß der Eisrand etwas südlich des heutigen Viborgs verlief. Eine Eiszunge hatte beim Vorgleiten ein Becken ausgeschürft, in dem, als sich der Gletscher infolge Klimaerwärmung zurückzog, Eis zurückblieb. Dieses sogenannte Toteis – es hatte sich vom zusammenhängenden Eisfeld abgetrennt und machte dessen Bewegungen nicht mehr mit – war von Moränenschutt bedeckt und schmolz nur langsam ab, wobei sich das Becken weiter eintiefte, in dem ein See entstand: der Hald Sø. 34 m ist er tief, und steht man oberhalb des Sees auf der Höhe der Hügelkette Dollerup Bakker, kann man sich beim Blick in die Tiefe vorstellen, daß sich der steile Abhang unter dem Wasserspiegel fortsetzt, insgesamt 90 m Steilabfall bis zum Grund des Sees.

Der See sowie die steilen, mit Buchenwald bewachsenen Hügel sind ein beliebtes Ausflugsziel, liegen sie doch, ebenso wie das nur wenige Kilometer entfernte Viborg, gut erreichbar und zentral mitten in Jütland. Diese Lage sowie der Umstand, daß hier Landstraßen den seit Jahrhunderten benutzten Heerweg kreuzten, war wohl der Grund dafür, daß sich hier schon im 8. Jh. eine Stadt entwickelte, die im Mittelalter zu einem politischen Machtzentrum, zum Hauptort Jütlands und zu einer der drei dänischen Bischofssitze wurde: Viborg. Von der alten Stadt ist jedoch nicht mehr viel erhalten geblieben, denn ein Großbrand im Jahr 1726 verwüstete mehr als die Hälfte der Gebäude. Auch der Dom aus dem 12. Jh. existiert nicht mehr in seiner ursprünglichen Form. Nur die Krypta ist noch erhalten, der heutige Kirchenbau aber ist ein Werk des ausgehenden 19. Jh.

Streckenbeschreibung

Vom Parkplatz an der Schiffsanlegestelle in Viborg überqueren Sie auf dem Randersvej (Radmarkierung 2 und 3) die Brücke zwischen Nørresø und Søndersø. Unmittelbar nach der Brücke biegen Sie rechts ab auf die Kloster Allé und folgen auf dem Bruunsvej der Radmarkierung 2 durch eine Wohnsiedlung.

Auf einem Radweg entlang der Straße – mit Blick auf den Søndersø und den Stadtkern von Viborg – halten Sie sich, wo die Radmarkierung 2 nach links weist (2 km), geradeaus und gelangen nach *Bruunshåb* (2,5 km). Parallel zur Durchgangsstraße gelangen Sie in die Ortsmitte und biegen rechts ab (4 km) in Richtung Rindsholm.

Vorbei an einigen Grabhügeln aus der Zeit von 2800 bis 2400 v. Chr (5 km, Infotafel) nähern Sie sich der A 26, Viborg – Århus, vor der Sie jedoch der Ausschilderung »Århus« nach links folgen, die A 26 unterqueren und kurz darauf nach *Rindsholm* gelangen (6 km).

Auf dem nach rechts in Richtung Almind abzweigenden Rindsholmvej (Ww. Almind), einem ruhigen Sträßchen, fahren Sie entlang einem Bach an einer Fischzuchtanlage vorbei und steigen auf Höhe des Vedsø kurzzeitig an, ehe Sie über welliges Gelände bei einigen Grabhügeln eine Kreuzung erreichen (8,5 km). Geradeaus gelangen Sie nach *Almind* (10 km), durchfahren den Ort und erreichen nach Unterqueren der A 13, Viborg – Vejle, den kleinen Ort *Gammel Almind* (11,5 km).

Am Waldrand gabelt sich der Schotterweg (12,5 km). Sie halten sich nach links bergab in den Wald, wenden sich an einer kurz darauf folgenden weiteren Weggabelung erneut nach links und folgen nun einem sanft ansteigenden Schotterweg am Hang eines schmalen, feuchten Tales zur stark befahrenen A 13 (13,5 km).

Ihr folgen Sie, ohne Radweg, 600 m weit nach rechts, biegen rechts ab (Ww. Lysgård), passieren die Ortschaft *Grundvad* und erreichen auf einer nach wenigen hundert Metern links abzweigenden Straße *Lysgård* (16 km).

An der Kirche – links der Kirche befindet sich im ehemaligen Schulhaus das nette Museum »E'Bindstouw« – biegen Sie rechts ab in Richtung Dollerup und passieren am Ortsrand ein Denkmal des im Jahre 1782 geborenen Pfarrers Steen Steensen Blicher, der durch seine zahlreichen Gedichte und Erzählungen die mitteljütische Heidelandschaft bekannt machte und sich auch politisch engagierte, indem er die Volksversammlungen auf dem Himmelbjerg *(siehe Tour 11)* organisierte. Sie fahren bequem in das Skeldalen ab, wobei Sie, der Ausschilderung »Dollerup« folgend, sich auf einer querlaufenden Straße (17 km) nach rechts wenden und wenig später auf einer links abzweigenden Straße die Sohle des *Skeldalen* erreichen (18 km).

Wenn Sie baden möchten: Von einem Parkplatz auf dem Talgrund führt ein schmaler Pfad zu einem Badeplatz am Hald Sø (Abstecher hin und zurück 300 m).

Am gegenüberliegenden Talhang steigen Sie steil an, passieren eine ehemalige Textilfabrik, biegen am Ortsbeginn von *Dollerup* rechts ab in Richtung »Dollerup Bakker« (Radmarkierung 3, Hærvejen) und erreichen nach kurzem, steilen Anstieg die Höhe der *Dollerup Bakker* (19,5 km) oberhalb des Hald Sø. Bei diesen Anhöhen handelt es sich um Moränenrücken, auf denen sich mittlerweile Wacholder, Erika und Mischwald ausgebreitet haben.

In zahlreichen kurzen, aber teilweise recht steilen Anstiegen und Abfahrten durchqueren Sie diese Hügellandschaft, passieren zunächst einen an einer Ausbuchtung des *Hald Sø* gelegenen Kro (22 km), kurz danach den ehemaligen Gutshof *Hald Hovedgård* und überqueren die A 12, Herning – Viborg (23 km).

Parallel zur A 12 verläuft ein asphaltierter Radweg durch den Wald, quert nach wenigen hundert Metern die Straße nach Hald Ege und führt am Ortsrand von Hald Ege nach *Nonbo* (25 km).

Hier folgen Sie der Radmarkierung 3 nach links und biegen wenig später nach rechts in

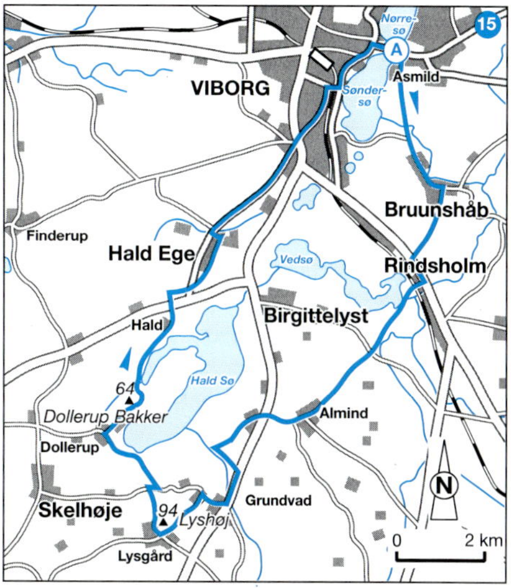

eine querlaufende Durchgangsstraße ein. Auf einem Radweg entlang der Straße (Radmarkierung 3) durchqueren Sie die Viborg-Hede-Plantage und erreichen auf dem nahezu schnurgerade verlaufenden Radweg den Stadtrand von Viborg (27 km).

Sie halten sich durch die Außenbezirke der Stadt hindurch stetig geradeaus und stoßen auf eine Querstraße (29,5 km), folgen ihr 100 m weit nach rechts zu einem Kreisverkehr und biegen links ab (Ww. Centrum, Sygehus). An einem zweiten Kreisverkehr halten Sie sich geradeaus und folgen nach einigen hundert Metern einer Querstraße (Ww. Randers) nach rechts zu Ihrem Ausgangspunkt beim Golfhotel an der Schiffsanlegestelle.

Nützliche Informationen

Ausgangsort: Viborg (40 000 E.), ehemals Hauptstadt Jütlands und eine der ältesten Städte Dänemarks (8. Jh.). Per Bahn erreichbar. Hotels, Gasthöfe, Campingplatz, JH (Tel. 86 67 17 81).

Anfahrt: E 45, Horsens – Århus, Ausfahrt 47. Auf der A 26 nach Viborg. Parkplatz bei der Schiffsanlegestelle am Nørresø nahe dem Golf Hotel Viborg.

Etappen: Viborg – Rindsholm 6 km – Lysgård 10 km (16 km) – Hald Ege 8 km (24 km) – Viborg 7 km (31 km).

Schafzucht wird auch heute noch auf den Heideflächen Mitteljütlands betrieben.

Einkehr unterwegs: Kro in Rindsholm; Kiosk am Museum in Lysgård; Kiosk bei Dollerup Bakker; Kro am Hald Sø.
Bademöglichkeiten: Freibad im Nørresø bei Viborg; im Hald Sø (Vorsicht: der See ist tief und kann sehr kalt sein).
Sehens- und Wissenswertes: »*E'Bindstouw*«, Lysgård, kleines Museum, in dem ein Schulzimmer eingerichtet ist wie im letzten Jahrhundert, Kiosk; geöffnet Mitte April – Mitte Sept. täglich außer Mo. 9–17 Uhr.
• *Hald Hovedgård,* Herrenhof aus dem 18. Jh.; Ausstellung und Laden.
Fahrradverleih: Byens Cykler og Knallerter, Viborg, Vesterbrogade 18, Tel. 86 62 36 53.
Auskunft: Turistbureau, Nytorv 9, DK-8800 Viborg, Tel. 86 61 16 66.
Karte: Cykelture i Viborg Amt, 1:100 000.

Aus Lehm gebrannte Ziegel, wie sie auch beim Bau des Hald Hovedgård verwendet wurden, waren über Jahrhunderte das am häufigsten verwendete Baumaterial.

16 Am Mariagerfjord

Hobro – Valsgård – Stinesminde – Ove – Hadsund – Norup – Mariager – Hobro

Tourencharakter: Aufgrund der Länge und mehrerer Anstiege anstrengende, aber sehr abwechslungsreiche Tour entlang dem Fjord zum malerischen Städtchen Mariager; auf Rad- und Schotterwegen, einige Kilometer auch auf zeitweise stark befahrener Straße; teilweise markiert.
Länge: 59 km.
Gesamtanstieg: 530 m.

Seinen Ruhm, der schönste Fjord der Ostküste Jütlands zu sein, verdankt der Mariagerfjord nicht der Tatsache, daß er der längste ist, sondern der reizvollen Landschaft, die ihn umgibt. Diese zeigt sich am besten beim

Blick von der rund 50 m hohen Kante des Meereseinschnitts auf die mit Wacholder bewachsenen Bramslev Bakker, vom Lungshøj auf die kleine Bucht Høllet und den Kjelstrup Sø und vom Hohøj auf Mariager und den Fjord. Dort liegen kleinere Ortschaften wie Stinesminde, heute noch ein nettes Fischerdörfchen, und Mariager, einst ein kleines Fischerdorf.

Den Aufstieg zu einem Handelsstädtchen hat Mariager dem Kloster zu verdanken, das im 15. Jh. vom Birgittinerorden erbaut wurde und durch das der Ort zu einem beliebten Wallfahrtsziel wurde. Tausende von Pilgern kamen, die alle untergebracht und verpflegt werden wollten. Die Stadt blühte auf, wenn auch nur für kurze Zeit. Denn mit der Reformation im Jahr 1536 wurde das Kloster aufgelöst, wurde die Klosterkirche zur Gemeindekirche, sank die Einwohnerzahl auf wenige hundert. Und obwohl dem Ort Ende des 16. Jh. die Stadt- und Marktrechte verliehen wurden, wurde er nie eine geschäftige Großstadt, blieb Mariager bis heute eine der kleinsten Städte Dänemarks. Ein Umstand, über den man sich als Tourist heute freuen darf, hat er doch dazu geführt, daß in der Stadt im letzten und diesem Jahrhundert keine größeren Um- und Ausbaumaßnahmen notwendig erschienen, so daß viele der alten Fachwerkhäuser, die Kaufmannshöfe aus dem 18. Jh., die kopfsteingepflasterten, engen Straßen erhalten blieben.

Streckenbeschreibung

Vom Parkplatz am Hafen in Hobro kehren Sie zurück zum Busbahnhof, wenden sich nach rechts und biegen von einem Kreisverkehr auf einem Radweg rechts ab auf die Brogade in Richtung Aalborg. An einem weiteren Kreisverkehr halten Sie sich erneut nach rechts und steigen auf dem Hegedalsvej 700 m weit recht steil an zum Ortsrand von Hobro, wo Sie auf den querlaufenden Hadsundvej stoßen (1,5 km). Dieser breiten, schnurgeraden, zeitweise stark befahrenen Straße folgen Sie nach rechts und erreichen *Valsgård* (gut 5 km).

Nach einigen hundert Metern biegen Sie im Ort rechts ab in Richtung Bramslev, steigen an zu den wenigen Einzelhöfen von *Bramslev*, wo sich zahlreiche bronzezeitliche Grabhügel deutlich aus den Viehweiden herausheben. Etwa 1,5 km nach dem Ortsrand zweigt eine schmale Straße rechts ab (Ww. Bramslev Bakker), auf der Sie zu einem Aussichtslokal gelangen (8,5 km). Vom Parkplatz bzw. der Terrasse des Lokals aus bietet sich ein schöner Blick auf den *Mariager Fjord*, die längste Förde Dänemarks, mit den bewaldeten Hängen.

Auf demselben Weg kehren Sie zurück zur nahezu eben verlaufenden Straße Valsgård – Krogen, folgen ihr nach rechts und erreichen, vorbei an weiteren Grabhügeln und einzeln stehenden Gehöften, bei den Höfen von *Krogen* eine Straßengabelung (10,5 km).

Sie halten sich geradeaus auf dem Lånhusvej, der nach wenigen hundert Metern in einen sandigen Schotterweg übergeht – von hier blicken Sie auf den Kielstrup Sø hinab, eine durch einen Damm vom Mariager Fjord abgetrennte Ausbuchtung – und am bewaldeten Hang des Fjordufers, vorbei am Gehöft Lånhus, zum *Kielstrup Sø* hinunterführt (13 km).

Über den Damm und nach rechts entlang dem bewaldeten Nordufer des Fjords stoßen Sie auf eine Weggabelung, an der Sie sich geradeaus entlang dem Ufer halten und das idyllisch gelegene Fischerdörfchen *Stinesminde* erreichen (14,5 km), wo Sie frischgeräucherten Aal oder Hering kaufen können. Sie durchfahren den kleinen Ort, steigen auf einer schmalen Straße wenige hundert Meter weit an und gelangen nach *Ove* (17 km), wo Sie auf die B 541, Hobro – Hadsund, stoßen. Dieser folgen sie, ohne Radweg, nach rechts, durchqueren das flache Tal des Villestrup Å – links der Straße ist das unmittelbar am Flüßchen gelegene Herrenhaus Ovegård (16. Jh.) zu sehen (18,5 km) – und gelangen durch den Ovegård Skov nach *Vive* (22 km). Auf einem Radweg entlang der Straße passieren Sie die stattlichen Bauernhöfe von Østergårde und gelangen nach *Hadsund* (26 km).

Im Ort biegen Sie rechts ab in Richtung Randers, überqueren den *Mariager Fjord* und folgen 200 m nach der Brücke einem Radweg entlang der nach rechts abzweigenden B 555, Hadsund – Hobro, in Richtung Mariager durch Hadsund Syd (28 km) hin-

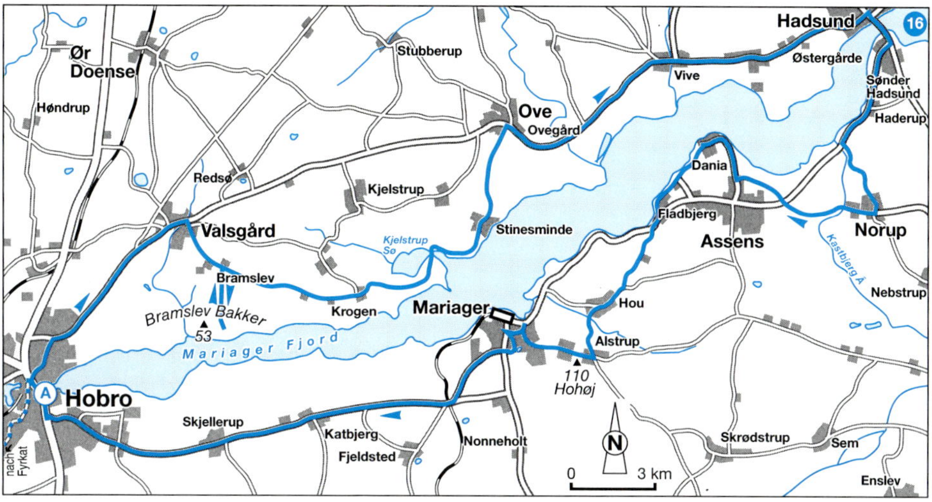

durch. Auf einem Radweg (Radmarkierung 5) neben der Straße folgen Sie dem Fjordufer, biegen links ab (31 km) auf den Åmøllevej in Richtung Norup (Radmarkierung 3 und 5) und steigen am bewaldeten Talhang des Kastbjerg Å nach *Norup* an (32,5 km).

An der Hauptkreuzung im Ort wenden Sie sich nach rechts (Radmarkierung 18), durchqueren das Tal des Kastbjerg Å und die kleine Ortschaft *Falslev* (33,5 km), ehe Sie vor Assens, unweit eines Kreisverkehrs, wieder auf die B 555 stoßen (35 km). Vom Kreisverkehr biegen Sie rechts ab in Richtung Mariager (Radmarkierung 18) und folgen nach 1,5 km einer Rechtsabzweigung in Richtung Dania. Linkerhand ist der Steinbruch des Zementwerks zu sehen, das vom Ende des 19. Jh. bis 1983 in Betrieb war.

Auf dem von rechts einmündenden Sträßchen bietet sich ein Abstecher nach Kongsdal Havn an, einen Yachthafen mit Cafeteria und Bademöglichkeit (hin und zurück 1 km).

Die Tour setzen Sie auf der ruhigen Straße entlang dem Fjordufer fort, passieren in *Dania* das ehemalige Zementwerk und eine Reihe auffallend gelb gestrichener ehemaliger Arbeiterhäuschen, kreuzen bei Fladbjerg die B 555 (40 km), verlassen das Fjordufer (Radmarkierung 18) und steigen auf der einstigen Durchgangsstraße im Wald an zum querlaufenden Houvej, dem Sie nach rechts in das Straßendorf *Hou* folgen.

Im Ort biegen Sie links ab (42,5 km; Radmarkierung 18) auf eine schmale Straße, die eine Talsenke durchquert und etwa 1 km weit ansteigt zu den wenigen Gebäuden von *Alstrup* (44 km). Auf einer querlaufenden Straße biegen Sie nach rechts ab. Kurz darauf empfiehlt sich der kurze Abstecher nach links zum Hohøj, einem Moränenhügel, auf dessen Gipfel sich ein Hügelgrab befindet, von dem aus man weit über den Fjord blickt.

Die Tour führt weiter nach *Mariager* (45,5 km), einem malerischen Städtchen mit alten Fachwerkhäusern entlang der gepflasterten Straßen. Hier sollten Sie sich Zeit nehmen für eine Rundfahrt durch die Straßen und hinunter zum Hafen.

Vom Marktplatz folgen Sie nach links der Tegelgade, steigen nach wenigen hundert Metern nach links leicht an (Radmarkierung 18) zur ehemaligen Klosterkirche und gelangen auf dem schmalen Klosterstien an eine querlaufende Straße, auf der Sie nach rechts (Radmarkierung 18) den Ortsrand erreichen, die B 555 zunächst kreuzen (46,5 km), ehe Sie nach 2 km wieder auf die B 555 stoßen. Auf ihr gelangen Sie nach rechts (nicht links der Radmarkierung 18 folgen!), ohne Radweg, durch *Katbjerg* (51,5 km) und *Skjellerup* (54 km) hindurch – ab Skjellerup streckenweise auf einem Radweg – zur B 180 am Ortsrand von *Hobro* (58 km).

Sie wenden sich nach rechts und kehren auf einem Radweg entlang der B 180 zu

Ihrem Ausgangspunkt am Busbahnhof zurück.

Wenn Sie den lohnenden Abstecher zur ehemaligen Wikingerburg von Fyrkat und einer Wassermühle machen möchten (hin und zurück 5 km), folgen Sie vom Stadtkern aus der Vestergade und der Vester Allé (Ww. Fyrkat) im flachen Tal des Onsild Å, wobei Sie einen rekonstruierten Bauernhof der Wikingerzeit passieren.

Nützliche Informationen

Ausgangsort: Hobro (9 500 E.), Industrie- und Hafenstadt am Westende des Mariagerfjord. Per Bahn erreichbar. Hotel, Campingplatz, JH (Tel. 98 52 18 47).
Anfahrt: E 45, Randers – Aalborg, Ausfahrt 35. Auf der B 579 nach Hobro. Parkplatz am Hafen nahe dem Busbahnhof.
Etappen: Hobro – Valsgård 5 km – Stinesminde 9,5 km (14,5 km) – Hadsund 11,5 km (26 km) – Norup 6,5 km (32,5 km) – Mariager 13 km (45,5 km) – Hobro 13,5 km (59 km).
Einkehr unterwegs: Bramslev Bakker (Restaurant mit Aussichtsterrasse); Stinesminde (Kiosk); Hadsund; Hadsund Syd; Kongsdal Huse (Cafeteria); Dania (Motel); Norup; Mariager (Restaurants, Café, Wurstbude); Fyrkat (Restaurant).
Bademöglichkeiten: Beim Jachthafen Kongsdal; Badesteg beim Hafen von Mariager.
Sehens- und Wissenswertes: • *Hobro Museum*; geöffnet 1.4.– 31.10 täglich 1–17 Uhr. • *H. I. Bies Gård*, historische Brauerei (1884–1989); täglich geöffnet.
• *Fyrkat*, Wikingerburg aus dem 10. Jh., nur noch Grundrisse zu sehen; ein Haus wurde rekonstruiert; während der Sommersaison Aktivitäten, die einen Einblick in das damalige Leben geben; auf dem Gelände liegt auch der Fyrkat Møllegård, eine 200 Jahre alte Wassermühle; Restaurant; geöffnet Anfang Juni–Ende August täglich 9–19 Uhr, April,

Aus militärischen Gründen legten die Wikinger im 10. Jh. Ringburgen wie Fyrkat bei Hobro an, in denen Krieger stationiert waren.

Mariager, eine der kleinsten Städte Dänemarks, ist aufgrund der gepflasterten Straßen und der gut erhaltenen Fachwerkhäuser ein beliebter Touristenort.

Mai und 1.–15.9. täglich 9–17 Uhr. • *Schmiedemuseum* in Dania, arbeitende Schmiede mit Verkauf; geöffnet Mo. und Do. 10–15 Uhr. • *Mariager, Klosterkirche,* erbaut Ende des 15. Jh., nach der Reformation Gemeindekirche, erhielt heutiges Aussehen im Jahr 1933; geöffnet täglich 8–16.30 Uhr. • *Museum* in Mariager, lokalhistorische Sammlung, untergebracht in altem Kaufmannshof; geöffnet Mitte Mai–Mitte Sept. täglich 11–17 Uhr; Eintrittsgebühr. • *Glasbläserei* in Mariager, untergebracht im »Spritzenhaus«, einem hübschen Gebäude aus dem 19. Jh.; Herstellung und Verkauf von Glaswaren.

Fahrradverleih: Beim Turistbureau in Hobro.

Auskunft: Turistbureau, Store Torvet, DK-9500 Hobro, Tel. 98 52 56 66.

Karte: Cyklist Turistkort, Århus Amt, Blatt 1, 1:100 000.

17 Durch den Rold Skov, Dänemarks größtes Waldgebiet

Skørping – Gammel Skørping – Rebild – Rold – Arden – Skørping

Tourencharakter: Nicht ganz mühelose Tour, vorwiegend durch Wald; auf Schotterwegen, Landsträßchen und 5 km auf stark befahrener Straße.
Länge: 31 km.
Gesamtanstieg: 360 m.

Reich an Seen und Quellen ist der Rold Skov, aber auch reich an Sagen und Geschichten, die sich um die Quellen, die mächtigen, teilweise 200 bis 300 Jahre alten Buchen im Troldeskov, im Zauberwald, ranken. So sollte es Kranke wieder gesund machen, wenn sie durch die gespaltenen Stämme der verkrüppelten Buchen krochen, sollten die Wünsche in Erfüllung gehen, wenn man eine Münze in die Store Blåkilde warf. Doch es war nicht ganz ungefährlich, sich in dieses Gebiet zu wagen, denn es konnte passieren, daß man Räuberbanden in die Hände fiel, die hier hausten.

Wer allerdings heutzutage am 4. Juli nach Rebild, einer kleinen Siedlung mitten im Waldgebiet kommt, der könnte angesichts des Meeres an amerikanischen Fahnen leicht in Gefahr geraten zu glauben, er habe sich total verfahren. Aber er ist nur in das alljährlich stattfindende Rebild-Fest geraten, zu dem Tausende von Amerikanern dänischer Abstammung in ihre alte Heimat kommen, um am amerikanischen Unabhängigkeitstag Verwandte und Freunde zu treffen, den Rednern von Rang und Namen zu lauschen. Um einen Ort für diese regelmäßig stattfindende Veranstaltung zu haben, hat eine Gruppe Dänisch-Amerikaner die Hügel von Rebild, einst Weidegelände der Dorfbewohner, aufgekauft und später dem dänischen Staat geschenkt mit der Auflage, das Gelände in einen Nationalpark umzuwandeln, zu dem jeder freien Zutritt hat. Heute ist die hügelige, heidebewachsene Moränenlandschaft ein beliebtes Ausflugsziel, wo man einen Spaziergang über die Hügel machen, das Blockhausmuseum, erbaut zur Erinnerung an die Pionierzeit der Auswanderer, oder das Spielmannsmuseum besuchen kann.

Streckenbeschreibung

Vom Bahnhof in Skørping folgen Sie nach links dem Sverriggaardsvej in Richtung Gammel Skørping durch ein Wohngebiet, anschließend durch Wald und in leichtem Auf und Ab zwischen Wiesen und Feldern, vorbei an der mittelalterlichen Kirche – im Kirchhof befindet sich eine Quelle, der Heilkraft nachgesagt wird –, in die kleine Ortschaft *Gammel Skørping* (3 km).

Im Ort wenden Sie sich nach links, unterqueren im Rold Skov nacheinander zwei Linien derselben Bahnstrecke Aalborg – Hobro und erreichen an einer Fischzuchtanlage die querlaufende B 519 (6 km), auf der Sie nach links in Richtung Skørping auf mehreren hundert Metern Länge ansteigen.

Sie verlassen die Straße nach rechts (knapp 8 km) auf dem deutlich gekennzeichneten Kirkevej (Radmarkierung 3). Dieser breite, geschotterte Waldweg steigt zunächst

In den heidebewachsenen Hügeln von Rebild findet jährlich ein dänisch-amerikanisches Heimatfest statt.

an – Abzweigungen bleiben unbeachtet – und führt in leichtem Auf und Ab zur breiten Landstraße zwischen Rebild und Skørping (knapp 10 km), der Sie auf einem Radweg nach rechts folgen zu den wenigen Häusern von *Rebild* und zum Eingang des Nationalparks, wo sich das Blockhausmuseum, das Spielmannsmuseum sowie Einkehrmöglichkeiten befinden.

Eine bequeme Abfahrt bringt Sie durch die Rebild Bakker, vorbei an dem rechts der Straße am Talhang gelegenen strohgedeckten Häuschen des einstigen Wilderers Lars Kjær, in das Tal des Lindenborg Å. Am Rold Stor Kro stoßen Sie auf eine breite Straße (12 km), der Sie nach links folgen (Radmarkierung 108) und nach einigen hundert Metern einen Parkplatz passieren, von dem aus Sie auf dem Pumpevejen einen Abstecher zum Troldeskov (Zauberwald) machen können, der seinen Namen aufgrund der verdrehten und skurril verwachsenen Bäume erhalten hat (Abstecher hin und zurück 1 km).

Wenig später stoßen Sie auf die breite, vor allem an Wochenenden stark befahrene B 180, Aalborg – Hobro, auf der Sie nach links – ohne Radweg! – auf mehreren Kilometern Länge ansteigen, die ausgedehnte Lichtung mit den Gehöften von Tveden überqueren und nach *Rold* gelangen (18 km).

An der Straßenkreuzung im Ort wenden Sie sich nach links und erreichen über offenes Gelände, vorbei an einigen einzeln stehenden Gehöften, das Städtchen *Arden* (20,5 km). Im Ort zweigt kurz vor der Bahnlinie der Skovvej nach links ab (Radmarkierung 3, Skørping, Hærvej), der an einem Parkplatz (mit Spiel- und Grillplatz) am Rand des Hesselholt Skov (22,5 km) endet. Ein geschotterter Waldweg (Radmarkierung 3) führt, parallel zur Bahnlinie, geradeaus weiter zu einer Weggabelung, an der Sie sich rechts halten, wenig später zunächst den Havssø, dann den von einem ausgedehnten Schilfgürtel umgebenen Lille Økssø passieren (24,5 km) und an den Store Økssø mit einem Badeplatz gelangen (25,5 km).

Wenn Sie das auf der anderen Seite der Bahnlinie gelegene Ausflugslokal »Mosskov Pavillonen« besuchen möchten, wenden Sie

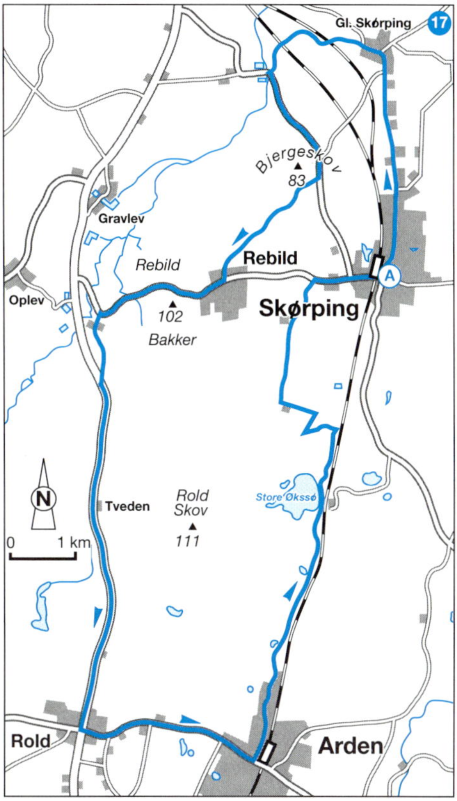

sich bei einer Unterführung nach rechts (Abstecher hin und zurück 250 m).

Entlang dem Seeufer erreichen Sie eine Weggabelung (knapp 27 km) und folgen nun der Radmarkierung nach links, nach 500 m nach rechts, nach weiteren 200 m wieder nach links und zu einem Sträßchen, dem Rebild Skovhusevej (28 km).

Hier verlassen Sie nun die markierte, geradeaus führende Radstrecke: Sie folgen diesem Sträßchen nach rechts über eine ausgedehnte Lichtung und stoßen auf die Straße Rebild – Skørping. Nach rechts gelangen Sie auf einem Radweg in die Ortsmitte von Skørping und zurück zum Bahnhof.

Nützliche Informationen

Ausgangsort: Skørping, kleiner Ort an der IC-Bahnlinie nach Aalborg. Hotel; Campingplatz und JH (Tel. 98 39 13 40) in Rebild, 2,5 km entfernt.

Anfahrt: E45, Randers – Aalborg, Ausfahrt 30. Auf der B519 nach Skørping. Parkplatz am Bahnhof.
Etappen: Skørping – Gammel Skørping 3 km – Rebild 7 km (10 km) – Rold 8 km (18 km) – Arden 2,5 km (20,5 km) – Store Økssø 5 km (25,5 km) – Skørping 5,5 km (31 km).
Einkehr unterwegs: In Rebild (Cafeteria); Rold Skov Kro; Rold (Kro); beim Store Økssø (Ausflugslokal).
Bademöglichkeit: Im Store Økssø.
Sehens- und Wissenswertes: • *Spillemandsmuseum* in Rebild, Spielmanns-, Jagd- und Forstmuseum, Cafeteria; geöffnet 1.5.–4.9. täglich 10–17 Uhr, ansonsten nur Do. 10–16 Uhr. • *Zirkusmuseum* in Rold, mit Reithalle, in dem die Zirkusfamilie im Winter ihre Übungen einstudiert; geöffnet Juli und Aug. 11–17 Uhr.
Fahrradverleih: Keiner.
Auskunft: Rebild-Skørping Turistbureau, Jyllandsgade 1, DK-9520 Skørping, Tel. 98 39 22 22.
Karte: Cykelkort over Nordjyllands Amt, 1:200 000.

18 Durch Aalborg zum Gräberfeld Lindholm Høje

Aalborg Süd – Aalborgtårn – Hafen – Nørresundby – Lindholm Høje – Aalborg Altstadt – Aalborg Süd

Tourencharakter: Einfache, abwechslungsreiche Tour durch ruhige Viertel der Stadt und auf Radweg entlang der Einfallstraßen; zahlreiche Besichtigungsmöglichkeiten.
Länge: 18 km.
Gesamtanstieg: 90 m.

Knapp 700 Gräber sind es, die, vor mehr als tausend Jahren auf einem Hügel oberhalb des Limfjords angelegt, heute am Ortsrand der geschäftigen Zwillingsstädte Aalborg und Nørresundby liegen. Ein seltsamer Kontrast, der Ausblick über Skandinaviens größtes Gräberfeld hinweg auf die rauchenden

Inmitten des größten Waldgebiets Dänemarks, des Rold Skov, liegen der kleine Ort Rebild und der einzige dänische Nationalpark, Rebild Bakker.

Lohnenswert ist ein Gang durch die Altstadt von Aalborg, bereits im 17. Jh. ein wichtiges Handelszentrum (Tour 18).

Schlote der modernen Handelsstädte. Wie alt diese Gräber sind, darüber geben die verschiedenen Formen der Steinsetzungen Auskunft, eine Reihe aufrecht stehender Steine, die das darunterliegende Grab markieren. Sind diese in der Form eines Dreiecks angeordnet und steht in deren Mitte ein Bautastein, ein Gedenkstein, stammen sie höchstwahrscheinlich aus der Zeit zwischen 400 und 800 n. Chr. (Eisenzeit). Anschließend folgten runde, ovale, und solche Steinsetzungen, die in ihrer Form an einen Schiffsrumpf erinnern. Darunter liegen die Gräber, in denen die Toten, meist jedoch die Asche der verbrannten Toten, beerdigt wurden. Was den Toten mitgegeben wurde, war in der Wikingerzeit sehr unterschiedlich. Manchmal waren es nur einfache Dinge wie ein Messer bei Männern oder ein Haushaltsgerät bei Frauen, manchmal waren es aber auch Hunde, Pferde oder gar Sklaven. Diejenigen, die dort ihre Toten bestatteten, wohnten zunächst oberhalb des Friedhofgeländes, wo Spuren von Häusern und Brunnen aus der Wikingerzeit gefunden wurden. Etwa ab der Jahrtausendwende, als hier keine Gräber mehr angelegt wurden, wurden auch auf dem Friedhof, wie man an zahlreichen Pfostenlöchern erkennen kann, Häuser gebaut und Ackerflächen angelegt. Starkes Sandtreiben, das auf diesem exponierten Standort wiederholt bis zu 4 m hohe Schichten von Flugsand aufhäufte, scheint die Bewohner der Siedlung um 1100 vertrieben zu haben.

Die günstige Lage an der engsten Stelle des Limfjords wurde jedoch nicht vollkommen aufgegeben. Unten am Wasser entwickelte sich die Stadt Aalborg, die besonders im 17. Jh. ein wichtiges Handelszentrum war, wie einige in dieser Zeit entstandene stattliche Gebäude zeigen: die Budolfi Domkirche, der Jørgen Olufsen's Gård, ein dreistöckiger, gut erhaltener Kaufmannshof, sowie Jens Bang's Stenhus, ein sechsstöckiges, reich verziertes Bürgerhaus des Großkaufmanns Bang. Wer sich nach einem Rundgang durch die interessante Altstadt (Stadtplan und kleine Broschüre im Touristenbüro in der Østerågade erhältlich) erholen möchte, kann dies am besten in der Jomfru Ane Gade tun: Auf knapp 200 m Länge reihen sich hier mehr als 20 Gaststätten aneinander.

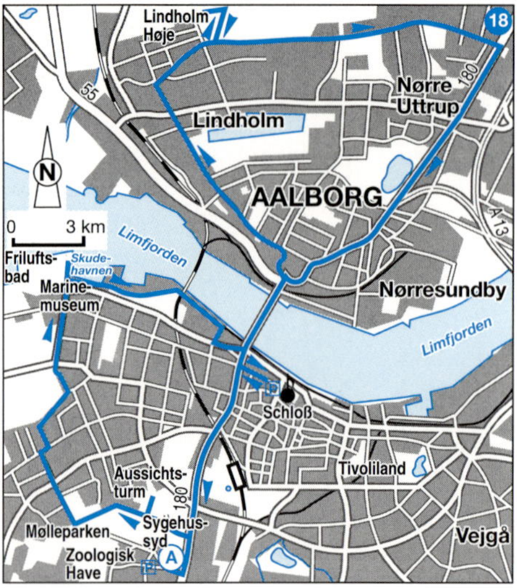

Streckenbeschreibung

Vom Parkplatz am Krankenhaus (Sygehus-Syd) folgen Sie einem Radweg entlang dem mehrspurigen Hobrovej in Richtung Stadtzentrum, biegen nach 250 m links ab und steigen auf dem Søndre Skovvej durch eine Parkanlage zum *Aalborgtårnet* an (800 m). Von der Cafeteria in der Turmspitze bietet sich ein umfassender Rundblick auf Aalborg, den Limfjord im Westen und den schmalen Fjord Langerak im Osten.

Auf dem Søndre Skovvej steigen Sie am Rand des *Mølleparken* vollends auf die Höhe des Hügelrückens an (1,3 km) – schöner Blick auf die Stadt – und fahren, etwa auf gleicher Höhe bleibend, 400 m weit, ehe Sie auf dem rechts abzweigenden Naturvej den Hügel über den Nordwesthang wieder verlassen. Sie kreuzen, nach rechts versetzt, den Haggerisvej und folgen dem Poppelvej weiter leicht bergab zum querlaufenden Strøybergsvej. Ihm folgen Sie einige Meter nach rechts, biegen links ab auf den Anne Maries Vej, der am Rand des Wohngebiets in den Annebergstien, einen Fuß- und Radweg, übergeht (2,2 km), und erreichen auf ihm wieder flaches Gelände.

Nach Überqueren des Annebergvej (2,9 km) fahren Sie auf dem Vestre Fjordvej an einem ausgedehnten Sportgelände vorbei und zum *Hafen* mit einer Werftanlage (3,8 km). Linker Hand befindet sich das Marinemuseum. Der Skudehavnsvej führt am Hafen, wenig später am Bootshafen vorbei und geht, unmittelbar entlang dem jetzt flußartigen Limfjord, in die Vestre Havnepromenade über (4,9 km), der Sie einige hundert Meter weit folgen zum rechts abzweigenden Badehusvej (5,5 km). Ihm folgen Sie zur zweiten Querstraße, dem Strandvejen, der nach links auf die Limfjordbrücke hinaufführt.

Auf ihr überqueren Sie den Limfjord und halten sich in *Nørresundby* nach der Brücke links, biegen aber schon nach wenigen Metern am Brotorvet (6,9 km) rechts ab und steigen in der Garvergade, anschließend auf dem Lindholmvej, stetig an bis zum Hvorupvej (9 km), auf dem Sie nach rechts, weiter ansteigend, die Park- und Museumsanlage Lindholm Høje erreichen (9,6 km). Geradeaus folgen Sie der Straße Vangen, biegen aber nach 200 m links ab und steigen vollends zu einem Parkplatz auf der *Lindholm Høje* an (10 km). Hier müssen Sie Ihr Rad abstellen, denn das parkartige Gelände mit den Grabsetzungen ist nur zu Fuß zu besichtigen.

Auf der Straße Vangen erreichen Sie nach etwa 2,5 km die B 180, Aalborg – Frederikshavn, im Ort Hjørringvej benannt (knapp 13 km).

Wollen Sie einen Abstecher zum Schmetterlingspark machen, halten Sie sich hier nach links (hin und zurück 700 m).

Zur Fortsetzung der Tour fahren Sie auf einem Radweg neben dem Hjørringvej nach rechts bergab und erreichen, stets geradeaus, auf der Østergade und der sich anschließenden Østerbrogade wieder die Brücke über den Limfjord (15,2 km) und kehren zum Südufer zurück.

Für eine Besichtigung der Altstadt empfiehlt es sich wegen der Fußgängerzonen, das Rad abzustellen und sich zu Fuß auf den Weg zu machen. Ein günstiger Ausgangspunkt ist der Parkplatz an der Straße Ved Stranden. Sie erreichen diesen Parkplatz, indem Sie von der geradeaus weiterführenden Straße Vesterbro (= B 180) in die zweite Querstraße links, die Borgergade, einbiegen und ihr 200 m weit folgen. Das Touristenbüro, wo Sie einen Stadtplan sowie die Beschreibung eines Rundganges durch die Altstadt bekommen können, liegt in der Østerågade im Zentrum.

Zur Fortsetzung der Tour halten Sie sich geradeaus auf der Straße Vesterbro, überqueren zunächst die Bahnlinie Aalborg – Hjørring, dann die Østre Allé (17,3 km) und kehren auf dem Hobrovej zu Ihrem Ausgangspunkt zurück.

Nützliche Informationen

Ausgangsort: Aalborg, viertgrößte Stadt (155 000 E.) Dänemarks, am Limfjord gelegen; interessante Altstadt. Per Bahn erreichbar. Hotels, Campingplätze, JH (Tel. 98 11 60 44).
Anfahrt: E 45, Randers – Aalborg, Ausfahrt 28; auf der B 180 ca. 4 km in Richtung Stadtzentrum zu einem Parkplatz am Sygehus Syd unmittelbar links der Straße.
Einkehr unterwegs: Cafeteria im Aalborgtårn; Cafés beim Marinemuseum, am Hafen, im Lindholm Høje Museum; Restaurants und Cafés in der Altstadt.
Bademöglichkeit: Freibad beim Fjordparken in der Nähe des Marinemuseums.
Sehens- und Wissenswertes: Besichtigungsmöglichkeiten direkt an der Radstrecke:
• *Aalborgtårn*, Aussichtsturm oberhalb der Stadt mit weitem Blick über Stadt und Limfjord; Cafeteria in der Aussichtskanzel; geöffnet Mitte April–Mitte Okt. 10–17 Uhr; Eintrittsgebühr. • *Marinemuseum*, Ausstellung von Booten und zur Geschichte des Hafens von Aalborg; Café; geöffnet Mai–Aug. täglich 10–18 Uhr, sonst 10–16 Uhr. • *Lindholm Høje*, größtes Gräberfeld aus der Wikingerzeit in Skandinavien, Gelände jederzeit frei zugänglich; Museum mit archäologischen Funden und Ausstellung zum Leben der Wikinger; Café; geöffnet Juni–Aug. täglich 10–19 Uhr, Sept.–Mitte Okt. und Ostern–Mai 10–17 Uhr. • *Schmetterlingsfarm*, exotische Schmetterlinge in botanischem Garten; geöffnet Anfang Mai – Mitte Okt. 9.30–17 Uhr. • *Bryggergården*, Stadtmuseum im ältesten Wohnhaus (1791) von Nørresundby; geöffnet Mi., Do., Fr. 14–16 und Sa. 10–12 Uhr; Eintritt frei. • *Aalborg Historiske Museum*, Algade 48, in der Altstadt, Sammlungen zur Stadtgeschichte. • *Tivoliland*, Vergnügungspark; geöffnet Mai–August täglich nachmittags und abends. Sonstige Attraktionen in der Stadt:
• *Zoo*, mit Tieren aus aller Welt; täglich geöffnet; in der Nähe des Ausgangspunktes gelegen. • *Nordjyllands Kunstmuseum*, umfangreiche Sammlung dänischer Kunst vom 18. Jh. bis zur Gegenwart; geöffnet täglich außer Mo. 10–17 Uhr.
Fahrradverleih: Feriesport Aalborg, Harald Jensens Vej 3, Tel. 98 13 30 88.
Auskunft: Turist Bureau, Østerågade 8, DK-9100 Aalborg, Tel. 98 12 60 22.
Karte: Stadtplan Aalborg, erhältlich im Touristenbüro.

19 Die Steilküste bei Lønstrup

Hjørring – Børglum Kloster – Løkken – Lønstrup – Hjørring

Tourencharakter: Einfache Tour durch flache, offene Landschaft mit reizvollem Abschnitt entlang der Küste; auf Radweg an der stark befahrenen B 55 sowie auf ruhigen Straßen und Schotterwegen.
Länge: 55 km.
Gesamtanstieg: 80 m.

Ein höchst ungewöhnlicher Anblick erwartet denjenigen, der von der Küstenstraße abbiegt zum Rubjerg Knude Fyr. Denn der Leuchtturm steht nicht, wie man annehmen würde, für die Seeleute gut sichtbar am höchsten Punkt der Küste, sondern scheint sich in eine Sandkuhle zu ducken. Direkt hinter ihm ragt eine hohe Sanddüne auf, die, wie man beim näheren Betrachten bemerkt, bereits einige kleinere Gebäude zugedeckt hat und auch vor der Tür zum Leuchtturm nicht Halt macht. In dem aus verständlichen Gründen – denn welchen Nutzen hat ein Warnfeuer, das man vom Meer aus nicht mehr sehen kann – stillgelegten Leuchtturm ist heute eine kleine Ausstellung untergebracht, in der man recht anschaulich und hautnah, denn überall knirscht der Sand unter den Füßen, über die Geschichte des Sandtreibens informiert wird.

Man erfährt, daß hier an der Westküste seit dem 16. Jh. Sandtreiben ein Problem ist, vielleicht ausgelöst durch Perioden mit besonders schweren Stürmen. Ackerflächen wurden zugeweht, ganze Dörfer und Kirchen unter dem Sand begraben und die Bewohner gezwungen, ihre Dörfer und Kirchen an anderen Stellen neu zu errichten. Auch die in der Nähe des Leuchtturms gelegene mittelalterliche Kirche von Rubjerg mußte Anfang dieses Jahrhunderts aufgegeben werden, woraufhin sie abgetragen wurde, so daß nur die Fundamente und der Friedhof übrigblieben.

Aber nicht nur der Wind, der den losen, feinkörnigen Sand an der Steilküste unterhalb des Leuchtturms abträgt und oberhalb des Hanges wieder ablegt, sorgt für eine ständige Veränderung der Küste. Auch das Meer mit seiner oft heftigen Brandung unterspült das Kliff, so daß große Sandmassen ins Meer stürzen und die etwa 12 km lange Steilküste Lønstrup Klint zu einer der am stärksten gefährdeten Steilküsten Dänemarks macht. Die nur wenige Kilometer vom Leuchtturm entfernte kleine Kirche von Mårup ist deshalb vom Absturz in die Tiefe bedroht.

Streckenbeschreibung

Vom Parkplatz am Bahnhof in Hjørring folgen Sie nach links einem Radweg entlang der Vestbanegade in Richtung Løkken zum Stadtrand (1,5 km). Auf einem Radweg entlang der stark befahrenen, schnurgeraden und nahezu eben verlaufenden A 55, Hjørring – Løkken, passieren Sie zunächst Hundelev (10 km), dann Gølstrup-Rubjerg (12,5 km) und biegen in Vittrup links ab (15,5 km) in Richtung Børglum Kloster. Die deutliche Ausschilderung führt Sie auf schmalen Straßen zu einer auf einer niederen Erhebung stehenden Windmühle und einer ehemaligen Schmiede (heute ein Café) und zum umfangreichen Gebäudekomplex des *Børglum Klosters* (19 km), dessen quadratische Anlage mit gepflastertem Innenhof an den Grundriß eines großen Gehöfts erinnert.

In den kleinen Häfen an der Westküste von Nordjütland liegen meist nur wenige Fischerboote (Tour 19).

Immer wieder passiert man beim Radfahren im Sommer strahlend gelb blühende Rapsfelder (Tour 19).

Vom Kloster kehren Sie zur Windmühle zurück, folgen nach links der Straße in Richtung Løkken und stoßen, nachdem Sie die wenigen Bauernhöfe von Skøttrup passierten, wieder auf die A55 (gut 22 km). Der Radweg entlang der A55 bringt Sie, vorbei an einer Cafeteria, zu einem Kreisverkehr am Ortsrand von *Løkken* (23,5 km).

Sie biegen auf die erste vom Kreisverkehr abzweigende Straße in Richtung Furreby ab und sofort wieder nach rechts auf den Furreby Kirkevej (Radmarkierung 1, Lønstrup). Wenn Sie sich Løkken mit seiner Fußgängerzone ansehen möchten, bleiben Sie auf der Straße in Richtung Furreby (Abstecher hin und zurück gut 1 km).

Am Rand der Ferienhaussiedlung Furreby entlang und vorbei an der gesondert stehenden Kirche, fahren Sie zwischen Dünen bis fast an den Strand heran (25 km). Hier knickt die Straße rechts ab und geht in einen Schotterweg über, der nach einigen markierten Links- bzw. Rechtsabbiegungen in ein Sträßchen einmündet (26,5 km).

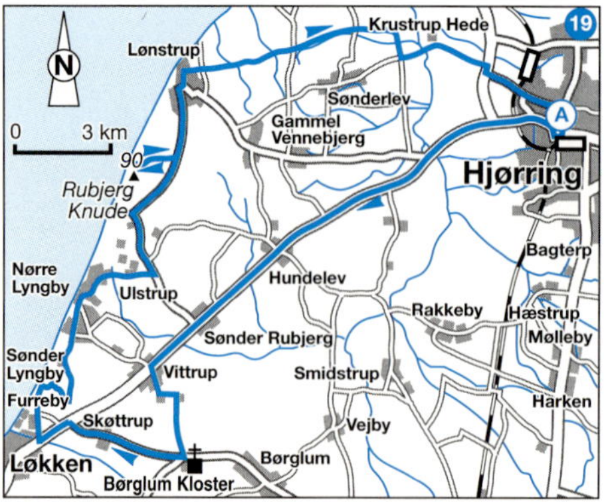

Sie halten sich nach links (Radmarkierung »Vestkyststien«), erreichen die Ferienhaussiedlung *Sønder Lyngby* (28,5 km) – nach weiteren 500 m ist links das alte Fischerdorf Lyngby zu sehen – und folgen einer querlaufenden Straße (32 km) in Richtung Lønstrup auf den Leuchtturm *Rubjerg Knude* zu. Eine Schotterstraße zweigt ab zu einem ausgeschilderten Parkplatz (37,5 km), von dem aus Sie zu Fuß zum Leuchtturm und auf die hohen, zum Meer hin steil abfallenden Dünen gelangen (hin und zurück 500 m).

Sie kehren zur Straße zurück, erreichen den Ortsbeginn von *Lønstrup* (40 km) – für einen Abstecher zur Mårup-Kirche (hin und zurück 1,5 km) biegen Sie am Ortsschild links ab – und, vorbei an zahllosen Ferienhäusern, den alten Dorfkern (41 km).

Sie durchfahren den Ort, biegen auf den Møllebakkevej rechts ab (Radmarkierung 1), passieren am Ortsrand eine Windmühle, überqueren eine Kreuzung (41,5 km) – hier nicht der Radmarkierung nach links folgen! – und erreichen auf einer schmalen Straße die *Skallerup-Kirche* (44,5 km). Auf einer querlaufenden Straße halten Sie sich nach links, nach 25 m wieder nach rechts in Richtung Norlev Strand. Nach Überqueren einer weiteren Kreuzung (gut 46 km; Ww. Hjørring) wenden Sie sich an der folgenden Kreuzung (48 km) nach links und passieren den Liver Mølle Kro (knapp 49 km). An einer neuerlichen Kreuzung (51 km) biegen Sie auf eine breite Straße rechts ab, verlassen diese aber nach nur 200 m wieder nach links und erreichen den Stadtrand von Hjørring (52,5 km).

Sie halten sich geradeaus, biegen dann rechts ab auf den Skagensvej (knapp 54 km; Ww. Historisk Museum), überqueren den Nørre Torv und gelangen durch die Nørregade in den Stadtkern. An der Katharinenkirche folgen Sie zunächst der Søndergade nach links, dann in ihrer Fortsetzung der Østergade, von der Sie nach rechts auf die Brinck Seidelius Gade abbiegen und zum Bahnhof gelangen.

Nützliche Informationen

Ausgangsort: Hjørring, Geschäfts- und Industriestadt (31 000 E.) in Nordwestjütland. Per Bahn erreichbar.
JH (Tel. 98 92 67 00).
Anfahrt: E 39, Aalborg – Hjørring. In Hjørring abbiegen auf die A 35, die am Bahnhof vorbeiführt. Am Bahnhof ein Parkplatz.
Etappen: Hjørring – Vittrup 15,5 km – Børglum Kloster 3,5 km (19 km) – Løkken 4,5 km (23,5 km) – Sønder Lyngby 5 km (28,5 km) – Rubjerg Knude 9 km (37,5 km) – Lønstrup 3,5 km (41 km) – Hjørring 14 km (55 km).
Einkehr unterwegs: In Gølstrup-Rubjerg, bei Børglum Kloster, Café an der A 55 vor Løkken in Løkken beim Leuchtturm Rubjerg Knude in Lønstrup; Kro kurz vor Hjørring.
Bademöglichkeiten: An den Stränden bei Løkken, Furreby, Lyngby und Lønstrup.
Sehens- und Wissenswertes: • *Historisches Museum* in Hjørring, Ausstellung zur Stadtentwicklung, untergebracht in mehreren alten Gebäuden, die um einen hübschen Garten gruppiert sind; geöffnet Juli und Aug. täglich 10–17 Uhr, sonst 13–16 Uhr.
• *Børglum Kloster*, bis ins 12. Jh. Königshof, ab 1130 Bischofssitz; ab 1200 Prämonstratenserkloster, aus dieser Zeit stammt die Klosterkirche; 1169 ging die Anlage in Privatbesitz über; im 18. Jh. umgewandelt in ein Barockschloß; Besichtigung des Burghofs sowie der Klosterkirche Anfang Mai–Ende Sept. 10–18 Uhr.
Fahrradverleih: Møllebakkens Camping, Møllebakkevej 20, in Lønstrup, Tel. 98 96 01 45.
Auskunft: Turistkontor, Markedsgade 9, DK-9800 Hjørring, Tel. 98 92 02 32.
Karte: Cykelkort over Nordjyllands Amt, 1:200 000.

Mehrtägige Rundtouren in Nord- und Ostjütland

• **In Nordjütland**

Länge: 325 km; bei Übernachtung in Jugendherbergen in 6 bis 7 Tagesetappen einteilbar.
Ausgangs- und Endpunkt: Hobro, per Bahn erreichbar *(s. Tour 16).*
Tourencharakter: Nicht ganz mühelose Tour durch Dänemarks größtes Waldgebiet *(s. Tour 17)* zur Großstadt Aalborg mit einem Gräberfeld aus der Wikingerzeit *(s. Tour 18);* zur Nordwestküste mit kilometerlangem Sandstrand, Dünen und Aufforstungen; über die Ferienorte Løkken und Lønstrup zu der wegen des Sandtreibens interessanten Steilküste Lønstrup Klint; zu den Hafenstädten Hirtshals und Frederikshavn; parallel zur Küste über Sæby nach Hals; mit der Fähre über den Limfjord und weiter nach Hadsund am Mariagerfjord; entlang dem Fjord über das malerische Städtchen Mariager *(s. Tour 16)* nach Hobro.
Unterkunftsmöglichkeiten: JH Hobro, Tel. 98 52 18 47; JH Skørping-Rebild, Tel. 98 39 13 40; JH Aalborg, Tel. 98 11 60 44; JH Blokhus-Hune, Tel. 98 24 91 80; JH Løkken, Vransted, Tel. 98 88 90 33; JH Hirtshals, Tel. 98 94 12 48; JH Frederikshavn, Tel. 98 42 14 75; JH Sæby, Tel. 98 46 36 50; JH Hals, Hou, Tel. 98 25 32 12; JH Hadsund, Tel. 98 57 43 45. Zahlreiche Camping – und Lagerplätze an der Strecke.
Wegverlauf: *1. Tag:* 60 km. Hobro – Wikingerburg Fyrkat – auf Nat. Route 3 Arden – Rold Skov und Rebild Bakker – Aalborg.
2. Tag: 40 km. Aalborg – Nørresundby mit Gräberfeld Lindholm Høje – reg. Route 103 bis Vadum – reg. Route 202 nach Blokhus-Hune.
3. Tag: 55 km. Blokhus-Hune – reg. Route 202 auf dem Strand bis Løkken – auf Nat. Route 1 über den Leuchtturm Rubjerg Knude (s. Tour 19) nach Lønstrup – Hirtshals.
4. Tag: 57 km. Hirtshals – reg. Routen 213 und 212 nach Sindal und Frederikshavn – Nat. Route 5 nach Sæby.
5. Tag: 38 km. Sæby – Aså – Hou.
6. Tag: 74 km. Hou – Nat. Route 5 nach Hals – mit Fähre über den Limfjord – Hadsund – auf reg. Route 18 über Assens nach Mariager – ohne Markierung (s. Tour 16) nach Hobro.
Karten: Cyklist Turkort, Århus Amt, Blatt 1 und 2, 1:100 000; und Cykelkort over Nordjyllands Amt, 1:200 000.

• **Seenhochland und Fjørde der Ostküste**

Länge: 245 km, bei Übernachtung in Jugendherbergen Einteilung in 6 angenehme Tagesetappen möglich.
Ausgangs- und Endpunkt: Silkeborg, per Bahn erreichbar *(s. Tour 12).*
Tourencharakter: Durch das hügelige Seenhochland nach Jelling, bekannt durch seine Runensteine *(s. Tour 9),* und zu den landschaftlich reizvollen Meereseinschnitten Vejle Fjord und Horsens Fjord mit zahlreichen Bademöglichkeiten; parallel zum Gudenå, Dänemarks längstem Fluß, zurück ins Seenhochland mit Abstecher zum Himmelbjerg, dem bekanntesten Aussichtspunkt des Landes *(s. Tour 11).*
Unterkunftsmöglichkeiten: JH Givskud, Tel. 75 73 05 00; JH Vejle, Tel. 75 82 51 88; JH Juelsminde, Tel. 75 69 30 66; JH Horsens, Tel. 75 61 67 77; JH Ry, Tel. 86 89 14 07; JH Silkeborg, Tel. 86 82 36 42; an allen Orten auch Camping- bzw. Lagerplätze.
Wegverlauf: *1. Tag:* 50 km. Silkeborg – auf reg. Route 11 bis Funder Kirkeby – auf Nat. Route 3 bis Givskud.
2. Tag: 40 km. Von Givskud auf Nat. Route 3 und reg. Route 36 nach Jelling – von dort über Schloß Engelsholm ins Tal des Vejle Å *(s. Tour 9)* – auf der reg. Route 36 bis Vejle.
3. Tag: 50 km. Von Vejle auf der Nat. Route 5 entlang der Küste des Vejle Fjord (zahlreiche Bademöglichkeiten) zum Ferienort Juelsminde.
4. Tag: 30 km. Von Juelsminde auf Nat. Route 5 nach Horsens *(letzter Teil s. Tour 10).*
5. Tag: 48 km. Von Horsens auf der reg. Route 31 bis Tønning und parallel zum Tal des Gudenå auf der reg. Route 33, anschließend der Nat. Route 4 zum Øm Kloster und durch Gammel Rye nach Ry *(s. Tour 11).*
6. Tag: 25 km. Von Ry auf der Nat. Route 7 in nordwestlicher Richtung – Abstecher zum Himmelbjerg *(s. Tour 11)* – durch das Seenhochland nach Silkeborg.
Karten: Cyklist Turistkort Århus Amt, Blatt 1, 1:100 000; und Cykelruter i Vejle Amt, 1:100 000.

Fünen und das südfünische Inselmeer

»Das grüne Herz«, so nennt sich das mitten in Dänemark, zwischen Jütland und den ostdänischen Inseln, liegende »Fyns Amt«, der Kreis Fünen, der aus etwa 90 Inseln besteht, von denen jedoch nur 25 bewohnt sind und deren bekannteste und größte Fünen, Langeland, Tåsinge und Ærø sind.

Als »Garten Dänemarks« bezeichnete auch der Märchenschreiber Hans Christian Andersen im 19. Jh. die größte der Inseln, Fünen, und diese Charakterisierung ist heute noch zutreffend. Fachwerkhäuser mit blau gestrichenen Türen und tief herabgezogenen Strohdächern, rote Malven vor den weiß getünchten Wänden, gelb blühende Rapsfelder, grüne Buschreihen, die Viehweiden umsäumen, herbstlich gefärbte Buchenwälder, eingebettet in eine hügelige Landschaft, deren höchster Punkt bei 131 m liegt und einen weiten Ausblick auf die umliegenden Inseln ermöglicht.

Hügelig ist vor allem der Süden Fünens, wo sich während der Eiszeiten Randmoränen ablagerten. Fruchtbarer Moränenboden aber bildete überall eine gute Voraussetzung für die Landwirtschaft und die Besiedlung. Typisch für Fünen sind die rund 600 Dörfer, von denen 25 aufgrund ihrer seit dem Mittelalter unveränderten Dorfstruktur für bewahrenswert erachtet werden.

Seit dem Mittelalter und noch bis Mitte des 18. Jh. wohnten über 90 Prozent der Bevölkerung Fünens in Dörfern, die sich weitgehend selbst versorgten. Alle Einwohner der Dörfer lebten von der Landwirtschaft und in einer engen sozialen Gemeinschaft, die das Zusammenleben durch Ordnungen regelte. Sie arbeiteten im alltäglichen Leben zusammen und waren voneinander abhängig war. Wurde einer krank, waren die anderen verpflichtet zu helfen, oder, im Falle eines Todes, die Totenwache zu übernehmen und am Begräbnis teilzunehmen. Das gemeinsame Land wurde so aufgeteilt, daß jeder Hof Anteil hatte sowohl am guten als auch am schlechten Boden. Bei dieser sogenannten Gewannwirtschaft konnte es vorkommen, daß ein Hof 50 bis100 kleine Parzellen rings um das Dorf verteilt hatte. Angepflanzt wurde vor allem Getreide, aber es wurde auch Viehzucht betrieben. Wann und wo Zäune gezogen werden durften, wurde gemeinsam festgelegt. Ein gemeinsamer Hirte hütete Schafe und Vieh, die des Nachts auf den Dorfanger getrieben wurden. Wurde etwas gestohlen, hatten die Dorfältesten das Recht, die Häuser zu durchsuchen – insgesamt eine strenge Dorfordnung.

In der zweiten Hälfte des 18. Jh. bahnte sich ein Wandel an. Verstärkte Produktion an landwirtschaftlichen Produkten war ge-

fragt, was aber gemäß der damaligen wirtschaftspolitischen Ideen nur möglich war, wenn man die Abhängigkeit des einzelnen Bauern von der dörflichen Produktionsgemeinschaft auflöste und jedem Landbesitzer die Möglichkeit gab, ganz individuell seine wirtschaftlichen Interessen zu verfolgen. So wurden zwischen 1781 und 1806 die jahrhundertealten Dorfstrukturen aufgebrochen, das Land neu verteilt, so daß jeder Bauer sein gesamtes Land in einem Block zusammengefaßt hatte, und direkt auf diesen zusammengefaßten Flächen wurden neue Höfe angelegt. Nun hatte der Bauer das Recht, seinen Besitz einzuzäunen und die Bearbeitung unabhängig von seinen Nachbarn durchzuführen.

Diese Landreform betraf das gesamte Dänemark, doch auf Fünen schien die Bevölkerung etwas zurückhaltender gegenüber der Umsetzung der neuen Ideen zu sein als in anderen Teilen des Landes. Den Gutsbesitzern waren wohl die Kosten dieser Umlegung zu teuer, und die Bauern zogen die dörfliche Gemeinschaft vor, so daß hier einige der alten Dörfer erhalten blieben, vor allem im Norden Fünens *(Touren 20 und 21)*.

Erhalten haben sich auf Fünen auch zahl-

Die zahlreichen stattlichen Herrenhäuser, wie hier Holstenshus, entstanden ab dem 16. Jh., als es wichtiger wurde, Macht zu demonstrieren, als den Besitz, wie im Mittelalter, durch Palisaden und Burggraben zu schützen.

reiche Gutshöfe. Diese entstanden, als gegen Ende der Wikingerzeit die Standorte der Dörfer nicht mehr ständig verlegt wurden, sondern das Dorf an einem festen Platz errichtet wurde. Vielleicht wurden damals die bis dahin verstreuten Besitzungen reicher Wikingersippen zusammengefaßt zu Gütern, erhielten diese Sippen Privilegien: Sie mußten keine Steuern und keinen Zehnten zahlen. Innerhalb der Dorfgemeinschaft lagen diese Gutshöfe, deren Besitzer nach und nach im 14./15. Jh. ihren Landbesitz vergrößern konnten. Ein solcher Gutshof war dann ein großer landwirtschaftlicher Betrieb mit Wald, mit Herrenhaus und Wirtschaftsgebäuden, mit Mühlen und Dörfern, mit Land, das verpachtet wurde an Bauern, die Fronarbeiten zu verrichten hatten. Eine gute Vorstellung davon, wie diese Gutshöfe aussahen, vermittelt »Østrupgård«, ein Gutshof aus dem 15. Jh: Auf einer kleinen Anhöhe, aus Sicherheitsgründen umgeben von einer Grabenanlage, liegt ein burgähnliches Steinhaus, unweit davon stehen die riesigen Wirtschaftsgebäude *(Tour 24)*.

Im 16. und 17. Jh. wurde der Grundbesitz der Güter aus der Dorfgemeinschaft ausgelagert auf eine eigene Gemarkung. Jetzt entstanden die prächtigen Herrenhäuser. Der Gesichtspunkt der Verteidigung trat beim Bau immer mehr in den Hintergrund zugunsten der Zurschaustellung der Macht durch eindrucksvolle Architektur. Eines der frühesten Beispiele dieser Entwicklung ist das im Jahr 1538 erbaute, düster wirkende Backsteingebäude von Hesselagergård *(Tour 25)*. Immer aufwendiger wurden die Gebäude, wie an dem um 1550 in einem kleinen See erbauten Schloß Egeskov *(Tour 23)* zu sehen ist, das heute als das am besten erhaltene Renaissance-Wasserschloß Europas gilt. Auch der Gutshof Kærstrup, zu Beginn des 14. Jh. noch eine innerhalb einer Wallanlage gelegene Burg, wurde im Jahr 1639 an einem einige Kilometer entfernten neuen Standort als schloßartige Anlage erbaut und bekam den Namen Valdemarsslot *(Tour 26)*.

Die Reihe wäre beliebig fortsetzbar, z. B. mit dem Gut Gyldensteen, das schon 1409 erwähnt wurde und das durch Eindeichungen im 19. Jh. zu einem der größten Nordfünens wurde *(Tour 20)*. Oder mit Brahetrolleborg *(Tour 23)*, das bis zur Reformation ein Zisterzienserkloster war, dann in den Besitz des Königs überging, der es wiederum an eine adlige Familie weitergab. Höfe wechselten häufig die Besitzer, blieben aber meist im Besitz von Adelsgeschlechtern. 124 solcher Güter, denen rund 10 Prozent der Landfläche Fünens gehören, bestehen heute noch. Die meisten Herrenhäuser sind nicht zugänglich, während die umliegenden Parkanlagen für die Öffentlichkeit häufig geöffnet sind.

Um die Herrenhöfe herum haben sich ausgedehnte Wälder erhalten, die andernorts längst abgeholzt wurden. In der Umgebung dieser Güter findet man häufig, vor allem in dem an Steinen reichen Südfünen, Trockensteinmauern, mit denen Acker- und Weideflächen eingefriedet wurden und die bis heute Zeugnisse aus der Zeit sind, als die Gutsherren über die Arbeitskraft der Bauern verfügten. Erst mit der Abschaffung dieser Untertänigkeit nach 1800 waren die Bauern frei und mußten die Gutsherren, wenn sie Landarbeiter beschäftigten, diese auch bezahlen.

Eine weitere typische Eigenheit von Fünen sind die im Mittelalter entstandenen Handelsstädte – Odense, Bogense, Kerteminde, Middelfart, Assens, Fåborg, Svendborg, Nyborg, Rudkøbing, Marstal, Ærøskøbing – die, bedingt durch die damalige Bedeutung der Seefahrt, alle bis auf Odense, den heutigen Hauptort der Insel, an der Küste liegen. Denn bevor das Straßen- und Eisenbahnnetz auf Fünen Ende des 19. Jh. ausgebaut wurde, erfolgte sämtlicher Handel auf dem Seeweg. Handel aber durfte nur in einer Stadt betrieben werden, die vom König die Marktrechte verliehen bekam. Nur die Kaufleute dieser Städte durften Waren aus dem bäuerlichen Hinterland ankaufen und weiterverkaufen. Deshalb findet man hier die alten Kaufmannshöfe, zu denen die Bauern mit ihren Produkten kamen und wo sie auch Güter für ihren eigenen Bedarf kauften. Nur in diesen Städten durften Märkte abgehalten werden, und nur hier durften Handwerker ihre Arbeit ausüben. Erst im Jahr 1862 wurden diese Privilegien aufgehoben, was in diesen alten Städten die Entwicklung stagnieren ließ, da sich außerdem auch das Straßennetz und die Eisenbahn zu entwickeln begannen. Heute sind diese Städte gerade aufgrund ihrer erhaltenen Stadtbilder beliebte Touristenorte, insbesondere die südfünischen Handelsstädte Svendborg, Fåborg, Ærøskøbing und Marstal, die eine lange Tradition als Hafenstädte haben.

20 In der nordfünischen Ebene

Bogense – Nørre Esterbølle – Uggerslev – Ejlby Lunde – Bogense

Tourencharakter: Leichte Tour ohne nennenswerte Steigungen auf verkehrsarmen Landstraßen durch offene Landschaft und kleine Dörfer; größtenteils markiert.

Länge: 40 km.
Gesamtanstieg: 220 m.

Flach ist der größte Teil Nordfünens, geprägt von Ackerflächen, Wald ist nur dort zu finden, wo er um Herrenhöfe herum erhalten wurde, Weideflächen nur in den eingedeichten Gebieten. Dieser Mangel an Wald und Weidegebiet führte dazu, daß der Norden Fünens trotz des fruchtbaren Bodens zu Beginn dieses Jahrhunderts das ärmste Gebiet der Insel war. Vielleicht ist dies der Grund dafür, daß sich hier einige Dörfer erhalten haben, die ihre Struktur seit dem 13./14. Jh. nicht verändert haben. Ungewöhnlich ist dies deshalb, weil um 1800 in Dänemark eine Bodenreform durchgeführt wurde, in deren Verlauf viele der alten Dörfer aufgelöst wurden.

Ursprünglich lagen alle Bauernhöfe – große Gehöfte, deren Wirtschaftsgebäude um einen Innenhof angeordnet waren – eng zusammen in Dörfern, und ursprünglich war das umgebende Land in kleine Parzellen aufgeteilt, so daß jeder Bauer Anteil an den qualitativ unterschiedlichen Bodenflächen hatte. Dies hatte aber zur Folge, daß die Ackerflächen, die zu einem Hof gehörten, rund um das Dorf verstreut lagen, was eine effektive Bearbeitung erschwerte. Mit der Landreform, deren Kosten die Bauern selbst zu tragen hatten, wurden die kleinen Streifen Ackerland zu großen Flächen zusammengefaßt und neue Bauernhöfe direkt bei den Feldern gebaut, so daß die bisherigen Dörfer entweder ganz aufgegeben wurden oder sich bei den verbleibenden Höfen neue Bewohner, Händler, Handwerker, Farmarbeiter, in kleinen Häuschen ansiedelten. 24 solcher Dörfer haben sich in Nordfünen bewahrt, von denen Engeldrup, seit Jahrhunderten nur aus vier Bauernhöfen bestehend, und Ejlby Lunde auf dieser Tour passiert werden.

Streckenbeschreibung

Vom Parkplatz am Hafen von Bogense folgen Sie zunächst dem Østre Havnsvej, dann der Kirkestræde in die Stadtmitte. Vorbei an der St.-Nicolai-Kirche gelangen Sie zum Marktplatz (Torvet) mit seinen kleinen, farbenfrohen Häuschen und biegen anschließend links ab in den Rolighedsvej (Radmarkierung 35), den Sie kurz darauf wieder nach rechts verlassen (Radmarkierung). Auf dem Teglgårdsvej passieren Sie das Rathaus, verlassen auf dem Gyldensteensvej die Stadt und fahren am Rand der »Gyldensteens inddæmmede Strand« genannten Eindeichungen entlang. Von dieser Straße biegen Sie rechts ab (4 km; Radmarkierung) in Richtung Smidstrup, passieren das *Herrenhaus Gyldensteen* und steigen an nach Sandagerlund (6 km) – rechter Hand die Ortschaft Smidstrup –, wo Sie sich links halten (Radmarkierung) in Richtung Nørre Esterbølle. Sie kommen zunächst an der Sandagermølle vorbei, dann am *Herrenhaus Sandagergård* (7 km) und halten sich an der kurz darauf folgenden Straßengabelung nach links (Radmarkierung 31).

Hier trennen sich die markierten Radstrecken: Während die Markierung 35 nach rechts in Richtung Odense führt, folgen Sie nun bis Uggerslev der Markierung 31.

Die kurvenreiche, bequem zu fahrende Straße mündet in Nørre Esterbølle in eine querlaufende Straße ein (8 km), auf der Sie nach rechts knapp 1 km weit leicht ansteigen und sich bei den Höfen von *Tolsvad* (10 km)

Eine ununterbrochene Reihe von niedrigen Wohnhäusern aus dem 19. Jh. säumt den Marktplatz von Bogense, eine der zehn im Mittelalter entstandenen Marktstädte Fünens.

erneut nach rechts halten. Am Talhang des Kragelund Møllebæk steigen Sie in mehreren Kurven zum Weiler *Engeldrup* an (12 km). Auf der B 327, Odense – Grindløse, steigen Sie nochmals kurzzeitig an, passieren Nørre Højrup (14 km) und gelangen auf der jetzt schnurgeraden Straße – nicht der Radmarkierung nach links folgen! (15,5 km) – nach *Uggerslev* (17 km).

Nach dem Ortsschild biegen Sie auf die zweite Querstraße rechts ab in Richtung Skamby (keine Radmarkierung), folgen einer links abzweigenden Straße (gut 18 km) zu den Höfen von *Bastrup* (19 km), bei denen Sie sich an einer Straßengabelung rechts halten und die wenigen Gehöfte von *Torup* erreichen (20 km).

Dem Torupvej folgen Sie nach rechts, verlassen ihn aber nach nur 50 m wieder nach links (Ww. Glavendrupstenen) und erreichen nach einigen hundert Metern eine rechts abzweigende Allee, auf der Sie in einen Hain mit einer schiffsförmigen Steinsetzung und dem *Glavendrupstenen,* einem Runenstein, gelangen (20,5 km).

Auf demselben Weg kehren Sie wieder nach Torup zurück, wenden sich nach links und folgen nun auf den nächsten 10 km bis Ejlby der Radmarkierung 35.

Eine schmale Straße führt zwischen Feldern nahezu eben nach *Skamby* (23 km), wo Sie der querlaufenden Ortsdurchgangsstraße nach rechts folgen und unmittelbar vor der romanischen Kirche, einer der ältesten auf Fünen, links abbiegen in Richtung Rostrup. Sie fahren durch *Rostrup* hindurch (25,5 km), überqueren auf einer kurvenreichen Straße wieder den Kragelund Møllebæk, passieren das rechter Hand gelegene Melby (28 km) und erreichen *Ejlby* (30,5 km). Wenn Sie den Weiler *Ejlby Lunde,* bekannt aufgrund seiner großen, aus dem 14. Jh. stammenden Gehöfte, besuchen

Im 18. Jh. wurden im waldarmen Norden Fünens Reihen von Pappeln angepflanzt, die alle fünf bis zehn Jahre gestutzt werden konnten und so Holz zum Heizen und für Zäune lieferten.

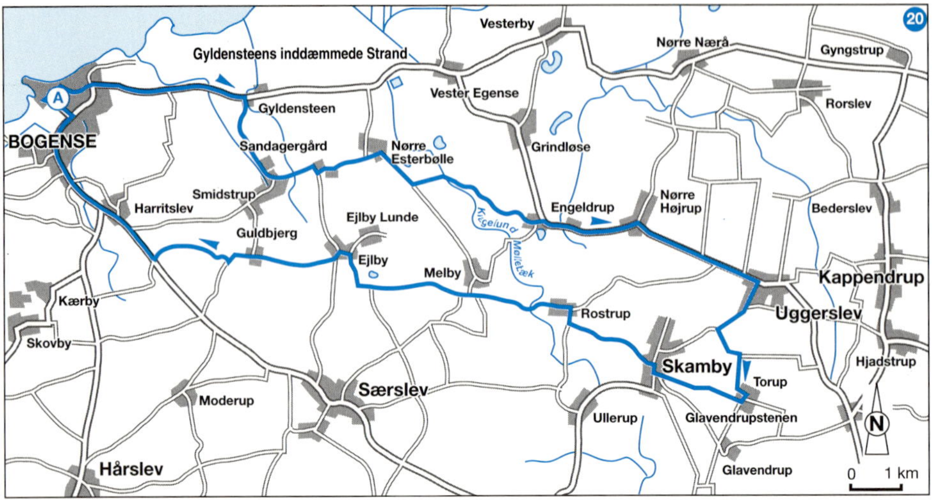

möchten, wenden Sie sich gleich am Ortsbeginn von Ejlby nach rechts (Abstecher hin und zurück 1,5 km).

Sie durchfahren den Ort – auf Höhe der Kirche nicht mehr der Radmarkierung 35 nach rechts folgen! – und gelangen nach *Guldbjerg* (32,5 km), wo Sie am Ortsanfang einer querlaufenden Straße wenige hundert Meter nach links in Richtung Reveldrup folgen zu einer Straßengabelung. Sie halten sich rechts in Richtung Bogense und stoßen auf die stark befahrene B 311, Odense – Bogense (35 km), auf der Sie sich nach rechts wenden (kein Radweg!), *Harritslev* passieren (36 km) und den Stadtrand von *Bogense* erreichen (37 km).

Auf einem Radweg entlang der Straße gelangen Sie zum Stadtzentrum und folgen der links abzweigenden Vestergade (Ww. Havn) zurück zu Ihrem Ausgangspunkt am Hafen.

Nützliche Informationen

Ausgangsort: Bogense, Kleinstadt an der nordfünischen Küste; hübsches Stadtbild mit alten Kaufmannshöfen und einem baumbestandenen Marktplatz mit Häusern aus dem 19. Jh.; alter Fischerhafen und moderner Yachthafen. Hotels, Campingplätze.
Anfahrt: E 20, Fredericia – Odense, Ausfahrt 57. Auf der B 317 nach Bogense. Mehrere Parkplätze am Hafen und Bootshafen.
Etappen: Bogense – Nørre Esterbølle 8 km – Engeldrup 4 km (12 km) – Uggerslev 5 km (17 km) – Glavendrupstenen 3,5 km (20,5 km) – Skamby 2,5 km (23 km) – Ejlby 7,5 km (30,5 km) – Bogense 9,5 km (40 km).
Einkehr unterwegs: In Nørre Højrup; Skamby; Guldbjerg (Café und Restaurant).
Bademöglichkeit: Hafen von Bogense.
Sehens- und Wissenswertes: • *Nordfyns Museum*, kulturhistorisches Museum für Bogense und Umgebung; geöffnet Juni-Aug. täglich (außer Sa. und Mo.) von 10–16 Uhr, übrige Zeit Di. 10–16 Uhr. • *Gyldensteen*, 17. Jh., durch Eindeichungen im 18. Jh. zu einem der größten Herrengüter in Nordfünen geworden; nicht zugänglich. • *Glavendrupstenen*, schiffsförmige Steinsetzung über einem Bestattungsplatz (um 900 n. Chr.); Steine wurden so aufgestellt, daß sie die Form eines Wikingerschiffes nachzeichneten; im »Bug« steht ein Runenstein mit 110 Zeichen, der längsten Inschrift Dänemarks, die besagt, daß eine Frau namens Ragnhild den Stein für ihren Mann, Häuptling Alle, hat errichten lassen; in dem Hain wurden im 19. Jh. Volksversammlungen abgehalten.
Fahrradverleih: Nordfyns Cykellager, Adelgade 73, Bogense, Tel. 64 81 13 34 und H & C Andersen, Hotelpassagen 8, Bogense, Tel. 64 81 37 81.
Auskunft: Nordfyns Turistforening, Adelgade 40, DK-5400 Bogense, Tel. 64 81 20 44.
Karte: Fyn, Langeland og Ærø, Blatt Nord, 1:100 000.

21 Die Halbinsel Hindsholm

Kerteminde – Måle – Viby – Bøgebjerg Strand – Martofte – Fyns Hoved – Martofte – Mesinge – Kerteminde

Tourencharakter: Nicht ganz mühelose Tour mit jeweils nur kurzen, aber ständigen leichten Anstiegen auf der welligen Halbinsel Hindsholm; vorwiegend auf verkehrsarmen Nebenstraßen, kurzzeitig auf Schotterweg; durchgängig markiert.
Länge: 59 km.
Gesamtanstieg: 460 m.
Ausrüstung: Eine Taschenlampe oder Kerze, falls Sie in das Ganggrab Mårhøj hineingehen wollen.

Geographisch günstig an einer schmalen Meeresstraße zwischen der Hauptinsel Fünen und der Halbinsel Hindsholm gelegen, entwickelte sich Kerteminde zu einer der acht Marktstädte, die es auf Fünen gab. Eine wichtige Rolle spielte es als Hafen für Odense, das zwar Fünens älteste Marktstadt war, aber keinen Zugang zum Meer hatte. Erst zu Beginn des 19. Jh. wurde ein Kanal gebaut, der Odense mit dem Odense Fjord verband, so daß Kerteminde seine Bedeutung als Hafen für Odense und als Handelsstadt verlor. Wichtiger sind heute deshalb für die Stadt die Fischerei und der Tourismus.

Angezogen werden die Touristen vor allem durch die Halbinsel Hindsholm mit den flachen, eingedeichten Strandwiesen, den zahlreichen Landzungen, den langen Sandstränden und der hügeligen Moränenlandschaft. Zwischen diesen Hügeln haben sich zwei Dörfer erhalten – Viby und Måle –, deren Dorfstruktur noch dieselbe ist wie im Mittelalter, als die Bauernhöfe einer Gemeinde eng beisammen lagen, inmitten der umliegenden, in kleine Parzellen eingeteilten, nicht eingezäunten Ackerflächen *(s. auch Tour 20)*. Schroff ist die Landschaft an der äußersten Nordspitze Fyns Hoved, wo im Frühjahr Zehntausende von Zugvögeln auf ihrem Weg nach Norden rasten.

Streckenbeschreibung

Vom Parkplatz in Kerteminde folgen Sie dem Hindsholmvej (Radmarkierung 41) auf einem Radweg nach rechts, passieren das Hafengelände, dann das Larsen-Museum (knapp 1 km) und verlassen die Stadt. In einem Linksknick der B 315, Kerteminde – Fyns Hoved, (2,5 km) halten Sie sich auf einer schmalen Straße geradeaus und entlang der Küste, durchfahren den Mølleskov und biegen bei den Wirtschaftsgebäuden des *Herrenhauses Hverringe* rechts ab (4,5 km) auf einen Schotterweg. Am Rand des Haveskov und zwischen Wiesen – stets mit Blick auf den Großen Belt – passieren Sie die wenigen Höfe von *Stavre* (7 km) und gelangen, jetzt wieder auf einem Sträßchen, zwischen Hecken und Trockenmauern nach *Måle* (9,5 km), einem malerischen Dorf mit strohgedeckten Häusern.

Gegen Ende des 18. Jh. entstand das heutige Herrenhaus Hverringe, das geschützt ist durch einen Wassergraben und von einem riesigen Landbesitz umgeben ist.

Sie halten sich auf einer schmalen Straße nach rechts und fahren durch leicht gewelltes Gelände nach *Viby* (12,5 km), wie Måle ein »Bilderbuchdorf«, in dem sich die alte Dorfstruktur erhalten hat.

Nach diesem Abstecher kehren Sie einige hundert Meter zurück und folgen der Radmarkierung 41 nach links in Richtung Hersnap, verlassen dieses Sträßchen aber wenig später nach rechts. Vorbei an den wenigen Höfen von *Enebjerg* erreichen Sie den *Bøgebjerg Strand* (14 km) mit einer einzeiligen Ferienhaussiedlung entlang der Straße. Nach etwa 3 km entlang der Küste steigen Sie leicht an, passieren *Bøgebjerg*, ein sehr großes Gehöft, und gelangen in das erhöht liegende *Stubberup* (20,5 km). Kurz nach der Kirche folgen Sie dem rechts abzweigenden Enghavevej zum Ortsbeginn von *Martofte* (21,5 km).

Dort wenden Sie sich auf der B 315 nach rechts, fahren durch den Ort geradeaus hindurch und folgen der Straße in stetem Auf und Ab in Richtung Norden. Kurz nach Martofte zweigt rechts ein Sträßchen ab (Ww. Jettestue), das zu Mårhøj führt, einem begehbaren Ganggrab (Abstecher hin und zurück 1,5 km; zu Fuß weitere 400 m).

Auf der B 315 passieren Sie den Weiler *Nordskov* (28,5 km), wenig später die Ferienhaussiedlung *Korshavn* mit einem Hotel und erreichen das Ende der Straße an einem natürlichen Hafen (31 km).

Vom Parkplatz aus empfiehlt sich ein Abstecher zur nördlichsten Spitze Fyns Hoved (hin und zurück 3 km), von wo aus man mit Glück Tümmler sehen kann, oder von Korshavn aus ein Spaziergang entlang des Strands zu Horseklint, von wo aus man im Frühjahr Zugvögel beobachten kann.

Auf demselben Weg kehren Sie nach *Martofte* zurück (39,5 km), biegen in der Ortsmitte rechts ab (Radmarkierung 42, Kerteminde) und folgen der Straße zur Westküste. Kurz vor einer Ferienhaussiedlung biegen Sie links ab (41,5 km), passieren die Ferienhaussiedlung *Bogensø* und erreichen die Dalby Bugt (44,5 km). Schon nach wenigen hundert Metern entlang der Küste entfernt sich die Straße wieder vom Wasser. Sie biegen rechts ab (gut 46 km) in Richtung Midskov, fahren an einer weiteren Ferienhaussiedlung entlang und folgen einer querlaufenden Straße nach links (Ww. Mesinge) und durch den Ort *Midskov* (49 km) hindurch. Auf einer schnurgeraden Straße gelangen Sie nach *Mesinge* (51 km), halten sich an der Kirche nach rechts und kreuzen am Ortsende die Verbindungsstraße Mesinge – Munkebo. Auf der B 315 gelangen Sie über den *Weiler Salby* wieder an die Kerteminde Bugt und kehren auf demselben Weg, auf dem Sie zu Beginn der Tour Kerteminde verließen, zu Ihrem Ausgangspunkt zurück.

Nützliche Informationen

Ausgangsort: Kerteminde, am südlichen Ende der Halbinsel Hindsholm gelegen; vom 15.–17. Jh. wichtige Handelsstadt, heute Kleinstadt mit Fischereihafen; im netten Ortszentrum alte Kaufmannshöfe. Hotels, Campingplatz, JH (Tel. 65 32 39 29).
Anfahrt: E 20 über Odense in Richtung

In Måle stehen die Bauernhöfe, wie bis zum Beginn des 19. Jh. überall in Dänemark üblich, eng zusammen in einem Dorf.

Nyborg, Ausfahrt 47. Auf der B315 über Ullerslev nach Kerteminde. Dort der Ausschilderung »Centrum« folgen; unmittelbar nach der Brücke rechts ein Parkplatz.
Etappen: Kerteminde – Måle 9,5 km – Martofte 12 km (21,5 km) – Fyns Hoved 9,5 km (31 km) – Martofte 8,5 km (39,5 km) – Mesinge 11,5 km (51 km) – Kerteminde 8 km (59 km).
Einkehr unterwegs: Fyns Hoved (Hotel).
Bademöglichkeiten: Am Bøgebjerg Strand; bei Fyns Hoved; bei Bogensø; in der Dalby Bugt.
Sehens- und Wissenswertes: In Kerteminde: • *Toldboden*, Strandgade 3, Ausstellungen zur mod. Kunst und zur Kulturgeschichte der Gegend; geöffnet 12–16 Uhr. • *Farvergården*, Langegade 8, hist. Museum zum Handwerk und zur Welt des Kindes durch 100 Jahre; geöffnet März–Okt. 10–16 Uhr. • *Høkeren*, Trollegade, Museumsladen im Stil eines Kramladens um die Jahrhundertwende; geöffnet Juni–Aug. zu den normalen Geschäftszeiten. • *Johannes Larsen Museum*, Kunstmuseum im ehem. Wohnhaus des Malers Johannes Larsen, der Anfang des Jahrhunderts dort lebte; interessant wegen der Ausstattung des Hauses mit Originalmöbeln und wegen der schönen Lage auf dem Møllebakken; Ausstellungsgebäude mit Werken des Künstlers, Cafeteria; geöffnet Juni–Aug. Di.–So. 10–17 Uhr, sonst 10–16 Uhr. • *Ladbyskibet*, Vikingvej 123, 3 km südwestlich von Kerteminde bei Ladby am Fjord, Fundstelle des einzigen Schiffsgrabs Dänemarks aus der Wikingerzeit, als Museum eingerichtet; geöffnet Mai–Sept. täglich außer Mo. 10–18 Uhr, sonst 10–15 Uhr. • *Hverringe*, dreiflügeliges Barockschloß (1790), umgeben von Wallgräben; nicht zugänglich. • *Viby Mølle*, Windmühle; geöffnet Mitte Juni–Mitte Aug. 12–16 Uhr. • *Mårhøj*, größtes dänisches Ganggrab mit einem 7 m langen Gang und einer 10 m langen Grabkammer, in der man stehen kann.
Fahrradverleih: Auskunft beim Touristenbüro.
Auskunft: Turistbureau, Strandgade 1B, DK-5300 Kerteminde, Tel. 65 32 11 21.
Karte: Fyn, Langeland og Ærø, Blatt Nord, 1:100 000.

22 Durch das ehemalige Toteisgebiet um Vissenbjerg

Vissenbjerg – Frøbjerg Banker – Glamsbjerg – Gummerup – Verninge – Tommerup Stationsby – Vissenbjerg

Tourencharakter: Durch ständiges Auf und Ab anstrengende Tour in landschaftlich reizvoller Hügellandschaft; auf ruhigen Straßen und mehrere Kilometer auf Radweg entlang einer Durchgangsstraße; nur erste Hälfte der Strecke markiert.
Länge: 45 km.
Gesamtanstieg: 570 m.

Bei dieser Tour spätestens wird jeder Radfahrer das Vorurteil, Dänemark sei ein völlig flaches Land, aufgeben müssen, denn kaum ein Kilometer der gesamten Strecke ist eben. Auf und ab geht es durch Täler und über Hügel, die man hier beinahe Berge nennen müßte, gehören doch zu ihnen die höchsten auf Fünen: Frøbjerg Bavnehøj mit 131 m und Dyred Banke mit 123 m. Kurze Abstecher zu Fuß führen von der Radstrecke hinauf zu den höchsten Punkten, von wo aus man dieses ehemalige Toteisgebiet überblickt.

Als Toteis bezeichnet man Eisblöcke, die beim Rückzug des Gletschers abgetrennt wurden und nun, infolge mangelnden Nachschubs an Eis, dessen Bewegungen nicht mehr mitmachten. Da sie meist unter Moränenschutt begraben waren, zog sich das Abschmelzen über einen längeren Zeitraum hin, und es bildeten sich zwischen den Blöcken Eisstauseen. In diesen setzten sich die im Schmelzwasser enthaltenen Partikel ab, so daß sie durch Schlamm und Lehm aufgefüllt wurden. Nachdem das Eis vollständig geschmolzen war, blieben diese zwischen 40 und 120 m hohe Ablagerungen als Tafelhügel mit steil abfallenden Hängen und einer relativ flachen Oberfläche zurück. Wo sich das aufgestaute Wasser einen Durchbruch bahnte, entstanden tief eingekerbte Täler wie »Afgrunden« südlich von

Vissenbjerg. Das Gebiet südlich von Vissenbjerg war bis zum 19. Jh. ein feuchtes, mooriges, waldreiches Gebiet, in dem während des Mittelalters nur vereinzelte Walddörfer angelegt worden waren. Doch durch den Bau der Eisenbahn und durch umfassende Entwässerungsmaßnahmen entwickelten sich auch hier neue Siedlungen.

Streckenbeschreibung

Von Ihrem Parkplatz an der Kirche von Vissenbjerg aus verlassen Sie die Stadt in Richtung Fåborg/Terrariet, passieren das sehenswerte Terrarium und fahren nach *Skalbjerg* im Tal des Brænde Å hinab (2 km), wo Sie auf die Radmarkierung 79 stoßen, der Sie auf die nächsten 19 km bis Glamsbjerg folgen.

In *Skalbjerg* biegen Sie rechts ab, wenden sich nach wenigen hundert Metern nach links und folgen einer schmalen, kurvenreichen Landstraße durch die hügeligen Nordausläufer der Frøbjerg Banker, vorbei an vereinzelt liegenden Gehöften, zum Ortsbeginn von *Orte* (7 km), wo Sie sich nach links wenden. Am Hang der Frøbjerg Banker steigen Sie an, folgen der Radmarkierung zweimal nach links, an den Höfen von *Frøbjerg* (9 km) vorbei und steigen an zu einer Rechtsabbiegung des Radwegs.

Wollen Sie einen Abstecher zum Aussichtspunkt Frøbjerg Bavnehøj machen, fahren Sie hier geradeaus zu einem Parkplatz, von wo aus ein Fußweg zum Gipfel des mit 131 m höchsten Bergs auf Fünen führt. Früher wurden dort Warnfeuer angezündet, während des 19. Jh. fanden Versammlungen und Feiern statt, heute stehen hier mehrere Gedenksteine (Abstecher hin und zurück 1,5 km plus Spaziergang von rund 500 m).

Zur Fortsetzung der Tour kehren Sie zu der Abzweigung zurück, folgen der Radmarkierung nach einigen hundert Metern erneut nach rechts und gelangen in ständigem Auf und Ab zu einer Linksabzweigung (gut 11 km). Weiterhin der Radmarkierung 79 folgend, erreichen Sie durch Wald den *Herrenhof Krengerup* (13 km), zwischen dessen Wirtschaftsgebäuden Sie hindurchfahren, und durch die Waldgebiete Skanneshave und Glamsbjerg Hegn den Ortsrand von

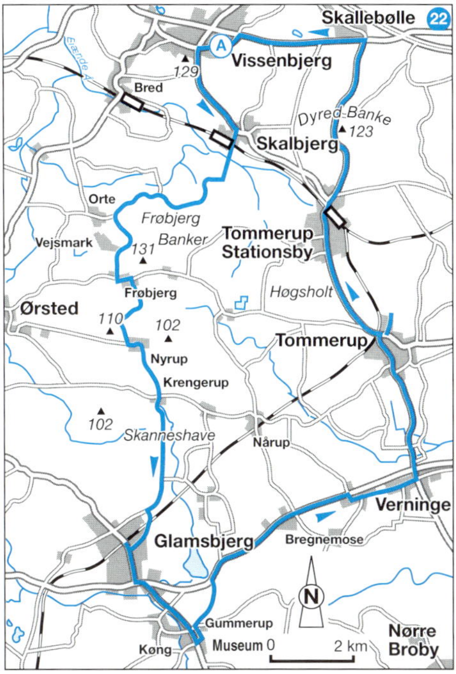

Glamsbjerg (16 km). Hier halten Sie sich links, kreuzen die Bahnlinie Assens – Middelfart und stoßen im Ortszentrum auf die B 329, Årup – Fåborg (17 km). In Glamsbjerg, einer größeren Ortschaft, die sich im 19. Jh. um den Bahnhof herum entwickelt hat, finden sich zahlreiche Einkehr- und Einkaufsmöglichkeiten sowie ein Freibad.

Der B 329 folgen Sie nach links durch die Ortsmitte, wenden sich auf der B 168, Odense – Assens, nach links und biegen nach 250 m wieder rechts ab auf die B 329, Glamsbjerg – Fåborg, die am Ortsrand von Køng vorbeiführt. An einer Straßenkreuzung zwischen Køng und Gummerup biegen Sie zunächst links (Ww. Odense), nach wenigen Metern rechts ab in die Klaregade und erreichen nach 300 m das *Heimatmuseum Vestfyns Hjemstavnsgård* (20 km).

Sie kehren zur Straße in Richtung Odense zurück, folgen ihr nach rechts – Sie verlassen hier den Radweg 79 und fahren im weiteren Verlauf der Tour ohne Markierung – und steigen an zur B 168, Odense – Assens (22 km). Auf dieser recht stark befahrenen Straße erreichen Sie nach langgezogenen Anstiegen den Ortsbeginn von *Verninge*

(26 km), wo Sie rechts abbiegen auf die alte Durchgangsstraße, die in der Ortsmitte die B 335 Vissenbjerg – Brobyværk kreuzt (28 km). Am Dorfkrug biegen Sie links ab auf die B 335, unterqueren die B 168, passieren auf einem Radweg das Industrie- und Gewerbegebiet von *Tommerup* und halten sich in Richtung Ortsmitte (32 km).

Im Ort folgen Sie einer querlaufenden Straße nach links (Ww. Tommerup Stationsby), kreuzen die Bahnlinie, die Odense mit Middelfart verbindet, und folgen einem Radweg entlang der Straße durch den Wald Høgsholt nach *Tommerup Stationsby* (35 km); eine Siedlung, die im Zusammenhang mit dem Bau der Eisenbahn entstand. Wenige hundert Meter nach Unterquerung der Bahnlinie biegen Sie rechts ab (Ww. Dyred Banke) und steigen zweimal nacheinander steil an zu einem Hochpunkt der Straße (38,5 km). Von einem Parkplatz an der Straße können Sie einen Abstecher zu Fuß zum Aussichtspunkt *Dyred Banke* machen, 123 m hoch und der beliebteste Aussichtspunkt auf Fünen mit Ausblick über die fünischen Alpen (Wanderweg zum Gipfel hin und zurück ca. 700 m).

Weiterhin auf und ab gelangen Sie nach *Skallebølle* (40,5 km), wo Sie der stark befahrenen, schnurgeraden B 161 Odense – Vissenbjerg auf einem Radweg nach links folgen. Nach etwa 3 km biegen Sie am Stadtrand von Vissenbjerg links ab (44 km) und steigen durch ein Wohngebiet an zur Kirche im Ortszentrum.

Nützliche Informationen

Ausgangsort: Vissenbjerg, moderne Einkaufsstadt am Kreuzpunkt mehrerer Straßen. Kro; nächste JH: Årup (Tel. 64 43 13 28), 6 km östlich von Vissenbjerg; nächster Campingplatz in Gummerup, 17 km südlich von Vissenbjerg.

Eine öffentliche Straße führt durch den Hof des im 18. Jh. erbauten Schlosses Krengerup.

Der Museumshof in Gummerup ist typisch für viele aus dem 18. und 19. Jh. stammenden Bauernhöfe auf Fünen.

Anfahrt: E 20, Fredericia – Odense, Ausfahrt 54. Auf der B 335 nach Vissenbjerg. Parkmöglichkeiten entlang der B 335 bei der Kirche. Anfahrt per Bahn bis Glamsbjerg oder Tommerup Stationsby möglich (liegen beide an der Radstrecke).
Etappen: Vissenbjerg – Frøbjerg (9 km) – Glamsbjerg 8 km (17 km) – Museum in Gummerup 3 km (20 km) – Verninge 8 km (28 km) – Tommerup 4 km (32 km) – Tommerup Stationsby 3 km (35 km) – Skallebølle 5,5 km (40,5 km) – Vissenbjerg 4,5 km (45 km).
Einkehr unterwegs: In Glamsbjerg (Hotel, Cafeteria, Restaurant); Verninge (Kro); Tommerup Stationsby (Cafeteria, Grillrestaurant).
Bademöglichkeit: Freibad in Glamsbjerg.
Sehens- und Wissenswertes: • *Terrarium* in Vissenbjerg, Sammlung von lebenden Reptilien und Lurchen; geöffnet täglich im Sommer 9–18 Uhr, im Winter 9–16 Uhr. Von hier aus können Sie zu Fuß einen Abstecher zu einem Aussichtspunkt (Ww. Til Udsigten) machen, hin und zurück 500 m. • *Schloß Krengerup*, in neuklassizistischem Stil 1772 erbautes Schloß mit Wirtschaftsgebäuden, die um einen Innenhof angeordnet sind, durch den die Straße hindurchführt; nur Park zugänglich. • *Hjemstavnsgård*, Westfünens Heimatmuseum in Gummerup, untergebracht in einem Bauernhof von 1740; geöffnet April–Okt. täglich außer Mo. 10–17 Uhr; Eintrittsgebühr.
Fahrradverleih: Cymo Cykelcenter, Søndergade 62, Glamsbjerg, Tel. 64 72 12 58 und Jans Cykelservice, Byvejen 66, Glamsbjerg, Tel. 64 72 21 82.
Auskunft: Højfyns Turistbureau, Søndersøvej 2, DK-5492 Vissenbjerg, Tel. 64 47 39 00.
Karte: Fyn, Langeland og Ærø, Blätter Nord und Süd, 1:100 000.

23 Zum Wasserschloß Egeskov

Ringe – Espe – Korinth – Hundstrup – Stenstrup – Schloß Egeskov – Ringe

Tourencharakter: Durchgängig markierte Tour mit kurzen Steigungen in hügeliger, stark gegliederter Landschaft; vorwiegend auf verkehrsarmen Nebenstraßen, vorbei an zahlreichen strohgedeckten Gehöften.
Länge: 51 km.
Gesamtanstieg: 290 m.

Eine der größten Touristenattraktionen auf Fünen ist das Wasserschloß Egeskov, das als das am besten erhaltene Renaissance-Wasserschloß in Europa gilt. Imposant liegt das Backsteingebäude inmitten eines kleinen Sees, erbaut auf Tausenden von in den Boden gerammten Eichenpfählen, so daß die Mauern direkt aus dem Wasser aufragen. Ein ganzer Eichenwald mußte dafür gefällt werden, der Eichenwald (Egeskov), nach dem das einst hier gelegene Dorf benannt war. In diesem Dorf, das etwa da lag, wo sich heute die Einfahrt zum Schloß befindet, entwickelte sich im Laufe der Zeit ein Bauernhof zu einem Gutshof, dessen Landbesitz sich etwa ab dem 14. Jh. ständig vergrößerte. In der Mitte des 16. Jh. dann wurde wegen der damals unsicheren Zeiten das Schloß inmitten des kleinen Sees erbaut, mit 2 m dicken Mauern und über 100 Schießscharten ausgestattet und dadurch so gut wie uneinnehmbar. Das Anwesen wechselte mehrmals den Besitzer, ist aber auch heute noch immer in Privatbesitz.

Umgeben ist es von einem im Jahr 1730 angelegten, gepflegten Park mit mehreren Abteilungen: u.a. dem englischen Garten, dem Rosengarten, dem Renaissancegarten. In den weitläufigen ehemaligen Wirtschaftsgebäuden wurden Museen eingerichtet, die vor allem verschiedenartigste Vehikel wie Pferdewagen, Mopeds, Motorräder und Oldtimer, aber auch Landmaschinen ausstellen. Ein Labyrinth aus Buchsbaumhecken sowie ein Spielplatz bieten zusätzliches Vergnügen für Kinder; kurzum, das gesamte Gelände eignet sich bestens für einen mehrstündigen Aufenthalt.

Streckenbeschreibung

Vom Parkplatz im Ortszentrum von Ringe aus fahren Sie in Richtung Ringe Syd, überqueren die Bahnlinie Odense – Svendborg und biegen rechts ab (gut 1 km) auf den Boltinggårdvej, wo Sie auf die Radmarkierung 51 stoßen, der Sie auf die nächsten 17 km bis Korinth folgen.

Sie kreuzen erneut die Bahnlinie, halten sich an der nächsten querlaufenden Straße (3,5 km) nach rechts (Ww. Boltinge Mølle), kreuzen die Museumsbahn Ringe – Fåborg und passieren das Herrenhaus Boltinggård. Wenig später halten Sie sich an einer Querstraße nach links in Richtung Herringe, biegen nach einigen hundert Metern rechts ab auf den Granlyvej, folgen dem querlaufenden Skovvej nach links und erreichen, nachdem Sie die Bahnlinie erneut kreuzten, die Ortschaft *Espe* (7 km).

Sie folgen der Markierung durch den Ort in Richtung Lydinge, biegen an einer Kreuzung (knapp 9 km) nach rechts ab (Ww. Espe Højlod) auf eine schnurgerade Straße, die am Rand des Espe Tingskov links abknickt und in eine querlaufende Straße (12,5 km) einmündet, der Sie nach rechts folgen nach *Hågerup* (14,5 km). Dort wenden Sie sich nach links und stoßen an der ausgedehnten Anlage des Herrenhofs *Brahetrolleborg* (16,5 km) auf die A 18 Fåborg – Nyborg. An der Kirche ist noch zu erkennen, daß der heutige Herrenhof, flächenmäßig einer der größten auf Fünen, vom 12.–16. Jh. ein Zisterzienserkloster war. Haus und Park sind nicht zugänglich.

Auf der viel befahrenen Straße halten Sie sich rechts in Richtung Fåborg. Der Radweg beginnt erst nach 200 m und führt dann entlang der Straße zum Ortsbeginn von *Korinth* (knapp 18 km). Den Namen erhielt der Ort im Jahr 1787, als im Zuge einer Bodenreform der Dichter Jens Baggesen beauftragt wurde, die neu entstandenen Gehöfte zu benennen und er u.a. auch ausländische Namen verwendete, wie eben Korinth oder Kairo und Kina.

Hier biegen Sie links ab (Ww. Vester Åby) und folgen nun auf den nächsten 16½ km bis Rødme der Radmarkierung 79. Während auf der bisherigen Strecke die Anstiege meist sanft waren, sind sie auf dem folgenden Streckenabschnitt durch hügeliges Gelände teilweise recht steil.

Nach 500 m biegen Sie links ab und gelangen zwischen bewachsenen Trockensteinmauern an eine querlaufende Straße, der Sie nach rechts folgen zum *Brændegård Sø*. Entlang des bewaldeten Seeufers führt die kurvenreiche Straße auf das stattliche Gehöft Brændegård zu (22 km).

Wenn Sie einen Blick auf den wegen der zahlreichen dort brütenden Vögel bekannten See werfen wollen, fahren Sie dort, wo die Radmarkierung nach links abknickt, noch einige Meter weiter zu einer Informationstafel. In den siebziger Jahren begannen hier einige Kormorane zu nisten, und heute sind es mehr als 4000 Paare.

Auf dem Pilegyden biegen Sie in Richtung Hundstrup ab, durchfahren ein Waldgebiet und gelangen, vorbei an zahlreichen Einzelhöfen, auf eine querlaufende Straße (26,5 km). Sie wenden sich nach links, halten sich in *Hundstrup* (27,5 km) nach rechts in Richtung Skerninge und wenig später an einer Straßengabelung wieder nach links. Diese Straße mündet in den querlaufenden Stågerupvej (30,5 km), dem Sie nach links in Richtung Stenstrup folgen zu den wenigen Gehöften von *Stågerup*. Hier wenden Sie sich wiederum nach links und passieren auf der kurvenreichen Straße das Herrenhaus *Skjoldemose*. Das aus roten Ziegelsteinen erbaute Gebäude ist das dritte Haus auf diesem Gutsbesitz, der schon im 14. Jh. erwähnt wird. Auf der gegenüberliegenden Straßenseite steht eine restaurierte ehemalige Schmiede.

Kurz darauf erreichen Sie den Weiler *Rødme*. Während die Radmarkierung 79 hier nach rechts führt in Richtung Kirkeby, folgen Sie nun der Radmarkierung 55 geradeaus durch Rødme hindurch nach Stenstrup (36 km). Auf der querlaufenden Durchgangsstraße halten Sie sich nach links, durchfahren den Ort und gelangen, vorbei an zahlreichen einzeln stehenden Bauernhöfen, an eine rechts abzweigende Straße (40,5 km), die

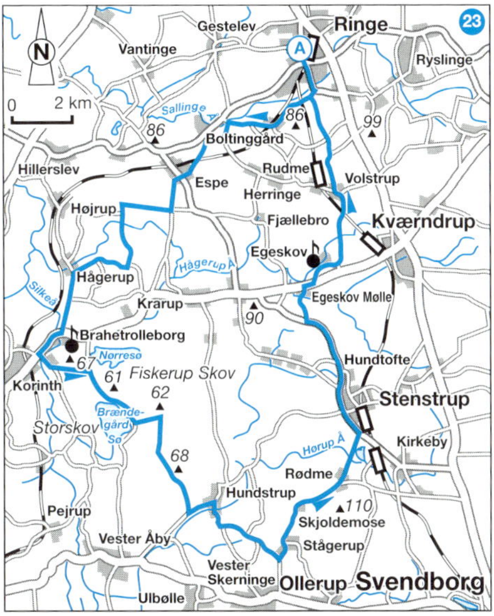

an der *Egeskov Mølle*, einer für die Öffentlichkeit zugänglichen Windmühle, vorbeiführt und in die stark befahrene A8 einmündet. Ihr folgen Sie 500 m weit (kein Radweg!) nach rechts und biegen links ab zum *Schloß Egeskov* (43 km).

Sie fahren am Eingang zum Park und Schloß vorbei, halten sich nach wenigen hundert Metern auf einem querlaufenden Sträßchen nach links (Ww. Ringe), kreuzen die Bahnlinie Ringe – Svendborg und folgen bei den Höfen von *Volstrup* (46 km) einer Querstraße nach links, die Sie aber nach 200 m auf dem Volstrupvej wieder nach rechts verlassen in Richtung Ringe. Sie halten sich geradeaus, stoßen kurz vor Ringe auf den Boltinggårdvej (59,5 km) und kehren auf demselben Weg, auf dem Sie zu Beginn der Tour Ringe verließen, in die Stadtmitte zurück.

Nützliche Informationen

Ausgangsort: Ringe, bis in das 19. Jh. ein Dorf, heute eine moderne Kleinstadt, die sich im Zusammenhang mit dem Bau der Eisenbahn entwickelte. Bekannt geworden durch das jeweils Ende Juni stattfindende »Midtfyns Festival«, ein Rock- und Pop-Konzert. Per Bahn erreichbar. Hotel, Kro, Campingplatz, JH (Tel. 62 62 21 51).

Zu den großen Herrenhöfen wie Egeskov gehörte auch immer eine Mühle, in der die Bauern der umliegenden Höfe ihr Korn mahlen lassen mußten.

Anfahrt: E20, Kolding – Odense, Ausfahrt 49. Auf der A9 in Richtung Svendborg und auf der B323 nach Ringe. Parkplatz im Ortszentrum an der Kirche.
Etappen: Ringe – Espe 7 km – Brahetrolleborg 9,5 km (16,5 km) – Hundstrup 11 km (27,5 km) – Stenstrup 8,5 km (36 km) – Schloß Egeskov 7 km (43 km) – Ringe 8 km (51 km).
Einkehr unterwegs: In Korinth (Kro); Hundstrup, Stenstrup und im Schloß Egeskov (Cafeteria).
Sehens- und Wissenswertes: • *Ringe Museum*, Algade 58, Heimatmuseum mit Schwerpunkt auf vorindustrieller Landwirtschaft, untergebracht in der alten Schule; geöffnet Anfang Juni–Mitte Aug. Di.–Sa. 13–17 Uhr, So. 14–16 Uhr, Mai und Mitte Aug.–Ende Sept. So. 14–16 Uhr. • *Egeskov Mølle*, Mitte des letzten Jahrhunderts erbaute Windmühle, die zum Herrenhof Egeskov gehörte; geöffnet Mai–Sept. täglich 10–17 Uhr.
• *Schloß Egeskov und Park*, geöffnet Mai–Sept. 10–17 Uhr; Eintrittsgebühr.
Fahrradverleih: Midtfyns Cykel-og Knallertforretning, Ø. Ringvej 26, Tel. 62 62 29 80.
Auskunft: Tourist Bureau, Algade 42, DK-5750 Ringe, Tel. 62 62 52 23.
Karte: Fyn, Langeland og Ærø, Blatt Süd, 1:100 000.

Schloß Egeskov, im Jahr 1550 auf Tausenden von Eichenpfosten in einem See erbaut, gilt als das am besten erhaltene Wasserschloß seiner Zeit.

24 Von Fåborg in die südfünischen Alpen

Fåborg – Korinth – Håstrup – Faldsled – Horne – Fåborg

Tourencharakter: Anstrengende Tour durch ständiges Auf und Ab mit kräftigen Steigungen in sehr hügeliger Landschaft; vorwiegend auf schmalen Straßen, aber auch einige Kilometer ohne Radweg auf Durchgangsstraße; nur teilweise markiert.

Länge: 40 km.
Gesamtanstieg: 400 m.

Südfünische Alpen – ein Name, der überrascht und jeden Radfahrer zusammenzucken läßt. Doch ganz so hoch wie ihre bekannteren Namensvettern ragen die »Fynske Alper« nicht in die Höhe. 128 m ist der höchste Punkt, und alpin im Sinne von felsig, schroff oder gar steilkantig sind sie ebenfalls nicht. Die Namensgleichheit ist vielleicht eher auf die Bedeutung des Wortes »Alp« zurückzuführen, was einfach nur Bergweide bedeutet. Denn in dieser sandigen Hügellandschaft, die während der letzten Eiszeit vor rund 12000 Jahren entstand, war Landwirtschaft auf die Täler beschränkt und weideten auf den heidebewachsenen Abhängen die Schafe. Erst um 1900 wurde damit begonnen, große Gebiete aufzuforsten, vorwiegend mit Nadelbäumen, wuchs mit dem Ende der Schafzucht die zuvor offene Landschaft zu. Heute bemüht sich das Umweltministerium darum, den früheren Zustand wieder herzustellen und den Strauch- und Baumbewuchs niedrig zu halten, indem es dort gotländische Pelzschafe hält.

In Fåborg begann man schon früh damit, die Gebäude und Kaufmannshöfe aus der Zeit, als die Stadt wichtiger Handelsplatz war, zu erhalten.

Seit der Jahrhundertwende ist diese Hügellandschaft, auch Svanninge Bakker genannt, ein beliebtes Ausflugsgebiet. Nicht erstaunlich, bieten die Höhen doch schöne Ausblicke auf das nur 5 km entfernte Meer und die Inseln im Kleinen Belt.

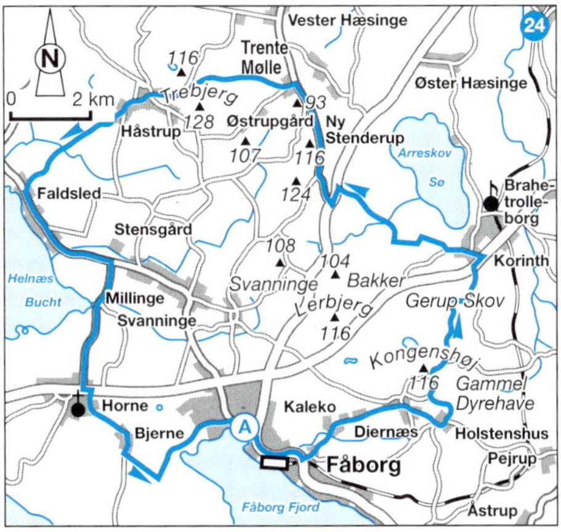

Streckenbeschreibung

Vom Parkplatz am Hafen in Fåborg folgen Sie der breiten Havnegade in Richtung Svendborg (Radmarkierung 51 auf den nächsten 10,5 km bis Korinth), biegen nach 800 m links ab (Ww. Kaleko Mølle) und verlassen Fåborg. In Kaleko steigen Sie auf einem Radweg entlang der Straße recht steil an, passieren den in ein Museum umgewandelten Mühlenhof *Kaleko Mølle* (knapp 2 km), der einen Besuch lohnt, und erreichen auf der Höhe eines Hügelrückens den Ort *Diernæs* (3,5 km).

Sie fahren geradeaus durch den Ort, biegen 100 m nach der Kirche rechts ab in Richtung Pejrup (keine Radmarkierung), halten sich an einer Straßengabelung nach links und erreichen das *Herrenhaus Holstenshus* (gut 5 km). Der Ausschilderung »Korinth« folgen Sie durch das Waldgebiet Gammel Dyrehave und gelangen wieder an die Straße Diernæs – Korinth (Radmarkierung 51), der Sie nach rechts folgen. Die kurvenreiche Straße führt in stetem Auf und Ab durch den Gerup Skov und mündet in die stark befahrene A8, Fåborg – Nyborg, (10 km) ein, auf der Sie sich nach rechts wenden (kein Radweg!) und nach wenigen hundert Metern am Ortsrand von *Korinth* links abbiegen (Radmarkierung 79) in Richtung Sollerup.

Durch hügeliges Gelände – zu Ihrer Rechten ist der Arreskov Sø zu sehen, zu dem von einem Parkplatz von Sollerup aus Fußwege hinunterführen – gelangen Sie an die verkehrsreiche A43, Odense – Fåborg, (15 km), auf der Sie nach links ansteigen (kein Radweg!) in Richtung Fåborg, die Sie aber schon nach 600 m wieder nach rechts verlassen (Ww. Brobyværk). Vorbei an einem hübsch gelegenen Rastplatz mit Blick auf den Arreskov Sø und nach ständigen kurzen Anstiegen – nun ohne Radmarkierung, da die Markierung 79 links abzweigt – durchfahren Sie *Ny Stenderup* (18 km) und biegen am Ortsende bei der *Trente Mølle*, einer Windmühle, links ab (Ww. Håstrup).

Wenn Sie sich den stattlichen Gutshof Østrupgård ansehen möchten, halten Sie sich an einer Straßengabelung unterhalb der Mühle – zu Ihrer Linken eine in ein Museum umgewandelte Wassermühle – nach links (Abstecher hin und zurück 2 km).

Sie steigen an auf einen Höhenrücken mit der Erhebung Trebjerg (128 m), die einen umfassenden Rundblick bietet (vom Rastplatz an der Straße führt ein Fußweg hinauf), und erreichen auf einer Gefällstrecke, mit Blick auf die Helnæs Bucht, den Ort *Håstrup* (22,5 km).

Durch den Ort fahren Sie geradeaus hindurch – nicht den Radmarkierungen 65 und 79 nach links folgen! –, halten sich am Ortsende nach rechts und erreichen *Faldsled* (26,5 km), einen gepflegt wirkenden kleinen Ort mit mehreren strohgedeckten Fachwerkhäusern und einem hübschen Dorfgasthof.

Wenn Sie eine Badepause einlegen möchten, wenden Sie sich am Kro nach rechts zum kleinen Hafen (Abstecher hin und zurück 500 m).

Der Durchgangsstraße folgen Sie in Richtung Fåborg, passieren am Ortsende die Abzweigung der Straße Strandparken, die zu einem weiteren Badeplatz führt, und biegen auf Höhe des zu einer Pension und einem Restaurant ausgebauten *Stensgård* rechts ab (30 km). Mit Blick auf die Helnæs Bucht und vorbei an zahlreichen Gehöften gelangen

Sie nach *Horne* (33,5 km), wo Sie sich auf der A 8 nach links halten, aber schon nach 150 m am Ortsrand wieder rechts abbiegen. Sie passieren die Kirche, deren zentraler Teil noch als einstige Rundkirche erkennbar ist, und folgen nun der Radmarkierung 8 durch den Ort *Bjerne*.

Am Ortsende fahren Sie auf einer links abzweigenden Straße (Ww. Fåborg), zu einer Straßenkreuzung, an der Sie sich nach links wenden und auf dem Bjernevej nach *Fåborg* gelangen (38 km). Sie stoßen auf eine Durchgangsstraße, folgen ihr nach rechts zu einem Kreisverkehr, den Sie auf der ersten abzweigenden Straße, der Havnegade, verlassen, und kehren zu Ihrem Ausgangspunkt am Hafen zurück.

Nützliche Informationen

Ausgangsort: Fåborg, kleine Hafenstadt (6000 E.) mit gut bewahrtem altem Stadtkern; im 18./19. Jh. wichtiger Umschlag- und Handelsplatz für Getreide aus dem Hinterland. Hotels, Campingplatz, JH (Tel. 62 61 12 03).
Anfahrt: E 20, Fredericia – Odense, Ausfahrt 51. Auf der A 43 nach Fåborg. Parkplatz am Hafen.
Etappen: Fåborg – Korinth 10,5 km – Håstrup 12 km (22,5 km) – Faldsled 4 km (26,5 km) – Horne 7 km (33,5 km) – Fåborg 6,5 km (40 km).
Einkehr unterwegs: Korinth (Kro, Café); Kaleko (Cafeteria im Mühlenmuseum); Faldsled (sehr gepflegter Kro mit Restaurant; Kiosk am Hafen); Stensgård (Restaurant in ehemaligem Herrenhof).
Bademöglichkeit: Bei Faldsled.
Sehens- und Wissenswertes: In Fåborg:
• *Museum für Fynsk Malerkunst*, Grønnegade 75, Kunstmuseum mit Werken dänischer Künstler; geöffnet Juni–Aug. täglich 10–17 Uhr, April, Mai, Sept., Okt. 10–16 Uhr, sonst 10–15 Uhr; Eintrittsgebühr.
• *Den gamle Gaard*, alter Hof im Zentrum, erbaut im Jahr 1725; vermittelt einen Einblick in das Leben in Fåborg im 18. und 19. Jh.; geöffnet Mitte Mai–Mitte Sept. täglich 10.30–16.30 Uhr; Eintrittsgebühr.
• *Gefängnis*, Torvet, Sammlungen zur Gefängnisgeschichte; geöffnet Anfang Juni–Anfang Sept. täglich 10–17 Uhr.
• *Kaleko Mølle*, strohgedeckte Wassermühle, deren älteste Teile aus dem 17. Jh. stammen; war bis 1912 in Betrieb und steht am ursprünglichen Platz zusammen mit dem Mühlenhof, der einen guten Eindruck vom Leben einer Müllerfamilie vor 100 Jahren vermittelt; Cafeteria; geöffnet Mitte Mai–Mitte Sept. täglich 10.30–16.30 Uhr; Eintrittsgebühr. • *Holstenshus*, einer der ältesten Herrenhöfe Fünens; heutige Gebäude nach Brand im Jahr 1909 erbaut. Nicht zugänglich. In der Umgebung gut erhaltene Trockensteinmauern. • *Trente Mølle*, Wassermühle, in Betrieb vom 17. bis zum Beginn des 20. Jh.; heute im Besitz des Staates, ganzjährig geöffnet; einfache Übernachtungsmöglichkeit; als zusätzliche Energiequelle wurde im Jahr 1872 eine Windmühle errichtet; nicht zugänglich.
• *Østrupgård*, malerischer Gutshof aus dem 15. Jh., Steinhaus mit Fachwerkflügeln, auf einer kleinen Erhebung gelegen, umgeben von Wasser; direkt daneben imposante Wirtschaftsgebäude (18. Jh.) mit Fachwerk und ausladendem Strohdach; Hof ist in Privatbesitz und nicht zugänglich. • *Horne-Kirche*, die einzige auf Fünen erhaltene Rundkirche (12. Jh.) diente im Mittelalter als Wehranlage, in die sich die Bevölkerung bei Angriffen zurückzog; Grundform durch gotische Anbauten und Renaissanceturm verändert; ursprüngliche Funktion jedoch noch an den 2 m dicken Wänden und Schießscharten zu erkennen. Geöffnet Mai–Aug. täglich 8–20 Uhr, sonst 9–13 Uhr.
Fahrradverleih: Storms Cykler, Færgevej 25A, Fåborg, Tel. 62 61 14 44 und Bjarnes Cykler, Svendborgvej 69, Fåborg, Tel. 62 61 24 61.
Auskunft: Turistbureau, Havnegade 2, DK-5600 Fåborg, Tel. 62 61 07 07.
Karte: Fyn, Langeland og Ærø, Blatt Süd, 1:100 000.

Seit dem 17. Jh. steht die Kaleko-Mühle unverändert und noch immer funktionstüchtig in einem kleinen Tal in der hügeligen Landschaft Südfünens.

25 Rund um Svendborg

Svendborg – Gudbjerg – Hesselagergård – Lundeborg – Svendborg

Tourencharakter: Ruhige Tour durch stark gegliederte, teils bewaldete Landschaft mit zahlreichen kurzen Anstiegen; fast durchgängig markiert; besonders die zweite Hälfte entlang des Meeres ist landschaftlich reizvoll.
Länge: 50 km.
Gesamtanstieg: 420 m.

»Her blev Danmark til« (Hier entstand Dänemark), mit dieser Aufschrift auf dem Gemeindeschild macht der Ort Gudme darauf aufmerksam, daß die intensiven archäologischen Ausgrabungen in den letzten Jahren ergaben, daß in dem Gebiet um Gudme und Lundeborg nördlich von Svendborg wahrscheinlich zwischen 400 und 800 n. Chr. das erste dänische Königreich bestand. Gut organisiert muß diese Gesellschaft gewesen sein, deren Könige in der sogenannten Königshalle residierten, einem 50 m langen und knapp 10 m breiten Holzbau, auf den Forscher bei Gudme stießen. Andere Funde belegen, daß Lundeborg damals schon ein gut angelegter Hafen war, von dem aus Handel betrieben wurde, was Kunstgegenstände, die aus dem südlichen Ausland stammen, beweisen. Wohlhabend war diese Gesellschaft, hat man doch zahlreiche Gegenstände aus Gold gefunden, wie z. B. die »Goldgubben«, kleine, in dünnes Goldblech geprägte Figuren, Goldringe und Silber, u. a. an einer einzigen Fundstelle mehr als 1 kg.

Die Pfostenlöcher der »Königshalle« in Gudme wurden mit Eichenpfosten markiert, auf andere Fundstellen wird durch Informationstafeln hingewiesen, und es ist geplant, eine ständige Ausstellung einzurichten.

Streckenbeschreibung

Vom Parkplatz in der Straße Dronningemaen fahren Sie in Richtung Hafen, biegen links ab in den Lerchesvej und steigen in der Overgade (Ww. Tved), anschließend auf dem Kongebakken an – linker Hand die Windmühle Christians Mølle – , passieren die Parkanlage Carolin-Amalie-Lund und halten auf dem Tvedvej, durch *Tved* hindurch, auf die Kirche zu (gut 3 km). Unmittelbar vor der Kirche biegen Sie links ab (Ww. Heldager) und steigen auf dem querlaufenden Sträßchen Brændeskovvej nach rechts stetig an. Vorbei an zahlreichen Einzelhöfen und durch das Waldgebiet Brændeskov gelangen Sie in die gleichnamige Ortschaft (8,5 km). Dort stoßen Sie auf die Radmarkierung 79, der Sie auf den nächsten 11 km bis Galdbjerg folgen.

Zunächst wenden Sie sich in *Brændeskov* nach rechts (Ww. Lakkendrup), durchfahren nach einigen jeweils markierten Links- und Rechtsabbiegungen den Wald von Gudbjerg (11 km) und erreichen auf einer schnurgeraden Straße in leichtem Auf und Ab den Ort *Gudbjerg* (14,5 km). Im Ort stoßen Sie auf eine breite Durchgangsstraße, auf der Sie nach links Gudbjerg verlassen, aber schon nach wenigen hundert Metern rechts abbiegen (Ww. Ørbæk) und durch offene Landschaft nach *Galdbjerg* gelangen (18 km).

Wenn Sie die Ausgrabungsstätte von Gudme besuchen wollen, biegen Sie in Gudbjerg nicht links ab auf die Durchgangsstraße, sondern überqueren diese und erreichen Gudme. Zugang zur Königshalle von den Parkplätzen bei den Gudme-Hallen südlich des Ortzentrums. Um auf die Radstrecke zurückzukehren, fahren Sie von Gudme auf schnurgerader Straße nach Hesselager, überqueren die B 163 und stoßen bei der Kirche auf die Radmarkierung 50 (Fortsetzung s. u.).

Etwa 1 km nach Galdbjerg biegen Sie rechts ab (19,5 km) – nicht weiter der Radmarkierung 79 geradeaus folgen! – und erreichen auf dem Galdbjerg Kohavevej den Ortsrand von *Hesselager* (21 km). Sie folgen der B 163, Nyborg – Svendborg, kurzzeitig nach rechts, wenden sich nach links (Ww. Vormark) und durchfahren den langgestreckten Ort. An der Kirche biegen Sie

Einer der architektonisch eigenartigsten Herrenhöfe ist der im 16. Jh. erbaute Hof Hesselagergård.

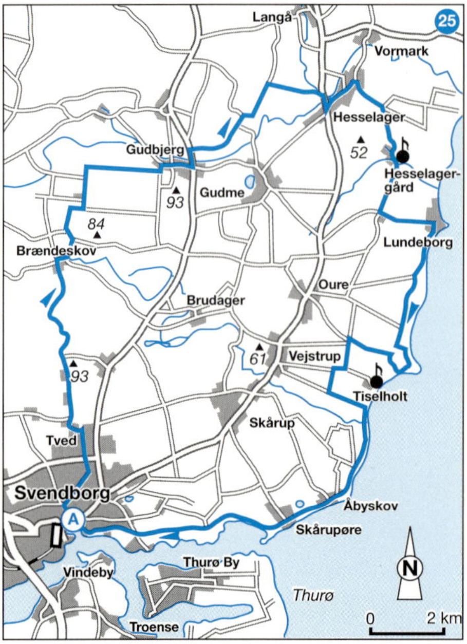

rechts ab (Ww. Hesselagergård) und folgen nun der Radmarkierung 50 bis Svendborg.

Zunächst gelangen Sie zum *Herrenhaus Hesselagergård,* einem seit dem 14. Jh. bekannten Gutshof, dessen gegenwärtiges Hauptgebäude, ein eindrucksvoller, seltsam hoher Backsteinbau, eines der frühesten Beispiele für die ab dem 16. Jh. auf Fünen entstandenen stattlichen Herrenhäuser ist. Das Haus ist für die Öffentlichkeit nicht zugänglich.

Sie passieren die Ausgrabungsstätte Egelygård (26,5 km) – hier wurden in einem Gräberfeld des 1. bis 3. nachchristlichen Jahrhunderts umfangreiche Funde gemacht – , halten sich an einer Straßenkreuzung nach links und erreichen den kleinen Hafenort *Lundeborg* (28,5 km), wo es am hübschen Hafen eine Einkehrmöglichkeit sowie einen Badestrand gibt.

Nach rechts fahren Sie durch den Ort hindurch, biegen an der Knarreborg Mølle links ab und halten sich an einer Kreuzung (31,5 km) geradeaus. Ein Schotterweg führt durch eine Obstplantage zu einer Ferienhaussiedlung mit Bademöglichkeit am Landvorsprung Elsehoved (33 km).

Auf einige hundert Meter Länge folgen Sie zunächst unmittelbar der Küstenlinie, entfernen sich dann aber auf einem Sträßchen wieder vom Wasser, denn Tiselholt, ein Herrenhaus aus dem 19. Jh., muß weiträumig umfahren werden. Dabei passieren Sie einen Dolmen sowie die Zufahrt nach Tiselholt, (Zugang mit Fahrrad erlaubt; Abstecher hin und zurück knapp 2 km), ehe Sie sich auf dem Strandvejen wieder zur Küste wenden.

Entlang der Küste und vorbei an zahlreichen Wochenend- und Ferienhäuschen kommen Sie über Åbyskov (41 km) und Skårupøre (42 km) an den Skårupøre Sund – linker Hand ist die Insel Thurø zu sehen. Während die markierte Radstrecke rechts abzweigt (45 km), auf mehrere hundert Meter Länge teilweise steil ansteigt (50 Höhenmeter) und auf einem geschotterten Rad- und Fußweg durch den Halling Skov an den Stadtrand von Svendborg führt, schlagen wir vor, auf der Küstenstraße zu bleiben.

Im Halling Skov steigen Sie an, erreichen auf einem Radweg entlang der Straße den Stadtrand und folgen dem Christiansmindevej und dem Havnevej zum Hafen. Ausgangs einer Linkskurve biegen Sie rechts ab in die Havnegade, auf der Sie in die Straße Dronningemaen gelangen und zurück zu Ihrem Ausgangspunkt.

Nützliche Informationen

Ausgangsort: Svendborg, geschäftige Handelsstadt (37 000 E.), am Sund zwischen Fünen und Tåsinge gelegen. Per Bahn erreichbar. Hotels, Campingplatz, JH (Tel. 62 21 66 99).

Anfahrt: E 20, Fredericia – Odense, Ausfahrt 49. Auf der A 9 in das Zentrum von Svendborg. Parkplatz nahe des Hafens in der Straße Dronningemaen.

Etappen: Svendborg – Brændeskov 8,5 km – Gudbjerg 6 km (14,5 km) – Hesselager 6,5 km (21 km) – Lundeborg 7,5 km (28,5 km) – Åbyskov 12,5 km (41 km) – Svendborg 9 km (50 km).

Einkehr unterwegs: In Hesselager (Kro); Lundeborg (Kro, Kiosk am Hafen); Skårupøre (Kiosk).

Bademöglichkeiten: Bei Lundeborg; etwa 5 km südlich von Lundeborg zwischen Åbyskov und Svendborg.

Waldbestände, auf Fünen zu einem Drittel Buchenwald, findet man vor allem in der Umgebung der Gutshöfe.

Sehens- und Wissenswertes: In Svendborg: • *Zoologiske Museum*, Dronningemaen 30, Ausstellung von dänischen Vögeln, Säugetieren und Insekten; geöffnet April–Sept. täglich 9–17 Uhr, sonst Mo–Fr. 9–16, So. 10–16 Uhr. • *Svendborg og Omegns Museum Viebæltegård*, Grubbemøllevej 13, Sammlungen zu Vorgeschichte und Altertum auf Südfünen, untergebracht im Armenhaus aus dem 19. Jh., arbeitende Werkstätten; geöffnet Mitte Juni–Mitte Okt. täglich 10–17 Uhr, Mai–Mitte Juni 10–16 Uhr, sonst 13–16 Uhr. • *Anne Hvides Gård*, Fruestræde 3, ältestes weltliches Gebäude (1560) in Svendborg, eingerichtet im Stil des 18. und 19. Jh.; geöffnet Mitte Juni–Mitte Okt. täglich 10–17 Uhr, Mai–Mitte Juni 10–16 Uhr. • *Ovnmuseum*, Vestergade 45, zeigt die Geschichte der Gießerei Lange & Co und eine Ofensammlung; geöffnet Mitte Juni–Ende Aug. täglich 10–17 Uhr.
Fahrradverleih: Sydfyns Surf- og Cykeludlejning, Mølmarksvej 98, Svendborg, Tel. 62 21 03 71; Hotel Svendborg, Centrumpladsen, Svendborg, Tel. 62 21 17 00.
Auskunft: Sydfyns Turistbureau, Centrumpladsen, DK-5700 Svendborg, Tel. 62 21 09 80.
Karte: Fyn, Langeland og Ærø, Blatt Süd, 1:100 000.

26 Auf der Insel Tåsinge

Vindeby – Bregninge – Vornæs Skov – Bjerreby – Lundby – Troense – Vindeby

Tourencharakter: Einfache Tour ohne nennenswerte Anstiege in leicht gewellter Landschaft; meist auf schmalen, ruhigen Straßen; nur wenige Kilometer markiert.
Länge: 34 km.
Gesamtanstieg: 150 m.

Nur durch den schmalen Svendborg Sund ist die kleine Insel Tåsinge von Fünen getrennt und war bis 1966 nur durch Fähren erreichbar. Doch seit die Brücke über den Sund dem Verkehr übergeben wurde, ziehen die meisten Reisenden die Anfahrt mit dem Auto vor. Und nicht wenige sind es, die im Sommer den Weg hierher finden, gibt es doch hier eines der wenigen für die Öffentlichkeit zugänglichen prachtvollen Herrenhäuser, Valdemarsslot, und den hübschen Hafenort Troense, einst Heimathafen vieler Segelschiffe und Standort mehrerer Werften, heute eines der »Bilderbuchdörfer« Dänemarks,

Selbst die Wirtschaftsgebäude des Valdemarsschlosses wirken noch beeindruckend.

in dem nicht weniger als 20 Fachwerkhäuser unter Denkmalschutz stehen.

Bekannt wurde Troense auch durch die Tragödie um die Seiltänzerin Elvira Madigan, mit bürgerlichem Namen Hedvig Jensen, und den schwedischen Grafen und Dragonerleutnant Sixteen Sparre, die aus Schweden fliehen mußten, da ihre Verbindung nicht standesgemäß war und nicht akzeptiert wurde. Sie suchten Zuflucht in Svendborg, von wo aus sie nach Troense auf Tåsinge kamen. Doch im Jahre 1889 waren die Probleme wohl so gravierend geworden, daß sie beide im nahegelegenen Nørreskov Selbstmord begingen. Begraben sind sie auf dem Friedhof bei der Kirche von Landet, wo es Brauch wurde, daß eine dort getraute Braut ihren Brautstrauß Elvira aufs Grab legt. Offensichtlich ein bewegendes Thema, dem sogar Mozart ein Klavierkonzert gewidmet hat und das 1967 von einem schwedischen Regisseur verfilmt wurde. Auch die lokalen Museen nehmen sich des Themas an und vermitteln weitere Informationen.

Streckenbeschreibung

Vom Bootshafen in Vindeby steigen Sie auf dem Bregningevej durch den Ort an zur A9, Svendborg – Rudkøbing, und folgen ihr auf einem Radweg in Richtung Rudkøbing nach *Bregninge* (3 km), wo Sie gegenüber dem Bregninge Kro, einem über 100 Jahre alten Dorfkrug, nach links ansteigen (Ww. Gammel Nyby, Tåsinge Museum) auf den *Bregninge Kirkebakke* (72 m), von dem aus man angeblich auf 30 bis 40 Inseln und 65 Kirchen blicken kann. Gegenüber der Kirche

(3,5 km) liegt das Skipperhjem Museum, einige Meter weiter die Bregninge Mølle, eine ehemalige Windmühle mit Café.

Auf demselben Weg kehren Sie zur A9 zurück, folgen ihr 50 m nach links und biegen rechts ab in Richtung Vornæs. Zwischen Wiesen und Feldern gelangen Sie in nahezu flacher Landschaft auf einer schnurgeraden Straße zu den Gehöften von *Nørre Vornæs* (8 km), bei denen Sie rechts abbiegen auf den schmalen Vornæs Skovvej und zwischen Hecken den Vornæs Skov erreichen. Unweit der Küste umrunden Sie im Wald – ein kurzer Abstecher nach rechts führt zu einem Badeplatz – bzw. entlang des Waldrands diesen Landvorsprung, auf dem es zahlreiche Grabhügel gibt, passieren einige am Ufer stehende Gehöfte und stoßen auf eine Querstraße (12,5 km). Hier wenden Sie sich nach rechts (Ww. Skovballe) und überqueren einen Damm, der eine als Vogelschutzgebiet ausgewiesene Förde vom Meer abtrennt. Sie gelangen zu einem Linksknick der Straße (15 km) und wenig später auf einer Rechtsabzweigung nach *Skovballe* (16 km).

Im Ort folgen Sie einer Querstraße, die nach rechts zur Küste führt und dann nach links abknickt. Ein hier geradeaus führender Waldweg endet an einem weiteren Badeplatz am kleinen Hafen von Skovballe. Der Straße folgen Sie weiter zu einer Straßenabzweigung – wenn Sie einen Bauernhof mit Kühen, Ziegen, Schafen und Schweinen besichtigen möchten, biegen Sie hier nach links ab zum Hof der Fam. Møller, Søbyvej 3 – und passieren das NSG Monnet.

Dieses Strandwiesengebiet war seit jeher nur Weidegebiet, auf dem sich viele selten gewordene Pflanzenarten erhalten haben sowie zahlreiche Vögel nisten.

Die Straße bringt Sie nach *Vårø*, einem gut erhaltenen Dorf, wo Sie nach links abbiegen auf den Vårøvej, der zur Kirche im leicht erhöht gelegenen Ort *Bjerreby* führt (22 km). Sie halten sich geradeaus (Ww. Lundby, Svendborg), erreichen auf einer schnurgeraden Straße das Straßendorf *Lundby* (24 km) und überqueren am Ortsende die A9 in Richtung Troense (ab jetzt Radmarkierung 8 auf etwa 7 km Länge bis Troense).

Wenn Sie einen Abstecher zur Kirche von

Im ehemaligen Schulhaus von Troense ist ein Seefahrtsmuseum untergebracht, das über die Zeit informiert, als Troense wichtiger Anlegeplatz für Segelschiffe war.

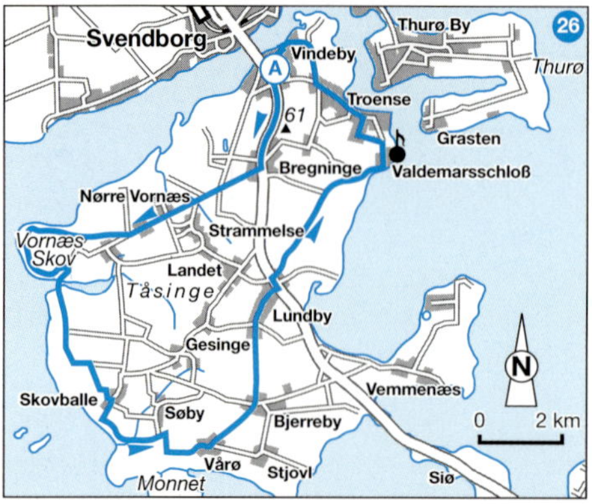

Landet machen wollen, wo sich das Grab von Elvira Madigan und Sixteen Sparre befindet, folgen Sie der A 9 nach links und biegen erneut nach links ab (Abstecher hin und zurück 2 km).

Sie durchqueren den Nørreskov und passieren die Ambrosius-Eiche, mit einem Alter von 700 Jahren einer der ältesten Bäume Dänemarks. Den Namen erhielt die Eiche, weil ein Schreiber namens Ambrosius Stub, der in der Mitte des 18. Jh. auf Valdemarsslot tätig war, es liebte, unter der Eiche zu sitzen und zu lesen. Auf einer Allee entlang der Küste erreichen Sie das *Valdemarsschloß* (29,5 km), das besichtigt werden kann und in dem sich mehrere Einkehrmöglichkeiten für eine Pause anbieten.

Durch den Schloßhof und auf einer Allee fahren Sie in Richtung Troense weiter, biegen nach wenigen hundert Metern in einem leichten Linksknick der Allee links ab auf die Præsteallé und gelangen am Søfartsmuseum auf Höhe des Hafens in die Ortmitte von *Troense* (31 km). Der Hauptstraße mit den zahlreichen Fachwerkhäusern folgen Sie nach links entlang der Küste und biegen gegen Ortsende nach rechts ab auf eine Allee (Ww. Vindeby) – die Radmarkierung 8 führt geradeaus weiter –, die auf die Nordküste der Insel zuführt. Am Ortsbeginn von *Vindeby* schwenkt die Straße nach links ab und führt zu Ihrem Ausgangspunkt am Hafen.

Nützliche Informationen

Ausgangsort: Vindeby, kleine Ortschaft mit Hafen am Svendborg Sund, gegenüber von Svendborg. Campingplatz, nächster Gasthof in Troense, nächste JH in Svendborg (Tel. 62 21 66 99).

Anfahrt: Von Odense (Fünen) auf der A 9 über Svendborg auf die Insel Tåsinge. Gleich nach der Brücke über den Svendborgsund links abbiegen nach Vindeby und sofort wieder nach links zum Parkplatz am Bootshafen.

Etappen: Vindeby – Bregninge 3 km – Nørre Vornæs 5 km (8 km) – Vårø 12 km (20 km) – Lundby 4 km (24 km) – Valdemarsslot 5,5 km (29,5 km) – Vindeby 4,5 km (34 km).

Einkehr unterwegs: Kro in Bregninge; Café in der Windmühle bei Bregninge Kirke; Restaurant, Cafeteria und Teepavillon (mit Aussicht über das Meer) im Valdemarsslot; in Troense Restaurant Lodskroen (Blick auf Svendborg Sund) sowie Kaffeestube im Det Lille Hotel (mit Garten).

Bademöglichkeiten: Beim Vornæs Skov; bei Skovballe.

Sehens- und Wissenswertes: • *Skipperhjem Museum*, bei der Kirche von Bregninge; zeigt, wie ein Seemann zwischen 1820 und 1840 lebte; geöffnet Mitte Juni–Mitte Aug. täglich 10–18 Uhr, Mitte Mai–Mitte Juni und Mitte Aug.–Ende Aug. täglich 10–15.30 Uhr. • *Valdemarsslot*, zwischen 1639 und 1644 von König Christian IV. für seinen Sohn Valdemar erbaut, spätbarockes Schloß mit vornehmer Rokoko-Ausstattung und Sammlungen von Kunstschätzen, interessant ist ein Rundgang durch das Schloß, dessen größter Teil für Besucher zugänglich ist; geöffnet Mai–Sept. täglich 10–17 Uhr, April und Okt. nur Sa. und So. 10–17 Uhr. • *Søfartsmuseum*, Strandgade in Troense, untergebracht im alten Schulhaus von 1790, informiert über Fünen zur Zeit der Segelschiffe; geöffnet Mai–Sept. täglich 9–17 Uhr, Okt.–April Mo.–Fr. 9–17 und Sa. 9–12 Uhr.

Fahrradverleih: P.M. Larsen, Strandgade 53, Troense, Tel. 62 22 58 75 und Fam. Eriksen, Det Lille Hotel, Badstuen, Troense, Tel. 62 22 53 41 oder in Svendborg (s. Tour 25).

Auskunft: Sydfyns Turistbureau, Centrumpladsen, DK-5700 Svendborg, Tel. 62 21 09 80.

Karte: Fyn, Langeland und Ærø, Blatt Süd, 1:100 000.

27 Auf der Insel Langeland

Rudkøbing – Spodsbjerg – Schloß Tranekær – Rudkøbing

Tourencharakter: Einfache Tour durch welliges, teilweise mit Wald bestandenes Gelände; vorwiegend auf schmalen Straßen, wenige Kilometer auch auf Schotter; zahlreiche, aber nur geringe Steigungen.
Länge: 45 km.
Gesamtanstieg: 270 m.

Langeland – der Name beschreibt schon treffend die Form der Insel. Der Länge nach zieht sich auch die Hauptstraße in nord-südlicher Richtung wie ein Rückgrat durch die Insel. Von ihr gehen Sträßchen ab zur Küste, die jedoch auffällig unbesiedelt ist. Die meisten Dörfer liegen im Inselinneren. Die Angriffe der in Norddeutschland ansässigen Wenden seien der Grund gewesen, so heißt es, daß die Inselbewohner es vorzogen, zwischen ihrem Hof und der Küste einen »Sicherheitsabstand« in Form eines Streifen Waldes stehenzulassen. Denn bis zum Mittelalter war Langeland zum größten Teil bewaldet. Heute überwiegen in der hügeligen Moränenlandschaft Ackerflächen und Wiesen, dazwischen liegen Einzelgehöfte, von denen um 1800 mehr als die Hälfte zum Gutshof Tranekær gehörten: 447 Höfe und 688 Häuser machten den Gutshof zu einem der größten des Landes. Das Schloß Tranekær, um 1200 als Wehrburg erbaut mit Gräben, Wällen und bis zu 3 m starken Wänden und bis ins 15. Jh. eine der wichtigsten Burgen des Landes, vermittelt auch heute noch, nach umfangreichen Umbauarbeiten im 18. Jh., den Eindruck von Macht.

Der Hauptort der Insel ist Rudkøbing, seit dem Mittelalter eine Marktstadt. Normalerweise bedeutete das, daß nur hier Markt abgehalten und Handel getrieben werden durfte. Auf Langeland jedoch hatten die Bauern selbst das Recht, ihre Waren direkt zu verkaufen und zu exportieren, was dazu führte, daß Rudkøbing sich als Handelsstadt nie sonderlich entwickelt hat.

Streckenbeschreibung

Vom Hafen in Rudkøbing folgen Sie der Brogade in die Stadtmitte, passieren den Marktplatz und erreichen durch die Fußgängerzone Østergade, anschließend auf dem Jens Winthers Vej – hier befindet sich das Langelands Museum – und dem Humblevej den Stadtrand. Ab jetzt folgen Sie der Radmarkierung 82. Wenig später unterqueren Sie auf einem Radweg die B 305, Rudkøbing – Bagenkob, steigen nach Ny Skrøbelev (3 km) an und biegen an der Kirche rechts ab auf den Skrøbelev Hedevej. Durch Torpe (4,5 km) hindurch erreichen Sie auf dem Fuglsbøllevej kurz vor Fuglsbølle die Abzweigung (6,5 km) nach Sønder Longelse. Während die Radmarkierung 82 geradeaus nach Fuglsbølle führt, wenden Sie sich nach links, durchfahren *Sønder Longelse* (7,5 km) und halten sich an einem Lebensmittelgeschäft nach rechts (Ww. Illebølle). Nach wenigen hundert Metern stoßen Sie auf die Radmarkierung 83, der Sie nun geradeaus auf die Küste zu und auf den nächsten 18 km bis Botofte folgen.

Auf einem parallel zur Küste verlaufenden Schotterweg steigen Sie nach links leicht an, halten sich an einer Weggabelung (10,5 km) nach rechts und gelangen, mit Blick auf den Langelandsbelt, zunächst zur Feriensiedlung *Drejet*. Vorbei an den wenigen Ge-

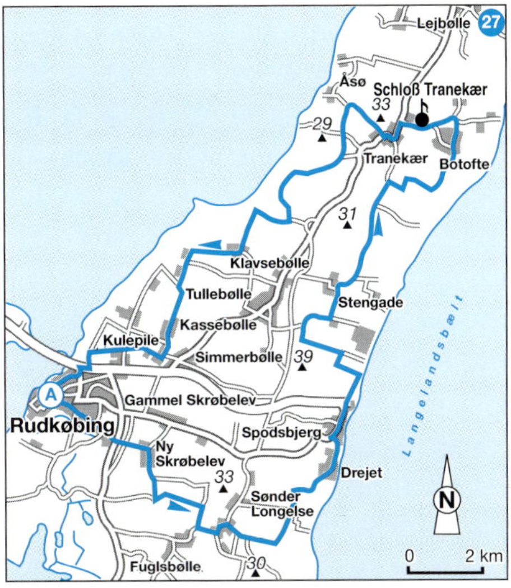

Daß die meisten Bauernhöfe in Dänemark heute Einzelhöfe sind, ist eine Auswirkung der um 1800 durchgeführten Bodenreform.

bäuden von Gammel Spodsbjerg erreichen Sie das moderne *Spodsbjerg* (12,5 km) mit einem ausgedehnten Bootshafen.

Sie überqueren die A9, Spodsbjerg – Rudkøbing, und folgen einem Schotterweg entlang der Küste. Nach 1 km geht der Weg in ein Sträßchen über, das nach mehreren Rechts- und Linksabzweigungen an *Løkkeby* (17,5 km), an *Stengade* (19 km) und an einem Gehöft mit einer Scheune zum Trocknen von Tabak sowie einer Ausstellung zum Tabakanbau in Dänemark vorbeiführt (21 km).

Durch das Waldgebiet Bukkeskov gelangen Sie nach *Botofte* (25,5 km), halten sich am Ortsrand nach rechts und umfahren den Ort in einem weiten Linksbogen. Während die Radmarkierung 81 rechts abzweigt (26,5 km), folgen Sie nun nach links der Radmarkierung 80 bis kurz vor Rudkøbing.

Eine kurvenreiche Straße führt zum *Schloß Tranekær* (18 km) und durch das gleichnamige Dorf. Wegen der schönen Fachwerkhäuser lohnt es sich, auf der Dorfstraße zu bleiben, obwohl die markierte Radstrecke am Dorfrand die kürzere ist. Nach einer langgezogenen Rechtskurve im Ort biegen Sie rechts ab, stoßen nach wenigen Metern wieder auf die Radmarkierung, folgen ihr durch den Åso Skov sowie den Ravnebjerg Skov und passieren den Dolmen Kong Renes Høj (32 km). Wenig später durchfahren Sie den Pæregård Skov und erreichen auf dem links abzweigenden Snage Skovvej den Weiler *Klavsebølle* (36,5 km) – an der Linksabzweigung geradeaus gelangen Sie zu einem Badeplatz.

Die schmale Landstraße führt in sanftem Auf und Ab nach *Kassebølle* (40,5 km), wo Sie einer querlaufenden Straße mit der Radmarkierung 8 nach rechts durch *Kulepile* (42 km) hindurch folgen. An einem Gehöft am Ortsrand endet die Straße. Ein asphaltierter Fuß- und Radweg führt nach links weiter

Vor allem an den Küsten der fünischen Inseln entwickelten sich Städte wie Rudkøbing, da bis zum Bau von Eisenbahn und Straßennetz im 19. Jh. die meisten Güter per Schiff transportiert wurden.

und mündet in *Peløkke* in eine querlaufende Straße, der Sie zur A9 folgen. Auf ihr fahren Sie nach rechts bis kurz vor die Brücke nach Siø bzw. Tåsinge, biegen auf den Ringevejen links ab und kehren auf der Havnegade zu Ihrem Ausgangspunkt zurück.

Nützliche Informationen

Ausgangsort: Rudkøbing, in der Wikingerzeit gegründete Stadt, in der sich einige alte Gebäude und Handelshöfe aus dem 18. und 19. Jh. erhalten haben. Hotels, Campingplätze, JH (Tel. 62 51 18 30).
Anfahrt: Von Odense (Fünen) auf der A9 über Svendborg nach Rudkøbing auf der Insel Langeland. Am Stadtrand von Rudkøbing biegen Sie nach rechts auf den Ringevejen ab und erneut nach rechts auf die erste Rechtsabzweigung, die Havnegade. Parkmöglichkeiten am Hafen.
Etappen: Rudkøbing – Sønder Longelse 7 km –Spodsbjerg 5,5 km (12,5 km) – Stengade 6,5 km (19 km) – Tranekær Slot 9 km (28 km) – Klavsebølle 8,5 km (36,5 km) – Rudkøbing 8,5 km (45 km).
Einkehr unterwegs: Kro in Ny Skrøbelev; Hotel und Cafeteria in Spodsbjerg; Café und Kro in Tranekær.
Bademöglichkeiten: Bei Drejet; weitere Badeplätze nur über Abstecher von 1–2 km zu erreichen bei Botofte, Åsø und im Pæregård Skov.
Sehens- und Wissenswertes: In Rudkøbing: • *Det gamle Apotek*, Brogade 15, alte Apotheke mit Labor; geöffnet Mitte Juni–Ende Aug. Mo.–Fr. 12–17 Uhr. • *Langelands Museum*, Jens Winthersvej 12, lokalhistorisches Museum mit Schwerpunkt Vorgeschichte; geöffnet Juni–Aug. Mo.–Do. 10–16 Uhr, Fr. 10–14, Sa. und So. 10–16, sonst gleiche Zeiten, nur Sa. geschlossen.
• *Tranekær Slotsmølle*, 1 km nördlich von Schloß Tranekær, in der Windmühle von 1846 Ausstellung zur Kulturgeschichte des Mühlenhandwerks; geöffnet Mitte Mai–Ende Sept. Mo.–Fr. 10–17 Uhr, So. 13–17 Uhr.
• *Tranekær Schloßmuseum*, Museum zur Geschichte von Schloß Tranekær: geöffnet Mitte Mai–Ende Sept. Mo.–Fr. 10–17 Uhr, So. 13–17 Uhr. Das Schloß selbst ist nicht zugänglich, nur der Park. Dort sind Kunstobjekte aufgestellt durch das Kunstcenter TICKON.
Fahrradverleih: Skudehavn, Havnegade, Rudkøbing, Tel. 62 51 46 00, und Peter Hagh, Ørstedsgade 4, Rudkøbing, Tel. 62 51 11 08.
Auskunft: Langelands Turistforening, Torvet 5, DK-5900 Rudkøbing, Tel. 62 51 35 05.
Karte: Fyn, Langeland und Ærø, Blatt Süd, 1:100 000.

28 Die Insel Ærø

Søby – Marstal – Ærøskøbing – Søby

Tourencharakter: Anstrengende Tour mit zahlreichen Anstiegen; vorwiegend auf schmalen Straßen, kurzzeitig auch auf Schotterwegen und Durchgangsstraßen; durchgängig markiert; zahlreiche Bademöglichkeiten; Abkürzungen jederzeit möglich.
Länge: 59 km.
Gesamtanstieg: 400 m.

Ærø, eine Insel, die von der Größe her ideal ist, um an einem Tag per Rad umrundet zu werden – ein Unternehmen, das auch viele Radfahrer reizt –, führt die gut markierte Rundstrecke doch durch eine abwechslungsreiche, unbewaldete Landschaft mit fruchtbaren Feldern und gepflegten Gärten, auf die Höhen des zentralen Hügelrückens, der bis auf 68 m ansteigt und von dem sich weite Ausblicke bieten, vorbei an gut erhaltenen Windmühlen und schönen Sandstränden, aber vor allem zu zwei Städten, die einen Besuch wert sind.

»Märchenstadt« nennt sich die Stadt, die ganz oben auf der Liste der dänischen Sehenswürdigkeiten steht: Ærøskøbing. Der Grund dafür ist das gut erhaltene Stadtbild dieser alten Marktstadt: eng und gepflastert sind die Sträßchen, niedrig, bunt gestrichen die Fachwerkhäuser der Schiffer, Kaufleute und Kapitäne, die, wie manche Hausnamen verraten, bis nach Amerika gesegelt waren, um Handel zu treiben. Einige der unter

Denkmalschutz stehenden Häuser stammen noch aus dem 17. Jh., die Mehrzahl aus dem 18. und 19. Jh. Bis Mitte des 19. Jh. gehörte die Insel Ærø verwaltungsmäßig zum Herzogtum Schleswig, und Ærøskøbing betrieb deshalb vor allem Handel mit diesem in Südjütland gelegenen Landesteil. Als Ærø im Jahr 1864 in den Kreis Fünen eingegliedert wurde, stagnierte die Entwicklung der Stadt, so daß die meisten Häuser unverändert erhalten blieben.

Die schönsten Straßen sind die Vestergade, die zum Fährhafen führt, die Søndergade, die den Marktplatz passiert, die Brogade und Smedegade. Im Touristenbüro ist ein Faltbalt mit Stadtplan und Beschreibungen der schönsten Gebäude der Stadt erhältlich.

Die zweite Stadt auf der Insel ist Marstal, eine alte Seefahrerstadt, in der auch heute noch die Schiffahrt die wichtigste Rolle spielt. Alle Straßen führen zum Hafen, wo sich die Häuser der Seeleute befanden und wo heute das Seefahrtsmuseum über die Glanzzeit der Stadt informiert. Im 19. Jh. war Marstal der Heimathafen von rund 300 Schonern, die sowohl nach Amerika als auch nach Asien segelten. Auch heute noch liegen hier ca. 60 Frachtschiffe, was einem Fünftel der gesamten dänischen Küstenflotte entspricht. Geschützt ist der Hafen durch eine ca. 1 km lange Mole, die die Seeleute im Jahr 1825 in eigener Initiative erbauten, nachdem ein Gesuch an den König abgeschlagen worden war.

Streckenbeschreibung

Von der Fähranlegestelle in Søby wenden Sie sich auf dem Havnevejen nach rechts und folgen nun auf 30 km Länge der Radmarkierung 91 bis Marstal an der Ostspitze der Insel.

In Søby passieren Sie eine Bootswerft, steigen im Ort nach links an, vorbei an einer strohgedeckten Windmühle, und folgen zunächst der Ausschilderung »Camping« zur Südküste. Sie fahren entlang einem Deich, der seit Ende des 18. Jh. eine einstige Förde vom Meer abtrennt, heute noch ein von Wasser durchzogenes Gelände, in dem die Vitsø Mølle steht (2,5 km), eine holländische

Pumpenmühle. Die Straße entfernt sich von der Küste und führt zwischen Wiesen und Feldern in stetem Auf und Ab nach *Bregninge* (8,5 km).

Im Dorf halten Sie sich auf der Insel-Durchgangsstraße nach rechts, biegen 100 m vor dem Dorfkrug rechts ab – geradeaus gelangen Sie zur Bregninge Kirche, einer romanischen Kirche mit gotischen Anbauten und gut erhaltenen Kalkmalereien (um 1500) – und erreichen, abwechselnd auf Sträßchen und Schotterwegen, nach mehreren Links- und Rechtsabbiegungen das Straßendorf *Voderup* (13 km).

Ein Schotterweg (Ww. Voderup Klint) führt zu einem Rastplatz an der hier 30 m hohen Küste *Voderup Klint* (Abstecher hin und zurück 1 km). Hier lagerte sich, als das Land in einer Zwischeneiszeit (95 000–70 000 v. Chr.) von Wasser bedeckt war, Lehm ab, in dem besonders viele Schalen der Austernart Cyprina enthalten sind. Dieser Lehm rutscht langsam ins Meer, so daß mächtige Terrassen entstanden sind. Ein Fußweg führt über die Terrassen zum Strand.

Auf ständig ansteigenden und wieder fallenden Sträßchen und Schotterwegen folgen Sie weiterhin der Radmarkierung in geringer Entfernung zur Küste, zu der immer wieder Abstecher möglich sind. Südlich von Store Rise passieren Sie zwei Dolmen (19,5 und 22,5 km), erreichen wieder die Küste (23,5 km) und wenig später die Insel-Durchgangsstraße, der Sie nach rechts in Richtung Marstal folgen (kein Radweg). Die Straße verläuft hier auf einem Deich zwischen dem Meer und der feuchten, 1–1,5 m unterhalb des Meeresniveaus gelegenen Senke Gråsten Nor, ursprünglich ein Meeresarm, der die Insel in zwei Teile trennte. Bis zum Bau des Deichs Mitte des letzten Jahrhunderts war die Stadt Marstal nur durch eine Furt mit dem übrigen Teil der Insel verbunden (guter Badestrand an der Küste).

Ehe die Straße anzusteigen beginnt, biegen Sie links ab (26 km; Ww. Rosnæs), durchfahren *Græsvænge* (28,5 km) und steigen auf mehrere hundert Meter Länge an, ehe Sie erneut auf die Insel-Durchgangsstraße stoßen und auf ihr in die malerische Altstadt von *Marstal* gelangen (30,5 km).

Auf der Bondebygade und auf dem kurvenreichen Ommelvejen – hier beginnt die Radmarkierung 92, der Sie bis Ærøskøbing folgen – verlassen Sie Marstal wieder, erreichen entlang der Nordostküste den Ort *Ommel* (33 km), wo Sie links abbiegen nach *Kragnæs* (35 km). Von hier können Sie einen kurzen Abstecher machen zu einem Ganggrab aus der Zeit um 2000–3000 v. Chr., dessen Grabkammer etwa 8×2 m groß ist.

Am Ortsende beginnt ein Schotterweg, der durch ein Feuchtgebiet – der nördliche Teil des einstigen Meeresarms – zur Küste führt und kurzzeitig auf einem Deich verläuft. Nach ca. 1 km Anstieg stoßen Sie in *Lille Rise* (39,5 km) auf eine breite Straße, auf der Sie einen Rastplatz an einem Aussichtspunkt passieren, der einen umfassenden Rundblick bietet, u. a. auf die Insel Tåsinge im Nordosten. Nach einer bequemen Abfahrt erreichen Sie *Ærøskøbing* (42,5 km) mit seinen zahlreichen Fachwerkgebäuden in den gepflasterten Straßen der Altstadt.

Sie verlassen Ærøskøbing – jetzt Radmarkierung 90 bis Søby –, fahren an der Küste unmittelbar an einem Deich entlang, durch *Borgnæs* (46,5 km) hindurch und steigen zwischen einigen Hügeln – die höchste Erhebung ist hier der Synneshøj mit 68 m – auf mehrere hundert Meter Länge an. Vorbei an teilweise schön gelegenen und stattlichen Bauernhöfen halten Sie, gelegentlich auf ei-

Bis zu 30 m hoch ist die Steilküste Voderup Klint, wo tonige Ablagerungen abgerutscht sind und natürliche Terrassen bilden.

«Dukkehuset«, Puppenhaus, wird das winzige, um 1700 erbaute Häuschen in der Smedegade von Ærøskøbing genannt, in dem angeblich sogar zwei Familien gewohnt haben sollen.

nem Schotterweg, auf Skovby zu und biegen nochmals zur Küste ab, wo Sie eine Badepause einlegen können (52 km).

Nach einem längeren Anstieg folgen Sie in *Skovby* (54 km) einer kurvenreichen Querstraße nach rechts, die an einzeln stehenden Bauernhöfen vorbei und durch mehrere Weiler hindurchführt, ehe Sie, nach leichtem Auf und Ab, wieder nach Søby und zur Fähranlegestelle gelangen.

Nützliche Informationen

Ausgangsort: Søby, Fährhafen und Fischerort mit kleiner Schiffswerft; an der westlichen Spitze der Insel gelegen. Kro, Campingplatz; nächste JH in Marstal (Tel. 62 53 19 60) und Ærøskøbing (Tel. 62 52 16 44).
Anfahrt: E 20 nach Odense auf Fünen, A 43 nach Fåborg. Parkmöglichkeiten am Hafen in Fåborg. Fähre von Fåborg, Dauer 60 Min., Tel. 62 61 14 88. Die Überfahrt muß unter Angabe der Autonummer vorgebucht werden. Andere Fährverbindungen: Rudkøbing – Marstal; Tel. 62 53 17 22; Svendborg – Ærøskøbing; Tel. 62 52 10 18; Mommark – Søby; Tel. 62 58 17 17; alle Fähren verkehren im Sommer mehrmals täglich.
Etappen: Søby – Bregninge 8,5 km – Voderup Klint 4,5 km (13 km) – Marstal 17,5 km (30,5 km) – Ærøskøbing 12 km (42,5 km) – Skovby 11,5 km (54 km) – Søby 5 km (59 km).
Einkehr unterwegs: Bregninge Kro; Kiosk am Bauernhof (23 km) an der Erhebung Kalvehave; Marstal (Restaurants, Cafés); Ommel (Kro); Ærøskøbing (Restaurants, Cafés); Borgnæs (Motel).
Bademöglichkeiten: Søby; zahlreiche Möglichkeiten entlang der Südküste; bei Marstal; Vesterstrand nördlich von Ærøskøbing; bei Borgnæs; bei Skovby.
Sehens- und Wissenswertes: • *Søfartsmuseum* in Marstal, am Hafen; täglich geöffnet im Mai und Okt. 10–16 Uhr, Juni und August 9–17 Uhr, Juli 9–21 Uhr, Okt.–April Mo.–Fr

10–16 Uhr. In Ærøskøbing: • *Flaschenschiffsammlung*, Smedegade 22, rund 1700 Buddelschiffe, ausgestellt im ehemaligen Armenhaus; geöffnet täglich 10–16 Uhr. • *Ærø Museum*, Brogade 3–5, kulturgeschichtliche Sammlung zur Seefahrt und Landwirtschaft; geöffnet Mitte Mai–Mitte Aug. täglich 10–16 Uhr.
Fahrradverleih: Cykelforretning, Søby, Tel. 62 58 18 42.
Auskunft: Søby Turistbureau, Havnen, DK-5985 Søby Ærø, Tel. 62 58 13 88.
Karte: Fyn, Langeland og Ærø, Blatt Süd, 1:100 000.

Mehrtägige Rundtour auf Südfünen und den fünischen Inseln

Länge: Ca. 170 km; bei Übernachtung in Jugendherbergen Einteilung in fünf angenehme Tagesetappen möglich.
Ausgangs- und Endpunkt: Fåborg *(s. Tour 24).*
Tourencharakter: Nicht immer ganz mühelose, meist markierte Rundtour durch die hügelige, reizvolle Landschaft von Südfünen und über die Inseln Tåsinge, Langeland und Ærø; vorbei an idyllischen Dörfern, stattlichen Herrenhöfen, zwei zugänglichen Schlössern sowie durch einige der alten Handelsstädte mit Fachwerkhäusern; zahlreiche Bademöglichkeiten.
Unterkunftsmöglichkeiten: JH Fåborg, Tel. 62 61 12 03; JH Ringe, Tel. 62 62 21 51; JH Svendborg, Tel. 62 21 66 99; JH Rudkøbing, Tel. 62 51 18 36; JH Marstal, Tel. 62 53 10 64; JH Ærøskøbing, Tel. 62 52 10 44. In den genannten Orten gibt es auch Campingplätze sowie Hotels.
Wegverlauf: *1. Tag:* 30 km. Von Fåborg auf der reg. Route 51 über die Kaleko Mølle *(s. Tour 24),* Korinth, Herrenhof Brahetrolleborg nach Ringe *(s. Tour 23).*
2. Tag: 32 km. Von Ringe auf der reg. Route 55 über das für die Öffentlichkeit zugängliche Wasserschloß Egeskov *(s. Tour 23)* nach Svendborg am Svendborgsund.
3. Tag: 35 km. Auf der Nat. Route 8 über die Brücke zur Insel Tåsinge mit dem malerischen Hafenstädtchen Troense und dem zugänglichen Valdemarsschloß, weiter nach Bregninge *(jetzt ohne Markierung, s. Tourenbeschreibung 26)* zur Südspitze der Insel und auf der Nat. Route 8 über die Brücke nach Rudkøbing auf der Insel Langeland.
4. Tag: 45 km. Von Rudkøbing auf Landstraßen zum Hafen Spodsbjerg und Schloß Tranekær mit Park und Museum und zurück nach Rudkøbing *(s. Tour 27).*
5. Tag: 30 km. Mit der Fähre von Rudkøbing nach Marstal auf der Insel Ærø; auf der reg. Route 92 und 90 über das Bilderbuchstädtchen Ærøskøbing nach Søby an der Westspitze; mit der Fähre zurück nach Fåborg.
Karte: Fyn, Langeland og Ærø, Blatt Süd, 1:100 000.

Die ostdänischen Inseln

»Vogelfluglinie« nennt sich die Verbindung, mittels der man in wenigen Stunden von Deutschland über die Insel Fehmarn und per Fähre über den Fehmarn Belt nach Lolland gelangt. Von dort aus ist es nicht weit zur Insel Falster, die durch zwei Brücken über den schmalen Guldborgsund und seit 1988 auch durch einen Tunnel mit Lolland verbunden ist. Brücken verbinden auch die Inseln Møn und Seeland miteinander, so daß das »Inselhüpfen« auf den ostdänischen Inseln keinerlei Probleme bereitet und mehrtägige Radtouren geradezu begünstigt.

Die schnellen Verbindungen von Deutschland aus wissen vor allem auch diejenigen zu schätzen, die die kilometerlangen Badestrände an der Südküste von *Lolland* und an der Ostküste von *Falster* aufsuchen möchten. Seit der Jahrhundertwende schon sind vor allem die breiten Sandstrände bei Marielyst und Gedesby auf Falster bei deutschen Touristen beliebt. Sauberes Wasser und ein mildes Klima genießen hier im Sommer Zehntausende von Touristen in den Ferienhaussiedlungen, auf den Campingplätzen, in den Hotels.

Diese Strände sind es vor allem, die die Touristen nach Lolland und Falster locken, sind doch die beiden Inseln, was landschaftliche Vielfalt und Vielzahl an gut erhaltenen idyllischen Dörfern anbetrifft, gegenüber den benachbarten fünischen Inseln etwas benachteiligt. Flach ist das Land auf Lolland und Falster, geprägt von ausgedehnten Zuckerrübenfeldern und Wäldern, ausgesprochen ländlich die Dörfer, von Industrie meist weit und breit nichts zu sehen. Leicht zu befahren für den Radfahrer, für den sich als Ziele Touristenattraktionen wie Schloß Aalholm *(Tour 30)* und Knuthenborg Park *(Tour 29)* anbieten, nur die beiden größten und bekanntesten mehrerer Herrenhäuser auf den beiden Inseln.

Ganz anders die Landschaft auf der kleinen Nachbarinsel *Møn*. Hier ist es die 8 km lange Kreideklippenküste an der Ostspitze, die die Insel bekannt gemacht hat *(Tour 32)*. Rund 100 m fällt hier die Steilküste ab ins Meer, das an den weichen Felsen nagt, immer wieder Bergrutsche verursacht, aber auch Fossilien freispült, denn die weißen Kreideklippen sind Meeresablagerungen, die entstanden sind vor rund 75 Millionen Jahren und durch Landhebungen und Verschiebungen, verursacht durch Gletscher, heute über den Meeresspiegel hinausragen.

Weiß ist auch die Elmelunde-Kirche, die, weithin sichtbar, auf einer Erhebung in der Mitte der Insel liegt und im Innern ausgeschmückt ist mit eindrucksvollen Wandmalereien, die zu den schönsten in Dänemark zählen. Die Blumenranken und biblischen Szenen, die einst den Kirchgängern, die des Lesens nicht mächtig waren, auf anschauliche Weise den Inhalt der Bibel näherbringen sollten, wurden im 14. Jh. von einem Künstler geschaffen, dessen Namen nicht bekannt ist und der deshalb Elmelunde-Meister genannt wird. Zwei weitere Kirchen auf der Insel Møn, die von Keldby und Fanefjord, hat er auf diese Weise ausgemalt.

Weitere beeindruckende Zeugen der Vergangenheit sind die zahlreichen Grabhügel und Steingräber, die sich vor allem im Westen der Insel erhalten haben. Superlative müssen bemüht werden, will man die Bedeutung dieser vorgeschichtlichen Denkmäler hervorheben: Grønsalen gilt mit einer Länge von 100 m als das längste jungsteinzeitliche Hünengrab Dänemarks, das Doppelgrab Klekkende Høj wurde bereits Ende des 18. Jh. von einem »Pionier« der Archäologie, dem Kammerherrn Calmette, ausgegraben, und das Ganggrab »Kong Asgers Høj«, dessen 8 m langer Gang zu einer 10 m langen Grabkammer führt, ist das längste seiner Art auf dänischem Boden.

Auch gewaltig, doch auf ganz andere Weise, sind die Sehenswürdigkeiten auf der Nachbarinsel *Seeland*. Hier sind es die Herrenhäuser, die um so prachtvoller zu werden scheinen, je mehr man sich dem Norden der Insel nähert, wo sich, wie es in einem Touristenprospekt zwar etwas respektlos, aber an-

Als »weißes Gold« werden die Zuckerrüben bezeichnet, die auf den Insel Lolland und Falster in großen Mengen angebaut werden **(Tour 34).**

schaulich ausgedrückt wird, seit dem Mittelalter der »Spielplatz« der dänischen Könige befand. Von Roskilde, vom 10. bis 15. Jh. Hauptstadt des Königreichs Dänemark, dessen Dom heute noch letzte Ruhestätte dänischer Könige und Königinnen ist, zog das Königshaus in der ersten Hälfte des 15. Jh. um nach Kopenhagen. In der Stadt residierten sie auf Schloß Amalienborg, doch es war die hügelige, waldreiche Landschaft im Nordwesten, die vor allem ab dem 16. Jh. die jagdbegeisterten Könige zu reger Bautätigkeit veranlaßte.

Gleich zwei Schlösser gab Frederik II. (1559–88) in Auftrag: Schloß Kronborg in Helsingør, im äußersten Nordosten gelegen und bekannt geworden als Schauplatz des Shakespeare-Dramas »Hamlet«, und Schloß Frederiksborg bei Hillerød *(Tour 37)*. Hier konnte der Monarch seiner Leidenschaft, dem Jagen, nachgehen, eine Leidenschaft, die er mit späteren königlichen Herrschern teilte. Christian V. (1670–1699) ließ aus demselben Grund im Norden von Kopenhagen ein Jagdgebiet einzäunen, den Jægersborg Dyrehave *(Tour 36)*, der im Jahr 1736 um das Jagdschloß Eremitagen bereichert wurde. Dem nachfolgenden König Frederik IV. (1699–1730) jedoch stand der Sinn mehr nach einem kleineren Sommerschlößchen im wildreichen Wald am Esrum Sø, so daß er dort, obwohl nur 8 km entfernt davon Schloß Frederiksborg ein Schattendasein fristete, Schloß Fredensborg erbauen ließ, das heute, nach zahlreichen Um- und Ausbauten, die Residenz der königlichen Familie ist *(Tour 37)*.

Viele Dänen tun es der königlichen Familie gleich und ziehen wenigstens im Sommer in ihre wesentlich bescheideneren Domizile, in ihre Ferienhäuser entlang der Ostküste von Nordseeland. Diese Ferienkolonien verdrängen in diesem sowieso schon recht dicht besiedelten Gebiet trotz des fruchtbaren Bodens zusehends die Bauernhöfe, Weiden, Wiesen; und auch in den Häfen ankern immer mehr Freizeitboote und immer weniger Fischerboote.

29 Rund um den Søndersø (Lolland)

Maribo – Søholt – Våbensted – Hunseby – Bandholm – Maribo

Tourencharakter: Einfache Tour ohne nennenswerte Steigungen; landschaftlich besonders reizvoller Abschnitt durch den bewaldeten Naturpark Maribo Søerne; zum größten Teil markiert.

Länge: 42 km.
Gesamtanstieg: 110 m.

Maribo, ein am Søndersø gelegenes Marktstädtchen, entstand im 15. Jh. in der Umgebung eines Klosters, von dem heute nur noch Ruinen zu sehen sind. Erhalten geblieben ist allerdings die Domkirche, zwischen 1413 und 1470 als Klosterkirche erbaut. Diese hatte ursprünglich zwei Chöre, einen für Mönche und einen für Nonnen, denn das Kloster war vom Birgittenorden als Mönchs- und Nonnenkloster angelegt worden entsprechend der ersten Klostergründung im schwedischen Vadstena im Jahr 1370 durch die hl. Birgitta selbst. Den Auftrag zum Bau dieses ersten Klosters hatte Birgitta, die dem schwedischen Hochadel angehörte und erst im Alter von 41 Jahren nach dem Tod ihres Mannes ins Kloster ging, in ihren Visionen erhalten. Nach Birgittas Tod setzte sich die dänische Königin Margrethe I. (1353–1412) dafür ein, daß Birgitta heiliggesprochen wurde, und sie schuf auch die wirtschaftliche Basis dafür, daß dieses Kloster in Maribo gegründet werden konnte.

Maribo liegt an einem Binnensee ohne Verbindung zum offenen Meer, weshalb ein Hafen im nördlich gelegenen Bandholm entstand. Zwischen diesen beiden Orten wurde im Jahr 1869 die erste private Eisenbahnlinie Dänemarks eröffnet, deren regulärer Personenverkehr aber in den fünfziger Jahren eingestellt wurde. Heute verkehren hier nur noch Güterzüge und an den Sonntagen im Sommer als besondere Touristenattraktion alte Dampfzüge.

Sie laden zur Unterbrechung der Fahrt ein, die zahlreichen Picknickplätze am Søndersø.

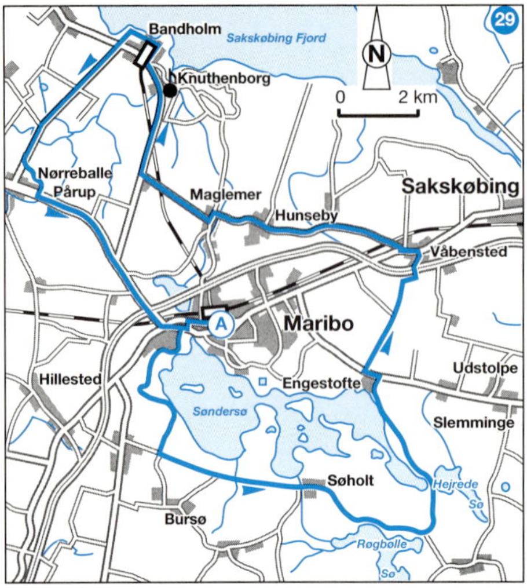

Streckenbeschreibung

Vom Bahnhof in Maribo folgen Sie der Museumsgade auf einem Radweg nach rechts, biegen nach 250m links in eine breite Querstraße ein (Ww. Rødby, Radmarkierung 9), die Sie nach weiteren 700m wiederum nach links verlassen (Radmarkierung 9, Holeby). Am Stadtrand durchfahren Sie ein kleines Waldstück, passieren ein Freilichtmuseum (1,5km) und folgen einem Rad- und Fußweg in geringer Entfernung zum Westufer des Søndersø zunächst durch Wald, anschließend durch ein Feuchtgebiet zu einem Schullandheim (knapp 4km), wo Sie von einem Rastplatz aus Zugang zum See haben.

Hier beginnt eine schmale Straße (Radmarkierung 9, Søndersøruten), die Sie allerdings an der nächsten Straßenkreuzung (5km) nach links verlassen in Richtung Søholt. Sie folgen jetzt der lokalen Markierung »Søndersøruten« und nicht weiter der Radmarkierung 9. Mit Blick auf den von Wald umstandenen Søndersø passieren Sie auf einer schnurgeraden Straße das *Herrenhaus Søholt* (8,5km), dessen Park zugänglich ist, halten sich wenig später am Rand des Storskov nach rechts (Ww. Røgbølle Sø) zum Ufer des Røgbølle Sø (10km) und biegen kurz darauf links ab (12km, Radmarkierung Søndersøruten). Über eine Landbrücke (13km) zwischen dem Hejrede Sø zu Ihrer Rechten und dem Søndersø, anschließend am bewaldeten Ostufer des Søndersø entlang erreichen Sie *Engestofte* (16km), ein stattliches Herrenhaus mit eigener Kirche und zahlreichen Ökonomiegebäuden.

Hier wenden Sie sich auf einer breiten Querstraße nach links, verlassen Sie aber nach nur 200m wieder nach rechts (Ww. Våbensted) – jetzt nicht mehr der Markierung Søndersøruten geradeaus folgen! Nach Unterqueren der E47, Rødby – Kopenhagen, folgen Sie in *Våbensted* (20km) der querlaufenden B153, Sakskøbing – Hunseby, auf einem Radweg 500m weit nach links (keine Radmarkierung) in Richtung Maribo. Am Ortsrand biegen Sie rechts ab (Ww. Knuthenborg Park), überqueren die Bahnlinie Nykøbing – Maribo und gelangen nach *Hunseby* (24km).

Geradeaus fahren Sie durch den Ort und durch das sich unmittelbar anschließende *Maglemer*, stoßen in Maglemer auf eine querlaufende Straße, auf der Sie sich nach links wenden (Ww. Maribo), aber schon nach 200m wieder rechts abbiegen in Richtung Bandholm.

Wenn Sie sich den Knuthenborg Park ansehen möchten, wenden Sie sich in Maglemer nach rechts. In dem um einen Herrenhof herum angelegten, 600ha großen englischen Park, Skandinaviens größtem Herrenhof-Park, wurden Freigehege u.a. mit Tigern, Nashörnern, Giraffen, Zebras angelegt, die durchfahren werden können, ein Vergnügen, das dem Radfahrer aus wohl verständlichen Gründen verwehrt wird. Im Park befinden sich aber auch ein Spielplatz sowie Vogelvolieren (Abstecher von 2km).

Kurz nach Überqueren der Gleise der Museumsbahn Maribo – Bandholm biegen Sie auf die B289 nach rechts ab (Ww. Bandholm), passieren im Merret Skov einen Rastplatz mit Kiosk und gelangen entlang der Umfassungsmauer des Knuthenborg Parks – zwischen den Bäumen ist das Herrenhaus zu erahnen – nach Bandholm (30km), wo Ihnen die Ausschilderung »Museumsbanen« den Weg zum Hafen weist. Nach links entlang der Küste erreichen Sie einen Campingplatz, kurz danach einen Kiesstrand.

Der Schotterweg knickt nach links ab und mündet in Bandholm an der Kirche wieder in die B289. Sie kreuzen diese Straße und fahren auf einer schnurgeraden Straße (Ww. Nørreballe) zwischen Obstplantagen und meist kleineren Bauernhöfen auf Nørreballe zu. Von rechts mündet die Radmarkierung 8 ein (35 km), der Sie nun geradeaus folgen bis kurz vor Nørreballe. Dort biegen Sie nach links ab und stoßen in Pårup (37 km), einem Ortsteil von Nørreballe, auf die verkehrsreiche A9, Tårs – Maribo, der Sie, zunächst auf dem Randstreifen, dann auf einem Radweg, nach links folgen. Nach Überqueren der E47, Rødby – Kopenhagen, und der Bahnlinie Maribo – Nakskov halten Sie sich am Stadtrand von Maribo (41,5 km) an einem Kreisverkehr in Richtung Stadtzentrum und kehren zu Ihrem Ausgangspunkt zurück.

Nützliche Informationen

Ausgangsort: Maribo, alte Kaufmannsstadt mit modernem Stadtzentrum, am Søndersø gelegen. Hotels, Campingplatz, JH (Tel. 53 88 33 14).
Anfahrt: E47, Rødby – Kopenhagen, Ausfahrt 48. Auf der A9 in die Stadtmitte. Parkplatz am Bahnhof.
Etappen: Maribo – Søholt 8,5 km – Våbensted 11,5 km (20 km) – Bandholm 10 km (30 km) – Maribo 12 km (42 km).
Einkehr unterwegs: In Våbensted (Restaurant in einem Motel); Bandholm (Hotel, Kiosk); Merret Skov (Kiosk); Restaurant Lysemose an der A9 zwischen Nørreballe und Maribo.
Bademöglichkeit: Beim Campingplatz nahe Bandholm.
Sehens- und Wissenswertes: In Maribo:
• *Frilandsmuseet*, das Freilichtmuseum am Søndersø zeigt Bauernhäuser aus der Zeit um 1800; geöffnet Mai–Sept. täglich 10–17 Uhr; Eintrittsgebühr. In der Nähe, direkt am See, das Restaurant Bangs Have.
• *Lolland-Falster-Stiftsmuseum*, Jernbanepladsen, kulturhistorische Sammlungen und archäologische Funde; geöffnet Juni–Aug. täglich außer Mo. 10–17 Uhr, ansonsten 14–16 Uhr. • *Storstrøms Kunstmuseum*, Jernbanepladsen, Ausstellung von Werken dänischer Künstler vom Ende des 18. Jh. bis heute; geöffnet Juni–Aug. Di.–So. 10–17 Uhr, sonst Di.–Sa. 14–16 und So. 10–17 Uhr. • *Museumsbahn Maribo – Bandholm*, Züge verkehren Anfang Juni–Ende August jeden So., im Juli auch Do.
• *Knuthenborg Park*; geöffnet Anfang Mai–Mitte Sept. täglich 9–18 Uhr. Cafeteria.
Auskunft: Turistbureau, Det gamle Rådhus, Torvet, DK-4930 Maribo, Tel. 53 88 04 96.
Karte: Storstrøms Amt, 1:100 000.

30 Rund um Nysted (Lolland)

Nysted – Schloß Aalholm – Herritslev – Bregninge – Fuglsang – Nysted

Tourencharakter: Leichte Tour in flachem Gelände; einige Kilometer auch auf Schotterwegen; nicht markiert.
Länge: 41 km.
Gesamtanstieg: 130 m.

Wer sich auch als Radfahrer für Automobile interessiert, insbesondere für ältere Jahrgänge, der kommt bei dieser Tour voll auf seine Kosten. Begegnen wird er ihnen allerdings nicht auf der Straße, sondern im Aalholm Automuseum, wo über 200 Oldtimer, die ältesten aus den neunziger Jahren des letzten Jahrhunderts, ausgestellt sind, darunter namhafte wie Daimler, Bugatti und VW. Aber auch Kurioses ist zu sehen, wie der Eisenbahnwaggon, den ein ehemaliger Außenminister, der Vater des jetzigen Besitzers der Autosammlung, für seine Reisen anfertigen ließ. Das Museum und das nahegelegene Aalholm Schloß sind im Besitz der Familie Raben-Levetzau seit 1725. Bis dahin gehörte die aus dem Mittelalter stammende Burg dem dänischen Königshaus. Königin Margrethe I. (1353–1412) hatte sie als Verteidigungsanlage ausbauen lassen.

In der Nähe entwickelte sich die Siedlung Nysted, die im Jahr 1409 die Stadtrechte erhielt, sich zunächst zu einer lebhaften Fischer- und Handelsstadt entwickelte, dann aber in ihrer Entwicklung stagnierte, so daß sie heute eine der kleinsten dänischen Städte ist und sich bis heute ein alter Stadtkern um die Kirche (15. Jh.) erhalten hat.

In der Nähe des Schlosses Aalholm entwickelte sich die kleine Hafenstadt Nysted.

Streckenbeschreibung

Vom Hafen in Nysted folgen Sie dem Strandvejen auf *Schloß Aalholm* zu, passieren den Privatzugang zum Schloß und gelangen auf einem Rad- und Fußweg (Ww. Aalholm, Stubberup) zum Besuchereingang des Schloßparks (400 m), von wo eine schmale Straße entlang der Begrenzungsmauer des Schloßparks geradeaus weiterläuft zum Gelände des zum Schloß gehörenden *Oldtimer-Museums* (gut 1 km).

Sie halten sich weiter geradeaus auf einem Rad- und Fußweg, der in *Stubberup* am Hotel »Den Gamle Gaard« in die querlaufende Dorfstraße einmündet (2 km). Nach rechts gelangen Sie zum Ortsrand, biegen links ab auf den Egholmvej und erreichen, mit Blick auf den Fehmarn Belt, nach einem Rechtsknick der schmalen Straße (5 km) die Ortschaft *Herritslev* (7 km).

Wenn Sie das Egholm Ulvecenter – eine private Einrichtung zur Erforschung des Verhaltens von Wölfen – besuchen möchten, halten Sie sich geradeaus zur Küste (Abstecher hin und zurück 2,5 m).

In Herritslev wenden Sie sich auf einer Querstraße nach rechts und stoßen nach wenigen Metern auf die B 283, Nysted – Sakskøbing, der Sie, ohne Radweg, nach links folgen in Richtung Sakskøbing. Nach 1,5 km kreuzen Sie die B 297, Holeby – Nykøbing, und biegen rechts ab in Richtung Fuglehave. Auf der sanft steigenden und fallenden Straße erreichen Sie *Grønnegade* (11 km), biegen links ab und gelangen zu den wenigen Gebäuden von *Bregninge* und zu einem Vogelpark (Fuglehave, 12,5 km).

Sie folgen der Straße geradeaus, überqueren die Bahnlinie Rødbyhavn – Nykøbing (14,5 km) und biegen wenig später in die erste nach rechts abzweigende Straße ein, den Kristinelundvej. Wo diese Straße sich gabelt (16 km), halten Sie sich rechts in Richtung Birket, überqueren erneut die Bahnlinie und fahren zwischen den wenigen am Rand des Langet Skov gelegenen Bauernhöfen von *Krattet* hindurch (18 km). Auf schnurgerader

Straße gelangen Sie zu einer Kreuzung (19 km), an der Sie sich nach rechts wenden und der Straße Hønselægget entlang dem Waldrand folgen, eine querlaufende Straße kreuzen (20 km) und zwischen hohen Hecken das an der B 297 gelegene ehemalige *Herrenhaus Fuglsang*, heute ein Hotel, erreichen (22 km).

Sie halten sich nach rechts und gelangen auf dem Randstreifen entlang der zeitweise stark befahrenen B 297 kurz vor Frejlev an die Linksabzweigung der Straße nach *Vantore* (24 km). Nach 1 km biegen Sie links ab in Richtung Frejlev Skov und passieren auf der schnurgeraden, ruhigen Straße mehrere Gehöfte. Sie fahren entlang dem Rand des Frejlev Skov – in dem sich mehr als 100 vorgeschichtliche Gräber befinden –, und erreichen unmittelbar vor einem Gehöft (knapp 29 km) die Rechtsabzweigung eines Schotterwegs, der zwischen Feldern zu den am gegenüberliegenden Rand des Roden Skov gelegenen Gehöft Stenvængegård führt.

Vor diesem Gehöft zweigt ein Schotterweg rechts ab, der einige hundert Meter weit

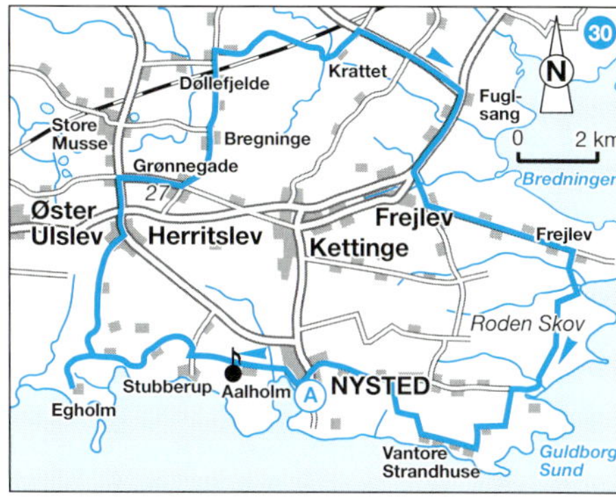

am Waldrand entlang zu einem weiß gestrichenen Gatter führt, das den Weg für den PKW-Verkehr absperrt. Hier biegen Sie links ab und folgen einem Schotterweg geradeaus durch den Roden Skov, wobei Sie jegliche Abzweigung unbeachtet lassen.

Nachdem Sie den Wald verlassen haben (32,5 km), folgen Sie geradeaus weiter einem Sträßchen, das recht nahe an der Küste verläuft. Wenig später knickt die Straße nach rechts ab, nach wenigen hundert Metern,

Die Räume des Schlosses Aalholm, seit 1725 im Besitz einer Familie, sind sehr persönlich eingerichtet.

kurz vor Vantore, nach links (gut 33 km) in Richtung Holten. Sie folgen nun der Ausschilderung »Holten« in einem Rechts-, dann einem Linksknick der Straße zur Küste (35 km) – geradeaus gelangen Sie zum Bade- und Picknickplatz Holten – und passieren die Bauernhäuser von *Vantore Strandhuset*. Nach einem weiteren Rechts-Links- und wiederum einem Rechtsknick gelangen Sie an die querlaufende Verbindungsstraße Nysted – Vantore (38,5 km), auf der Sie nach links auf den weithin sichtbaren Wasserturm von Nysted zuhalten und den Ortsrand von *Nysted* erreichen (40,5 km). Geradeaus gelangen Sie durch die Ortsmitte zu Ihrem Ausgangspunkt am Hafen.

Nützliche Informationen

Ausgangsort: Nysted, alte Handelsstadt an der Südküste der Insel Lolland mit gut erhaltenem Altstadtkern; hübscher Hafen mit kleinem Restaurant und Blick auf Schloß Aalholm; südlich vom Stadtzentrum Strand und Skansenpavillon (Café) beim Campingplatz. Im Touristenbüro Stadtplan mit Beschreibung eines Stadtrundgangs erhältlich. Hotel, Privatzimmer im Ort.
Anfahrt: E 47, Rødby – Kopenhagen, Ausfahrt 46. Auf der B 283 nach Nysted. Parkmöglichkeiten entlang dem Strandvejen am Hafen.
Etappen: Nysted – Herritslev 7 km – Bregninge 5,5 km (12,5 km) – Fuglsang 9,5 km (22 km) – Stenvængegård 7 km (29 km) – Nysted 12 km (41 km).
Einkehr unterwegs: Café beim Automobilmuseum; Hotel »Den Gamle Gaard« in Stubberup; Cafeteria im Vogelpark bei Bregninge.
Bademöglichkeit: Badeplatz Holten.
Sehens- und Wissenswertes: • *Schloß Aalholm*, geöffnet Juni–Aug. täglich 11–18 Uhr. • *Aalholm Automobilmuseum*, außer der Autosammlung auch eine Modelleisenbahn, ein Kinderspielplatz sowie ein Dampfzug, der durch den Park zur Küste fährt; geöffnet Juni-Aug. 10–18 Uhr; Café. • *Egholm Ulvecenter*, kleiner Wolfszwinger mit Museum, eingerichtet von zwei Wolfsforschern; geöffnet Ende Juni–Ende Okt. Di., Mi., Do., Sa., So. 10–17 Uhr. • *Fuglehaven Bregninge*, Vogelpark mit ca. 700 Vogelarten aus aller Welt; Cafeteria und Picknickplatz; geöffnet 1.5.–1.10. täglich 10–18 Uhr; Eintrittsgebühr. • *Fuglsang Park*, Gutshof aus dem Jahr 1869, Zimmervermietung, vorzugsweise für längeren Aufenthalt; der große Park ist zugänglich; ein Pfad führt nach Skejten, einem Gebiet mit seltenen Pflanzen am Guldborg Sund.
Fahrradverleih: Nysted Mole (am Hafen), Strandvejen 12, Tel. 53 87 15 08.
Auskunft: Turistbureau, Adelgade 65, DK-4880 Nysted, Tel. 53 87 19 85.
Karte: Storstrøms Amt, 1:100 000.

31 Entlang der Küste von Falster

Nykøbing – Horreby – Horbelev – Hesnæs – Sønder Ørslev – Nykøbing

Tourencharakter: Einfache Tour ohne nennenswerte Steigungen, landschaftlich besonders reizvoller Abschnitt durch Wald entlang des Meers; einige Kilometer auch auf Schotterwegen und auf Radwegen entlang verkehrsreicher Durchgangsstraßen; nur teilweise markiert.
Länge: 53 km.
Gesamtanstieg: 200 m.

Als »grüne Ecke« der Insel Falster bezeichnet sich der Kreis Stubbekøbing, durch den ein Teil der Radtour führt. Grün sind tatsächlich die Felder und die ausgedehnten Wälder, die sich wie ein Streifen die Ostküste entlangziehen. Interessant ist vor allem das Waldgebiet Halskov Vænge, wo nicht weniger als sechs Hünengräber aus der Steinzeit (vor rund 5500 Jahren) und über 70 Grabhügel aus der Bronzezeit (vor ca. 2500 Jahren) liegen. Doch die Annahme, es handle sich hier um eine Fundstelle, an der die Grabmäler besonders dicht beieinander liegen, ist nicht gerechtfertigt, wahrscheinlicher ist, daß sich hier im Wald nur alle Denkmale er-

Im idyllischen Hafen von Hesnæs kann man frische Fische kaufen.

halten haben, während sie im offenen Gelände längst abgetragen worden sind.

Vor ungefähr 6000 Jahren bearbeiteten überall in Dänemark die ersten Bauern das Land, bauten Weizen und Gerste an, domestizierten Tiere. Ihre Bearbeitungsmethoden waren noch sehr einfach, so daß sie leichte, sandige Böden wie den im Gebiet um Halskov Vænge bevorzugten und sich deshalb u. a. hier, wo außerdem die Küste nicht weit entfernt war, niederließen. Ihre Wohnplätze verlegten sie immer wieder in der Umgebung, die Bestattungsplätze für ihre Toten aber behielten sie bei. Auch in der Bronzezeit war dieses Gebiet besiedelt. Die Toten wurden jetzt in Eichensärgen unter Grabhügeln aus Grassodenstücken beigesetzt. Der Verbrauch an Grassoden für diese Hügel muß so ungeheuer groß gewesen sein – man nimmt eine Fläche von etwa einem 1 ha für einen Grabhügel an –, daß die Menschen der Bronzezeit später dazu übergegangen sein müssen, ihre Toten zu verbrennen und die Asche-Urnen in den bereits bestehenden Hügeln zu bestatten. In späteren Jahrhunderten, als das Gelände nicht mehr bewirtschaftet wurde – wegen ständiger Angriffe von See her war es zu gefährlich geworden, so dicht an der Küste zu leben – begann sich Wald über dieses Gebiet auszubreiten. Als im 13. und 14. Jh. wieder Dörfer im Wald entstanden, versuchten die Bauern, um die Hügel und Steine herum zu pflügen, da diese, so glaubten sie, von »unterirdischen Geistern« bewohnt wurden.

Streckenbeschreibung

Vom Fischer- und Yachthafen in Nykøbing folgen Sie nach links der Sjællandsgade, anschließend nach rechts der H. P. Jensens Gade und wenden sich nach links auf die

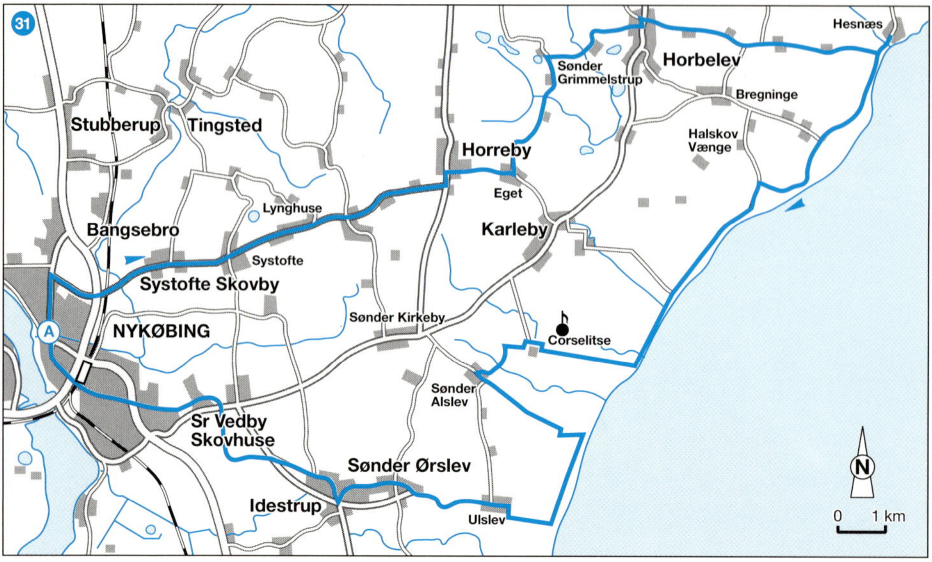

breite Ausfallstraße Gaabensvej. Auf der fünften rechts abzweigenden Straße, dem Ndr. Ringvej (Ww. Stubbekøbing) passieren Sie den Friedhof, überqueren eine Umgehungsstraße (E55, Kopenhagen – Gedser) und gelangen auf einem Radweg (Radmarkierung 8 auf die nächsten 15 km bis Horbelev) entlang der B271, Nykøbing – Stubbekøbing, durch *Systofte* (5,5 km) und *Skovby* (6,5 km) hindurch nach *Horreby* (10 km).

Im Ort biegen Sie rechts ab auf eine ruhige Straße nach *Eget* (11,5 km), wo Sie sich nach links wenden (Ww. Sønder Grimmelstrup) und auf einem kurvenreichen Sträßchen das Naturschutzgebiet Horreby Lyng passieren, ein Hochmoorgebiet, in dem vor allem während des 2. Weltkriegs Torf abgebaut wurde, so daß von dem einstigen größten Hochmoor Dänemarks nur noch Reste übriggeblieben sind.

Vorbei an den wenigen, weit verstreuten Gehöften von Sønder Grimmelstrup erreichen Sie die Ortschaft *Horbelev* (17 km). An der Kirche wenden Sie sich nach rechts in Richtung Hesnæs – nicht der Radmarkierung 8 geradeaus nach Stubbekøbing folgen! –, durchfahren zunächst den Weiler *Bønnet* mit einer Schloßruine (20 km), anschließend den Bønnet Skov und gelangen nach *Hesnæs* (22,5 km).

In dem kleinen Fischerdorf, wo man im Hafen frischen Fisch kaufen kann, fallen die Häuser auf, bei denen nicht nur das Dach mit Schilfrohr gedeckt ist, sondern wo die Hauswände ebenfalls mit einer dicken Schicht aus Rohr verkleidet sind; eine Isolierung, die gegen die oft rauhen Winde schützt. Die knapp 30 Häuser wurden unmittelbar nach einer Sturmflut im Jahr 1872 auf diese Weise erbaut und seither liebevoll gepflegt.

Sie kehren zum Waldrand zurück und folgen einem nach links abzweigenden Sträßchen durch den Bønnet Skov (Radmarkierung 45 auf den folgenden 18 km bis Ulslev), vorbei an der Waldschenke Pomlenakke (24 km). Kurz nach Pomlenakke führt ein Weg zum Strand zu den sogenannten Svejtsertrappen – ein tiefer Einschnitt, durch den Holztreppen zum Strand führen.

Kurz darauf erreichen Sie ein Gehöft, an dem ein Waldweg geradeaus weiterführt, und gelangen zu einem weiteren Gehöft

In Hesnæs sind nicht nur die Häuser mit Schilfrohr gedeckt, sondern auch die Außenwände zur Isolierung damit verkleidet.

(27 km), an dem ein Sträßchen nach rechts abzweigt nach *Halskov Vænge*, einer Ansammlung von Grabhügeln (Abstecher hin und zurück 700 m).

In einem zum Schloß Corselitse gehörenden Waldgebiet fahren Sie unmittelbar entlang der Küste, passieren eine Feriensiedlung und gelangen zu einer rechts abzweigenden schmalen Straße (32 km), auf der Sie zum *Gut Corselitse* gelangen (34 km), einem um 1775 erbauten Herrenhaus mit weitläufiger Parkanlage – für die Öffentlichkeit zugänglich –, sowie einem Stallgebäude aus dem Jahr 1780, das unter Denkmalschutz steht.

Entlang der Umzäunung des Herrenhofgeländes und auf einer Allee erreichen Sie *Sønder Alslev* (35,5 km), wenden sich nach links und gelangen auf dem Sønder Alslev Strandvej wieder an die Küste. Etwa 1 km nach der Ferienhaussiedlung *Ulslev Strand* knickt die Straße rechts ab – keine Radmarkierung mehr bis zum Ende der Tour! – und führt durch *Ulslev* (41,5 km) und *Sønder Ørslev* (43,5 km) hindurch nach *Idestrup*. An der Kirche (45 km) biegen Sie rechts ab auf den Møllevej, fahren am Ortsrand entlang und stoßen auf den Østersøvej (47 km), dem Sie auf einem Radweg nach rechts 1 km weit folgen zu einer querlaufenden breiten Straße.

Hier halten Sie sich auf einem Radweg nach links in Richtung Nykøbing. Nach wenigen hundert Metern entfernt sich der Radweg, der hier auf der früheren, jetzt für den PKW-Verkehr gesperrten Straße verläuft, von der Umgehungsstraße nach rechts und mündet in die Kringelborg Allé (49 km) ein. Diese geht in den Grønsundvej über, passiert ein Tenniscenter und kreuzt den Vesterskovvej. Auf der Østerbro Gade überqueren Sie zunächst die Bahnlinie Nørre Alslev – Gedser, dann die Umgehungsstraße von Nykøbing und gelangen auf der Nygade in die Innenstadt. Auf beliebigem Weg kehren Sie durch die Stadtmitte zu Ihrem Ausgangspunkt am Bootshafen zurück.

Nützliche Informationen

Ausgangsort: Nykøbing, lebhaftes Handelszentrum (16 000 E.) an der Westküste der Insel; bereits im 14 Jh. Handelsplatz, im Stadtkern sind einige alte Gebäude erhalten. Hotels, Campingplatz, JH (Tel. 54 85 66 99).

Anfahrt: E 55, Kopenhagen – Nykøbing. Am Bootshafen von Nykøbing ein Parkplatz auf dem Godansplads.

Etappen: Nykøbing – Horreby 10 km – Horbelev 7 km (17 km) – Hesnæs 5,5 km (22,5 km) – Corselitse 11,5 km (34 km) – Ulslev 7,5 km (41,5 km) – Nykøbing 11,5 km (53 km).

Einkehr unterwegs: Café im Handverkerbyen bei Horbelev; Horbelev (Hotel); Pomlenakke Traktørsted (Waldschenke mit Blick über das Meer, RT. Mo.).

Bademöglichkeiten: Strand bei Hesnæs; bei Pomlenakke und auf den folgenden 10 km bis Ulslev.

Sehens- und Wissenswertes: In Nykøbing: *Marktplatz*, im Sommer spielen hier jeden Freitagnachmittag (16.30- 19.30 Uhr) Jazz-Gruppen. • *Folkepark*, Parkanlage mit Zoo, täglich geöffnet April–Sept. 9–20 und Okt.–März 9–16 Uhr; Eintritt frei. • *Museet Falsters Minder*, Langgade 2, kulturhistorisches Museum für die Insel Falster, untergebracht in zwei Häusern aus dem 17. Jh.; in einem, dem Czarens Hus, hielt sich im Jahr 1712 der Zar Peter der Große auf; geöffnet Mai–Mitte Sept. Di.–Sa. 10–16 Uhr, sonst Di.–So. 14–16 Uhr. • *Brandmuseum*, Vendersgade 4, alte Feuerwehrautos sowie Uniformen der Feuerwehr; geöffnet Mai–Aug. Mo., Mi. 11–15 und Sa., So. 10–12 Uhr. • *Vandtårn*, Wasserturm, Blick über die Stadt; geöffnet Mitte Juni–Mitte Aug. Mo.–Fr. 11–15 und Sa., So. 10–12 Uhr, Mai–Mitte Juni und Mitte Aug.–Sept. Mo., Mi. und Fr. 11–14 Uhr. • *Halskov Vænge*, Waldgebiet mit Grabhügeln und Dolmen, kleines Museum mit Ausstellung, dort auch Picknickplatz; Informationstafel am Parkplatz; jederzeit zugänglich. • *Corselitse, Park*, Besuch besonders schön zur Zeit der Rhododendronblüte im frühen Sommer; ganzjährig geöffnet zwischen 9 Uhr und Sonnenuntergang.

Fahrradverleih: Bahnhof Nykøbing, Tel. 54 85 02 44.

Auskunft: Turistbureau, Østergågade 7, DK-4800, Nykøbing F., Tel. 54 85 13 03.

Karte: Storstrøms Amt, 1:100 000.

32 Zu den Kreideklippen auf Møn

Stege – Udby – Borre – Kreideklippen – Busemarke – Stege

Tourencharakter: Anstrengende Tour aufgrund zahlreicher Anstiege; vorwiegend auf schmalen Landstraßen; nur die erste Hälfte der Strecke markiert.

Länge: 53 km.
Gesamtanstieg: 440 m.

120 m fallen die weißen Kreideklippen an der Ostküste von Møn beinahe senkrecht ab: unten das Meer, je nach Sonneneinstrahlung türkis, blau oder grün, oben dichter, grüner Buchenwald – ein beeindruckendes Farbenspektakel. Was sich heute so eindrucksvoll über das Meer erhebt, begann vor 75 Millionen Jahren auf dem Boden eines damals 200 m tiefen ruhigen Meeres, des sogenannten Kreidemeeres, zu entstehen. Feiner, von Flüssen herbeitransportierter Schlamm sowie unvorstellbare Mengen von Schalentieren lagerten sich über mehrere Millionen Jahre auf dem Meeresboden ab. Ca. 100 m stark war diese Schicht, als sich der Meeresboden zu heben begann, so daß, als während der Eiszeiten von Nordosten und Südosten her Gletscher vordrangen, diese den einstigen Meeresboden vor sich herschoben und ihn auffalteten: die Klippen entstanden. Seither formen Wind und Wasser die Kreideklippen. Weiche Schichten werden abgetragen, härtere bleiben als markante Formen zurück, die mit phantasievollen Namen belegt werden. Immer wieder verschwinden Tonnen von Kreide, Lehm und Kies im Meer. So wurde im Jahr 1905 ein Drittel des Liselund Parks mit den daraufstehenden Gebäuden weggespült. Und im Jahr 1988, beim bisher letzten größeren Bergrutsch, stürzte eine als »Sommerspiret« bezeichnete Formation in die Wellen. Aus diesen Gründen ist es auch lebensgefährlich, in den Klippen zu klettern und andere als die deutlich ausgewiesenen und mit Treppen und Geländern befestigten Wege zu benützen. Diese führen sicher zu den Aussichtspunkten und hinunter zum Strand, wo man bei geduldigem Suchen Versteinerungen – Seeigel, Muscheln, Teile von Tintenfischen, Schwämme – und, mit etwas Glück, nach heftigen Oststürmen sogar Bernstein finden kann.

Streckenbeschreibung

Vom Hafen in Stege fahren Sie auf der Hauptstraße durch den Ort (Ww. Møns Klint), passieren ein altes Stadttor und folgen einem Radweg entlang der B 297, der Inseldurchgangsstraße. Sie stoßen hier auf die Radmarkierung 8, der Sie bis Møns Klint folgen. Nach 2,5 km biegen Sie links ab nach *Udby* (3,5 km) und gelangen auf ruhigen, kurvenreichen Landstraßen durch *Ullemarke* (4,5 km) und *Østermark* (8 km) nach *Borre* (13 km), das in der Niederung Borre Sømose liegt, einem einstigen Meeresarm, der die heutige Ostspitze der Insel, auf der die Klippen liegen, von der Insel Møn trennte.

Wenn Sie sich die Kirche von Keldbymagle ansehen möchten, wenden Sie sich in Ullemarke nach rechts (Abstecher hin und zurück 2,5 km). Für einen Besuch der Kirche von Elmelunde biegen Sie rechts ab (10 km) zwischen Østermark und Borre (Abstecher hin und zurück 2 km).

Am Ortsbeginn von *Ny Borre* biegen Sie an einem Fabrikgebäude links ab (14,5 km) in Richtung Liselund Slot, durchfahren den kleinen Ort *Ålebæk* und steigen in zunehmend hügeligerem Gelände in ständigem Auf und Ab allmählich an zum Gehöft Liselund (19 km). Nach 100 m folgen Sie einer Linksabzweigung wenige hundert Meter weit zum Parkplatz am *Schloß Liselund.* Fahrräder müssen am Parkplatz abgestellt werden.

Kurz vor dem Parkplatz steht linker Hand das Ny Slot, heute ein Hotel. Am Eingang zum Park liegt die Schweizer Hütte, einst Wohnung der Bediensteten. Dahinter das Gammel Slot, ein kleiner strohgedeckter Bau, umgeben von der Parkanlage mit Teichen und Scharen von Enten.

In stetem Auf und Ab zwischen Feldern und Viehweiden hindurch passieren Sie eine Jugendherberge (22 km), von der aus ein Fußweg zu einer Orchideenwiese bei den

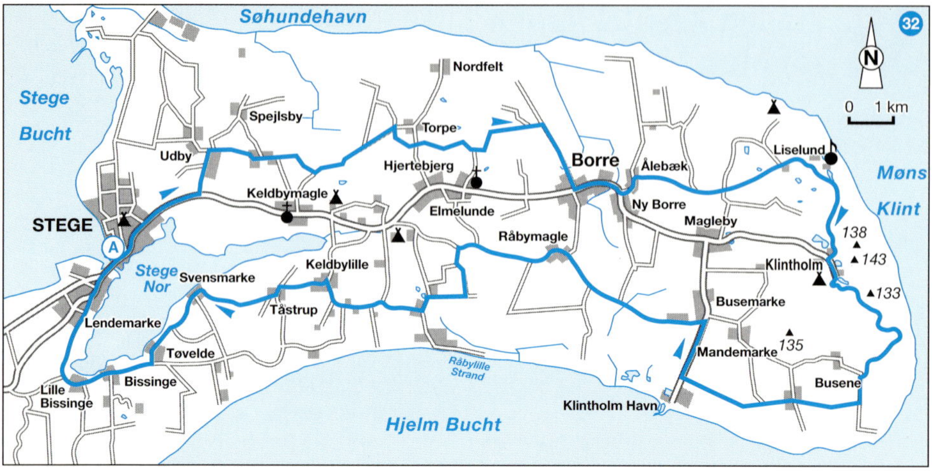

Klippen von Jydelejet führt (Abstecher hin und zurück 2 km).

Kurz nach der Jugendherberge halten Sie sich an einem Campingplatz nach links und folgen einer kurvenreichen Schotterstraße durch den Store Klinteskov mit teilweise steilen Anstiegen zu einem Parkplatz (25 km) oberhalb der »*Großen Klippen*«, an dem sich neben einem Hotel, einer Cafeteria, einem Kiosk und einem Spielplatz auch eine Ausstellung zu den Klippen befindet. Zu Fuß gelangen Sie, vorbei am Hotel, zu dem Aussichtspunkt Freuchens Pynt, von dem aus Sie von oben auf die Klippen blicken, oder über Treppenstufen hinunter zum Strand.

Vom Parkplatz folgen Sie einer Schotterstraße – keine Radmarkierung auf dieser zweiten Hälfte der Strecke bis kurz vor Stege! – in Richtung Klintholm Havn, passieren die Pension Stengården (mit Café), biegen auf eine Querstraße links ab (26 km) und folgen, mit Blick auf die Hjelm Bugt, der Ausschilderung Klintholm Havn zur Verbindungsstraße Magleby – Klintholm Havn (31 km).

Wenn Sie an dem ausgedehnten Sandstrand bei *Klintholm Havn* eine Badepause einlegen oder einkehren bzw. geräucherten Fisch kaufen möchten, halten Sie sich nach links zu dem kleinen Fischer- und Yachthafen (Abstecher hin und zurück 2 km).

Zur Fortsetzung der Tour steigen Sie nach *Busemarke* an, biegen links ab auf den Søndre Landevej, passieren eine schiffsförmige Steinsetzung (33,5 km) und fahren durch den Weiler *Råbymagle* hindurch (35,5 km). 2 km nach dem Weiler biegen Sie auf den Dalkildevej links ab (37,5 km) in Richtung Küste, wenden sich nach rechts auf den Råby Søvej (39 km), den Sie nach 1 km wieder nach links verlassen (Ww. Råbylille Strand). Wenig später, unmittelbar vor der Ferienhaussiedlung Råbylille Strand (40 km), folgen Sie der Ausschilderung Keldbylille nach rechts, passieren die Zufahrt (42 km) zu einem in ein Museum umgewandelten Gehöft (Abstecher hin und zurück 1,5 km) und erreichen *Keldbylille* (42,5 km).

Im Ort halten Sie sich nach links und durchfahren *Tåstrup* (43,5 km) und das am See Stege Nor gelegene Dorf *Svensmarke* (45,5 km). Entlang des Seeufers erreichen Sie *Tøvelde* (47 km) und stoßen auf eine querlaufende Straße, auf der Sie sich nach rechts halten, *Bissinge* durchfahren (48,5 km) und in geringer Entfernung zum Seeufer nach *Lendemarke* gelangen (51 km). Geradeaus durch den Ort erreichen Sie die Brücke, die Lendemarke mit Stege verbindet, und kehren zu Ihrem Ausgangspunkt zurück.

Die Kreideklippen an der Ostküste von Møn: aus dem Meer gehobener und durch Gletscher aufgefalteter Meeresboden, auf dem sich vor 75 Millionen Jahren Meeresorganismen ablagerten.

Besonders reizvoller Aspekt der Radtouren auf den dänischen Inseln: Meer, Strand und Fischerhäfen sind immer auf kurzen Abstechern erreichbar.

Nützliche Informationen

Ausgangsort: Stege, alte Handelsstadt an der schmalen Landenge zwischen Stege Bucht und Stege Nor gelegen; im 12. Jh. um eine Burg herum entstanden und um 1400 durch Heringsfang in der Ostsee zu einem Handelszentrum geworden; heute jedoch nur wenige Reste aus dem Mittelalter erhalten (Wall, Mühlentor). Hotel, Campingplatz; nächste JH Møns Klint (Tel. 55 81 20 30), am östlichen Ende der Insel zwischen Liselund Slot und den Klippen.
Anfahrt: E 47, Kopenhagen – Rødby, Ausfahrt 41. Auf der A 59 nach Stege. Unmittelbar nach der Brücke zwischen Lendemarke und Stege links am Hafen ein Parkplatz.
Etappen: Stege – Borre 13 km – Liselund Slot 6,5 km (19,5 km) – Kreideklippen (Møns Klint) 5,5 km (25 km) – Busemarke 7 km (32 km) – Keldbylille 10,5 km (42,5 km) – Bissinge 6 km (48,5 km) – Stege 4,5 km (53 km).
Einkehr unterwegs: In Elmelunde (Café); am Liselund Slot (Hotel, Kiosk); bei Møns Klint (Cafeteria, Kiosk); Pension Stengården mit Café; in Klintholm Havn (Hotel, Kiosk).
Bademöglichkeiten: Bei Klintholm Havn (Abstecher) und am Råbylille Strand.
Sehens- und Wissenswertes: • *Møns Museum*, in Stege, Storegade 75, kulturhistorisches Museum für Møn und Bogø, untergebracht im alten Kaufmannshof Empiregården (19. Jh.); geöffnet Di.–So. 10–16 Uhr. • *Keldby Kirche*, in den Jahren 1200–1250 aus rotem Backstein erbaute Kirche mit Wandmalereien aus vier Stilepochen: 1275, 1325, Ende des 15. Jh. (vom selben Künstler, der auch die Kirchen in Fanefjord und Elmelunde, beide auf Møn, ausgemalt hat) und 1600. • *Elmelunde-Kirche*, auf einem Hügel im 11. Jh. erbaute Kirche, deren romanische Holzdecke Ende des 15. Jh. durch gotische Gewölbe ersetzt wurde, die ein Künstler, der als Elmelunde-Meister bezeichnet wird, da sein wirklicher Name nicht bekannt ist, mit eindrucksvollen Szenen aus der Bibel bemalt hat. • *Museet Liselund Gammel Slot und Park*, das Gelände kaufte im Jahr 1784 die französische Hugenotten-Familie Antoine und Lisa de Calmette, die daraufhin den romantischen Park entsprechend der damaligen Ideen anlegten und mit verschiedenen kleinen Häuschen – der Schweizer Hütte, dem chinesischen Teepavillon, der Norwegerhütte – bereicherten sowie das kleine »Puppenschloß«, das heutige Gammel Slot bauten; das Ny Slot wurde im Jahr 1884 vom nachfolgenden Eigentümer erbaut. Park ganzjährig geöffnet, Führungen im Schloß Mai–Okt. 10.30, 11.00, 13.30, 14.00 Uhr, So. zusätzlich um 15.00 und 16.30 Uhr.
• *Klintholm Havn*, Ende des 19. Jh. vom

Besitzer des Guts Klintholm als Fischerhafen angelegt, heute Feriensiedlung mit der Hotelanlage Daneland und Yachthafen; im Dorf auch Kerzenherstellung im ehemaligen Packhaus. Fischräucherei, Einkehrmöglichkeiten, breiter Sandstrand. • *Møns Museum*, Museumshof in Keldbylille, vierflügeliger Hof aus dem Jahr 1800 mit Fachwerk und Reetdach, Museum informiert über den Alltag auf einem Hof seit 1800; geöffnet Anfang Mai–Ende Okt. Di.–So. 10–16 Uhr.

Fahrradverleih: Rent-a-sport, Møns Erhvervspark, Tel. 55 81 84 94; links vor der Brücke zwischen Lendemarke und Stege, geöffnet Mai–Ende Aug. 9–19 Uhr.

Auskunft: Turistinformation, Storegade 2, DK-4780 Stege, Tel. 55 81 44 11.

Karte: Storstrøms Amt, 1:100 000.

33 Gisselfeld Kloster, einer der frühesten Herrenhöfe Dänemarks (Seeland)

Næstved – Holme-Olstrup – Gisselfeld Kloster – Skuderløse – Fensmark – Næstved

Tourencharakter: Nicht ganz mühelose Tour mit langgezogenen, aber auch kurzen, steilen Anstiegen; auf ruhigen Landstraßen und auf Radwegen entlang verkehrsreicher Straßen; nicht markiert.

Länge: 37 km.
Gesamtanstieg: 280 m.

»Es war wunderschön auf dem Lande; [...] Rings um den Acker und die Wiese waren große Wälder und mitten in den Wäldern tiefe Seen, ja, es war wirklich herrlich da draußen! Mitten im Sonnenschein lag dort ein altes Rittergut, von tiefen Kanälen umgeben, und von der Mauer bis zum Wasser herunter wuchsen große Klettenblätter.« Gisselfeld Kloster ist es, das hier so märchenhaft schön beschrieben wird, aber nicht, wie man annehmen könnte, in einem auf Werbewirksamkeit bedachten Touristenprospekt, sondern tatsächlich in einem Märchen, erdacht und niedergeschrieben in der ersten Hälfte des letzten Jahrhunderts von Hans Christian Andersen. »Das häßliche junge Entlein«, so der Titel dieses Märchens, zu dem sich Andersen inspirieren ließ, als er auf dem Herrenhof Gisselfeld zu Gast war, ist eines der rund 150 Märchen, die Andersen weit über die Grenzen von Dänemark hinaus bekannt machten. Seine Märchensammlung gehörte neben den Grimmschen Märchen und den »Märchen aus Tausendundeiner Nacht« zur Standardausstattung eines gutbürgerlichen Wohnzimmerschrankes, und unzählige Kinder fielen in Schlaf, während Vater oder Mutter die Figuren aus diesen Märchen lebendig werden ließen – den standhaften Zinnsoldaten, die Schneekönigin, die kleine Seejungfrau. Als »hübsches Märchen« bezeichnete Andersen auch sein eigenes Leben, das ihn aus einem armen Elternhaus in Odense auf Fünen, wo er im Jahr 1805 geboren wurde, über viele schwierige Jahre, in denen er vergeblich versuchte, am Theater in Kopenhagen Fuß zu fassen, schließlich doch noch zum Erfolg als Schriftsteller führte, der die Welt bereiste und bis zu seinem Tod im Jahr 1875 gerngesehener Gast in den Herrenhöfen auf Fünen und Seeland war.

Gisselfeld Kloster, auch eine seiner Stationen, ist eine eindrucksvolle Renaissance-Anlage, die im Jahr 1547 mit Wassergraben und Ringmauern als wehrhafte Burg erbaut wurde und zu den frühesten Herrenhöfen Dänemarks zählt. Der weitläufige Park, der für die Öffentlichkeit zugänglich ist, wurde erst im letzten Jahrhundert als englischer Park angelegt mit Teichen, Springbrunnen, seltenen Bäumen, prachtvollen Blumenrabatten und Gewächshäusern, in denen tropische Pflanzen überwintern können.

Streckenbeschreibung

Vom Parkplatz an der Post in Næstved folgen Sie nach rechts dem verkehrsreichen Farimagsvej, passieren sowohl das Post- als auch das Bahnhofsgebäude und biegen

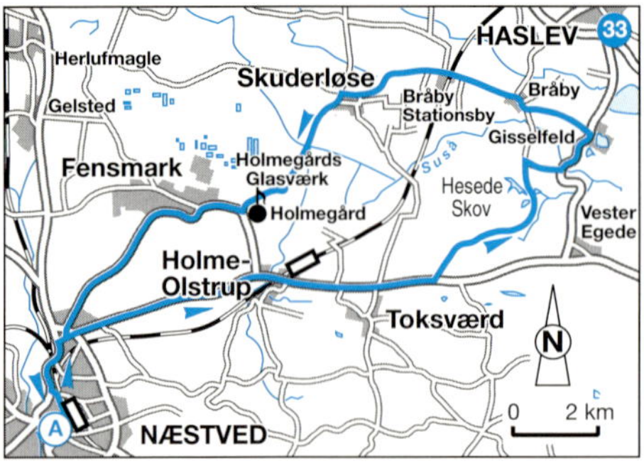

nach 600 m rechts ab auf die Ringstedgade. Auf einem Radweg entlang dieser stark befahrenen Ausfallstraße in Richtung Ringsted überqueren Sie die Bahnlinie Nykøbing – Roskilde, biegen auf die A54 in Richtung Køge rechts ab, halten sich an einem Kreisverkehr geradeaus und steigen auf der schnurgeraden, zunächst noch mehrspurigen Straße durch ein Wohngebiet, anschließend durch ein ausgedehntes Industrie- und Gewerbegebiet auf etwa 3 km Länge stetig an. Nach *Holme-Olstrup* (7,5 km) hinein senkt sich die Straße, verläuft recht eben durch den Ort und passiert am Ortsrand den Vergnügungspark »Bon-Bon-Land« (8,5 km). Nach einem weiteren langgezogenen Anstieg verlassen Sie, auf einer Höhe von ca. 100 m angelangt, die A54 nach links auf dem Villa Galinavej (11,5 km), steigen weiterhin an und folgen der Straße in den Hesede Skov. In zwar meist kurzen, aber teilweise recht steilen Anstiegen und auf ebensolchen Gefällstrecken erreichen Sie die inmitten des mit seinem alten Eichen- und Buchenbestand beeindruckenden Hesede Skov an einem kleinen Waldsee gelegene *Villa Galina* (knapp 15 km), die zu einem Restaurant umgebaut wurde.

Sie fahren an einigen weiteren kleinen Seen vorbei, erreichen den Waldrand (16 km), an dem Sie der rechts abzweigenden Straße in Richtung Gisselfeld folgen, passieren kurz darauf den umfangreichen Komplex des Gutshofs Hesede und stoßen im Tal des Baches Øvre Susă auf eine querlaufende Straße (17 km).

Sie überqueren den Øvre Susă und erreichen nach wiederholten kurzen, kräftigen Anstiegen das an einem kleinen See gelegene *Gisselfeld Kloster* (18 km).

Nach den Wirtschaftsgebäuden des Schlosses biegen Sie links ab – einige Meter weiter auf der Straße nach Haslev befindet sich am Besuchereingang des Schloßparks ein Café – und steigen auf einer Allee 1 km weit an, ehe Sie am Ortsrand von *Bråby* (19,5 km) einer querlaufenden breiteren Straße nach rechts durch den netten Ort hindurch folgen. Durch eine sanft gewellte, offene Landschaft führt die Straße nach *Bråby Stationsby* (21 km), wo Sie die Bahnlinie Næstved – Køge überqueren und nun auf einem Radweg entlang der Straße in leichtem Auf und Ab nach *Skuderløse* gelangen (24 km).

Am Ortsrand mündet die Straße gegenüber einer Fabrik in eine querlaufende verkehrsreiche Straße, der Sie nach links in Richtung Fensmark durch ein ausgedehntes Feuchtgebiet folgen, den Øvre Susă überqueren und nach einer kurzen Strecke im Skudemose Skov den umfangreichen Gebäudekomplex des Gehöfts Holmegård passieren (28,5 km). Hier folgen Sie auf einem Radweg der breiten Verbindungsstraße zwischen Fensmark und Holme-Olstrup nach rechts zu einem Kreisverkehr am Stadtrand von *Fensmark* (29,5 km).

Nach rechts gelangen Sie zum *Holmegårds Glasværk,* wo Sie an einer Führung teilnehmen können, Glaswaren kaufen oder auch nur in einem Café etwas zu sich nehmen können (Abstecher hin und zurück 1,5 km).

Zur Fortsetzung der Tour halten Sie sich in Richtung Næstved und folgen einer breiten Umgehungsstraße entlang dem Ortsrand von Fensmark, steigen anschließend auf einem Radweg neben der Straße leicht an, erreichen auf der nun leicht fallenden Straße den Stadtrand von *Næstved* (33,5 km) und stoßen wieder auf die A54.

Auf demselben Weg, auf dem Sie Næstved in Richtung Holme-Olstrup verließen, kehren Sie zu Ihrem Ausgangspunkt zurück.

Nützliche Informationen

Ausgangsort: Næstved, lebhafte »Hauptstadt« (45 000 E.) der südlichen Hälfte der Insel Seeland; im Mittelalter gegründete Stadt, in der einige alte Gebäude erhalten

Viele der Siedlungen bekamen im Mittelalter die Stadtrechte und damit auch das Recht, einen Markt abzuhalten, was auch heute noch in den meisten Städten, wie hier in Næstved, ein- bis zweimal pro Woche getan wird.

geblieben sind. Hotel, Campingplatz, JH (Tel. 53722091).

Anfahrt: E47/E55, Kopenhagen – Vordingborg, Ausfahrt 37. Auf der A54 nach Næstved. In der Stadt auf der Ringsledgade, dann dem Farimagsvej der Ausschilderung »Station« folgen. Parkplatz bei Bahnhof und Post.

Etappen: Næstved – Holme-Olstrup 7,5 km – Gisselfeld Kloster 10,5 km (18 km) – Skuderløse 6 km (24 km) – Fensmark 5,5 km (29,5 km) – Næstved 7,5 km (37 km).

Einkehr unterwegs: Villa Galina (Sommerrestaurant im Wald); Café am Park von Gisselfeld Kloster; Kro in Bråby Stationsby; Café/Restaurant beim Holmegårds Glasværk.

Sehens- und Wissenswertes: In Næstved: • *Apostelhaus*, eines der im Stadtkern erhaltenen Fachwerkhäuser, geschmückt mit 12 Holzfiguren, die die Apostel darstellen (um 1510). • *Sct.-Mortens-Kirche*, Jernbanegade, gotische Kirche (13. Jh.) mit prächtiger, 6 m hoher Altartafel aus dem Jahr 1667; geöffnet Mo.–Fr. 9–12 Uhr, Mitte Juni–Mitte Sept. auch nachmittags von 14–17 Uhr. • *Sct.-Peders-Kirche*, Sct. Peders Kirkeplads, gotische Kirche (13. Jh.) mit Wandmalereien sowie Chorgestühl aus dem Mittelalter; geöffnet Mai–Aug. Di.–Fr. 10–12 und 14–16 Uhr, ansonsten 10–12 Uhr. • *Næstved Museum*, Ringstedgade 4, Heimatmuseum für die Stadt und die Umgebung, untergebracht in Backsteinhäusern aus dem 15. Jh.; geöffnet Di.–So. 10–16 Uhr. • *Gardehusarregimentets Historiske Sammlung*, Skyttemarksvej, Sammlung über das Gardehusarenregiment, das in den siebziger Jahren in der Kaserne untergebracht war; geöffnet Mitte Juni–Mitte August Mo.–Fr. 10.30–12 Uhr. Jeden Mittwoch nachmittag reitet die Pferdeschwadron der Gardehusaren durch die Stadt. • *Axeltorv*, Platz im Stadtzentrum, wo jeden Mittwoch und Samstag ein Markt stattfindet und im Juni und Juli samstags Jazz gespielt wird. • *Bon-Bon-Land* in Holme-Olstrup, Vergnügungspark; geöffnet Anfang Mai–Anfang Sept.

10–17 Uhr, Mitte Juni–Anfang Aug. 10–19 Uhr; Eintrittsgebühr. • *Gisselfeld Kloster*, einer der frühesten Herrenhöfe; nur der Park ist zugänglich, ganzjährig geöffnet ab 10 Uhr, im Sommer bis 18 Uhr, sonst bis 17 Uhr; Café am Eingang; Eintrittsgebühr. • *Holmegårds Glasværk*, seit 1825 arbeitende Glashütte, die zu Royal Copenhagen gehört, einem Zusammenschluß der renommiertesten dänischen Kunsthandwerksunternehmen, Herstellung sowohl von mundgeblasenem Glas als auch von Glasverpackungen durch vollautomatische Maschinen; Zutritt frei; geöffnet Mo.–Do. 9.30–13.30 (Mittagspause von 12.15–12.40), Fr. 9.30–12.00, Sa./So. März–Okt. 11–15 Uhr; Museum, Glasboutique mit dem Verkauf von Artikeln zweiter Wahl, geöffnet Mo.–Fr. 10–16 Uhr, Sa. und So. 11–16 Uhr; Restaurant.

Fahrradverleih: Næstved Vandrerhjem, Frejasvej 8, Tel. 53 72 20 91 und Borum Rø, Østergade 23–25, Næstved, Tel. 53 72 07 52.

Auskunft: Turistkontor, Det Gule Pakhus, Havnen 1, DK-4700 Næstved, Tel. 53 72 11 22.

Karte: Storstrøms Amt, 1:100 000.

34 Waldiges Hügelland um Ringsted (Seeland)

Ringsted – Ortved – Vigersted – Mortenstrup – Skjoldenæsholm – Haraldsted – Ringsted

Tourencharakter: Anstrengende Tour mit ständigem Auf und Ab, vorwiegend durch Wald; auf ruhigen Landstraßen, wenige Kilometer auf Schotterwegen, mehrere Kilometer auf Radwegen an stark befahrenen Durchgangsstraßen; größtenteils nicht markiert.

Länge: 51 km.
Gesamtanstieg: 410 m.

Ganz so friedlich wie heute war es in der reizvollen Landschaft um Ringsted nicht immer, fand doch etwas nördlich der Stadt im Jahre 1131 ein Mord statt, der den weiteren Verlauf der dänischen Geschichte entscheidend prägte. Ermorderter: Knud Lavard, Mörder: sein Vetter Magnus, Motiv der Tat: Eifersucht und Machtstreben. Denn beide

Daß Radfahren in Dänemark eine Selbstverständlichkeit ist, beweisen die zahlreichen an Bushaltestellen und Bahnhöfen abgestellten Fahrräder wie hier in Næstved (Tour 33).

hatten vor, nach dem Tod des damaligen Königs Niels, der mit 70 Jahren schon recht betagt war, den Thron zu übernehmen. Niels jedoch favorisierte nicht seinen Sohn Magnus, sondern seinen Neffen Knud Lavard, den er bereits als Lehnsherrn von Schleswig in Südjütland eingesetzt hatte. Dieser hatte sich dort, um sich besser gegen die ständigen Angriffe der Wenden wehren zu können, mit den Deutschen verbündet und den deutschen Kaiser wiederum als seinen Lehnsherrn anerkannt, hatte Deutsche aufgefordert, in Schleswig zu siedeln und Handel zu treiben.

Als Knud nun zu einem vom noch regierenden König Niels einberufenen Treffen der führenden dänischen Herren nach Roskilde zog, wurde er auf dem Rückweg von seinem eifersüchtigen Vetter ermordet. Diese Gelegenheit nutzte die deutsche Kavallerie und fiel in Schleswig ein, wo sie die dänische Armee schlug, wobei Magnus fiel. Auch König Niels wurde kurz darauf in Schleswig ermordet.

Ein sich über 26 Jahre hinziehender Bürgerkrieg war die Folge, stand der Thron doch nun leer und versuchten mehrere Anwärter, ihn zu erobern. Die Unruhen wurden beendet, als der Sohn von Knud Lavard, Valdemar, die alleinige Macht übernehmen konnte und, um die Gegenpartei etwas zu versöhnen, eine Tochter von Magnus, seines Vaters Mörder, heiratete. Einige Jahre später ließ er in Ringsted, Kreuzungspunkt mehrerer Straßen und ehemaliger Thingplatz von Seeland, die Sct.-Bendts-Kirche bauen. Im Gegenzug erklärte sich der Papst bereit, Valdemars Vater, Knud Lavard, heiligzusprechen. So wurde bei der Einweihungszeremonie im Jahr 1170 sowohl Knud zum Heiligen erklärt als auch Valdemars eigener Sohn zum König gekrönt.

Damit verbanden sich zum ersten Mal in der dänischen Geschichte offiziell Königshaus und Kirche, die in Zukunft Einspruchsrecht bei der Wahl des Königs hatte, während die Adligen, die bisher den König gewählt hatten, ihm sozusagen als Statisten nur noch zujubeln durften. Als »König von Dänemark durch Gottes Gnaden« betrachteten sich fortan die dänischen Könige.

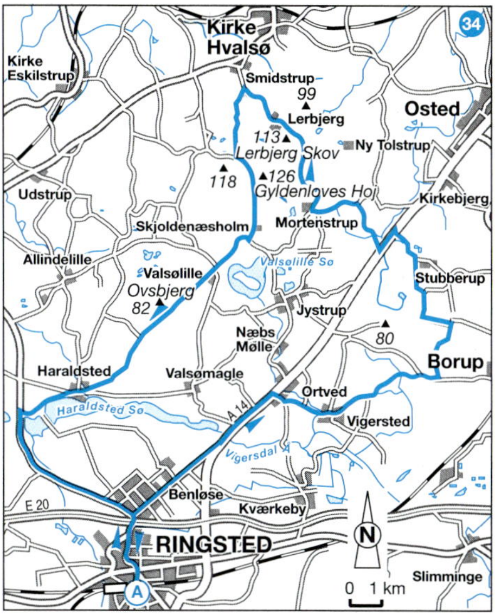

Streckenbeschreibung

Am Bahnhof in Ringsted überqueren Sie den Vestervej, steigen in der Sjællandsgade zu einem Kreisverkehr an und durchfahren auf der Tinggade (Fußgängerzone) und der Nørregade, vorbei an der Sct. Bendts Kirche, das Stadtzentrum. Kurz bevor die Straße am Stadtrand eine Linkskurve beschreibt und in eine Umgehungsstraße einmündet (1,5 km), halten Sie sich geradeaus und folgen nach 250 m – die Nørregade endet hier als Sackgasse – einem Radweg (Radmarkierung: Cykelsti til Roskilde og Holbæk) entlang einer mehrspurigen Ausfallstraße über die E 20, Køge – Slagelse, und durch *Benløse* hindurch (2,5 km) zur Einmündung in die A 14, Roskilde – Næstved (5 km).

Sie halten sich auf einem Radweg entlang der verkehrsreichen Straße nach links (Ww. Roskilde), durchqueren die flache Talsenke des Vigersdal Å und steigen auf der schnurgeraden Straße nach *Ortved* an (7 km). Dort biegen Sie rechts ab (von hier ab auf die nächsten 22 km bis Lerbjerg keine Radmarkierung) auf eine ruhige Landstraße nach *Vigersted* (9,5 km), wo Sie sich nach rechts wenden und die Kirche passieren.

Die Kirche lohnt einen Besuch wegen der Kalkmalereien, die Szenen aus dem Leben des Heiligen Nikolaus von Smyrna zeigen,

NADVER
365 167
DAAB
488

Die Kirche von Vigersted ist eine der zahlreichen weiß gekalkten Dorfkirchen, die zwischen dem 12. und dem 14. Jh. entstanden.

des Schutzheiligen der Seefahrer und, aufgrund seiner Mildtätigkeit, »Vater« des heutigen Nikolaus. Auf den Fresken ist auch Knud Lavard mit einem Blumenkranz im Haar dargestellt.

Sie folgen der Ausschilderung »Borup« auf dem schmalen, kurvenreichen Ågerupvej zwischen Wiesen und Feldern in leichtem Auf und Ab zu einer querlaufenden Straße (13 km). Hier wenden Sie sich nach rechts (Ww. Borup), biegen nach einigen hundert Metern links ab (Ww. Lammestrup) und wenden sich kurz vor Lammestrup in Richtung Stubberup erneut nach links (15,5 km). Am Rand des Waldgebiets Stubberup Storskov halten Sie sich nahe eines schlößchenartigen Pflegeheims nach links (Ww. Stubberup) und erreichen nach kurvenreichem Auf und Ab den Ort *Stubberup* (18 km). Gleich am Ortsbeginn wenden Sie sich nach links und stoßen auf die A 14 (19,5 km).

Ihr folgen Sie auf einem Radweg nach links in Richtung Ringsted, verlassen sie aber schon nach 600 m wieder nach rechts. Bei *Atterup* (22 km) biegen Sie auf eine querlaufende Straße nach links ein und gelangen an den Ortsrand von *Mortenstrup* (23,5 km).

Sie biegen rechts ab, durchfahren das kleine Dorf mit seinen strohgedeckten Bauernhäusern und halten sich wenig später am Waldrand nach links (Ww. Ravnsholte, Valborup). Der für PKW gesperrte Schotterweg steigt in diesem hügeligen Waldgebiet etwa 3 km weit an auf ca. 110 m Höhe zu einer ausgedehnten Lichtung mit einem Sendeturm (27 km). Der jetzt wieder asphaltierte Lerbjergvej führt in zahlreichen Kurven an den wenigen Bauernhäusern von *Lerbjerg* und an einigen Teichen ohne Zu- und Ab-

Viele der Dorfkirchen wurden im 15. Jh. mit Fresken ausgemalt.

fluß, sogenannten Toteislöchern, vorbei. Hier stoßen Sie auf die Radmarkierung 6, der Sie auf den nächsten 16 km bis Haraldsted Sø folgen.

Der Lerbjergvej mündet in eine etwas breitere Landstraße ein, auf der Sie sich nach links halten, sowohl zahlreiche Gehöfte als auch weitere Teiche passieren und auf eine querlaufende Straße stoßen (32 km). Sie wenden sich erneut nach links (Ww. Skjoldenæsholm) und durchfahren den Højbjerg Skove. Wollen Sie einen Abstecher zum höchsten Punkt der Insel Seeland machen, dem Gyldenløves Høj (126 m), biegen Sie 800 m nach dem Waldrand auf einen Fahrweg nach links ab (Informationstafel).

Sie kommen an dem etwas links oberhalb der Straße gelegenen Ausflugslokal Kudskehuset vorbei und erreichen den Weiler *Skjoldenæsholm* (34 km) mit dem gleichnamigen Herrenhaus (1766), in dem ein Golfhotel und Kursuscenter eingerichtet wurde und dessen Park für die Öffentlichkeit zugänglich ist.

Sie passieren kurz darauf ein zum Herrenhaus gehörendes Straßenbahnmuseum, halten sich an einer Querstraße nach rechts (34,5 km), fahren auf der schnurgeraden, ständig leicht ansteigenden und fallenden Straße zunächst durch die kleine Ortschaft *Valsølille* (36 km), dann durch den Haraldsted Skov. An einem großen Gehöft passieren Sie die Abzweigung eines Weges (ausgeschildert) zu Knud Lavards Kapel (Abstecher hin und zurück 300 m) und gelangen kurz darauf nach *Haraldsted* (41,5 km).

Auf der Hauptstraße halten Sie sich nach rechts, steigen am Ortsrand auf einem links abzweigenden Feldweg einige Meter an und erreichen entlang dem Haraldsted Sø die stark befahrene B 215, Ugerløse – Ringsted (43,5 km). Sie folgen ihr auf einem Radweg nach links, kommen kurz darauf zunächst an einem Rast- und Badeplatz mit Kiosk, dann am Haraldsted Kro (44,5 km) vorbei und gelangen auf dieser schnurgeraden Straße – nicht der rechts abzweigenden Radmarkierung 6 folgen – nach *Benløse*, wo Sie die E 20 überqueren und auf demselben Weg, auf dem Sie Ihre Tour begonnen haben, durch die Stadtmitte zu Ihrem Ausgangspunkt zurückkehren.

Nützliche Informationen

Ausgangsort: Ringsted, Einkaufsstadt und kulturelles Zentrum auf Seeland. Hotels, Campingplatz, JH (Tel. 53 61 15 26).
Anfahrt: E 20, Slagelse – Køge, Ausfahrt Ringsted. Durch das Stadtzentrum zu einem Parkplatz am Bahnhof.
Etappen: Ringsted – Ortved 7 km – Lammestrup 8,5 km (15,5 km) – Mortenstrup 8 km (23,5 km) – Lerbjerg 4 km (27,5 km) – Skjoldenæsholm 6,5 km (34 km) – Haraldsted 7,5 km (41,5 km) – Ringsted 9,5 km (51 km).
Einkehr unterwegs: Café-Restaurant Kudskehuset (im Wald gelegenes Ausflugslokal mit Garten); Haraldsted Kro (am Westufer des Haraldsted Sø).
Bademöglichkeit: Haraldsted Sø.
Sehens- und Wissenswertes: In Ringsted:
• *Sct.-Bendts-Kirche*, Klosterkirche des im Jahr 1080 gegründeten Benediktinerklosters, eines der ersten auf dänischem Boden; die heutige Backsteinkirche ersetzte um 1170 die erste Klosterkirche; von 1182 bis1341 Grablege des Königshauses; eine der ältesten und bedeutendsten Kirchen Dänemarks. In der Kirche Kopie des Dagmarkreuzes, einer seltenen Goldschmiedearbeit (11. Jh.), die beim Grab der Königin Dagmar in der Kirche gefunden wurde. Geöffnet Mai–Mitte Sept. 10–12 und 13–17 Uhr, ansonsten 13–15 Uhr. • *Ringsted Museum*, Køgevej, Windmühle und kulturhistorisches Heimatmuseum; geöffnet Di.–So. 11–16 Uhr; Museumscafé. • *Fantasy World*, in Benløse, Märchenland, geöffnet Ende März–Ende Sept. und Okt.–Dez. 10–17 Uhr. • *Sporvejsmuseet*, Straßenbahnmuseum in Skjoldenæsholm, Ausstellung von Straßenbahnwaggons; geöffnet Mai–Okt. Sa. 13–17 Uhr und So. 10–17 Uhr. • Bei *Haraldsted*, Ruine einer kleinen Kirche, die an der Stelle errichtet wurde, an der Knud Lavard im Jahr 1131 ermordet wurde; Zugang an einem Bauernhof.
Fahrradverleih: Nørregade's Cykelforretning, Nørregade 34, Ringsted, Tel. 53 61 33 52.
Auskunft: Turistbureau, Sct. Bendtsgade 10, DK-4100 Ringsted, Tel. 53 61 34 00.
Karte: Cykelruter i Vestsjælland, 1:100 000; oder Bicycle Routes and Excursions in the County of Roskilde, 1:100 000.

35 Schauplatz dänischer Geschichte bei Roskilde (Seeland)

Roskilde – Øm – Lejre – Schloß Ledreborg– Svogerslev – Kattinge – Roskilde

Tourencharakter: Nicht ganz mühelose Tour mit mehreren, teilweise langgezogenen Anstiegen; einige Kilometer auf Radwegen entlang stark befahrener Durchgangsstraßen, ansonsten auf ruhigen Straßen und kurzzeitig auf Schotterwegen; größtenteils nicht markiert.

Länge: 35 km.
Gesamtanstieg: 360 m.
Ausrüstung: Taschenlampe für die Besichtigung eines Ganggrabs bei Øm.

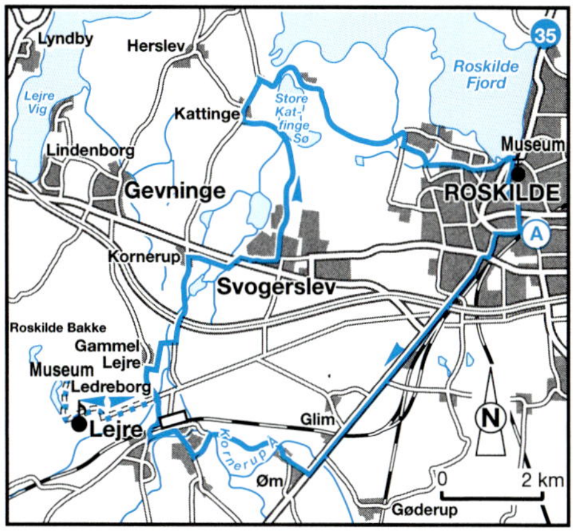

»Eine Reise in die Vergangenheit Dänemarks« könnte man diese Radtour nennen. Startpunkt: Roskilde, zwischen dem 11. und 15. Jh. die Hauptstadt Dänemarks, Ziel: Gammel Lejre, wichtiger Kultort und sagenumwobenes Machtzentrum zu Beginn der Wikingerzeit im 7./8. Jh.. Unterwegs: Beispiele verschiedener Stadien der dänischen Besiedlungsgeschichte. Die Jungsteinzeit ist vertreten durch eines der größten und am besten erhaltenen Ganggräber bei Øm (um 3000 v. Chr.). Einen anschaulichen Einblick in das Alltagsleben während der Eisenzeit (5. Jh. v.– 8. Jh. n. Chr.) gewährt das Historisch-Archäologische Forschungszentrum, wo alte Handwerkstechniken erprobt werden. Die Wikingerschiffe im Museum in Roskilde geben Auskunft über die handwerklichen Fähigkeiten der Wikinger (8.–11. Jh. n. Chr.), die schiffsförmige Steinsetzung – eventuell ein Ritualplatz – bei Gammel Lejre gibt Auskunft über ihren Glauben, ein Schiff würde den Verstorbenen in das Reich der Toten, Valhalla, bringen. Die Anfänge des Christentums während des Mittelalters (11.–16. Jh.) präsentieren in Roskilde die Sct.-Jørgensbjerg-Kirche aus dem Jahr 1040, eines der ältesten erhaltenen Steingebäude, und die Vor-Frue-Kirche; die Machtzunahme der Kirche während der folgenden Jahrhunderte demonstriert der Bau der Domkirche. Die Veränderung der Dörfer durch die Bodenreform um 1800 zeigt sich in Gammel Lejre, wo von den einstigen sechs Höfen entlang der Straße nur noch einer übrig geblieben ist, der Kongsgård, ein gegen Ende des 17. Jh. erbauter Hof, der heute als Museum über das Leben in einem typischen Vier-Längen-Hof, angeordnet um einen Innenhof, informiert. Den krassen Unterschied zwischen der Lebensweise der Bauern und der Herren macht der prachtvolle, zu Beginn des 18. Jh. erbaute Herrensitz Ledreborg deutlich, dessen Gemächer prunkvoll ausgestattet sind und der umgeben ist von einem weitläufigen Park.

Streckenbeschreibung

Vom Parkplatz in der Nähe des Bahnhofs folgen Sie der Jernbanegade nach links zur breiten Ringsted Gade, halten sich wenig später erneut nach links und verlassen auf einem Radweg entlang der Ringsted Gade und deren Fortsetzung, dem schnurgeraden Ringstedvej (= A 14), den Stadtbereich. Am Stadtrand unterqueren Sie die A 21, Kopenhagen – Holbæk, überqueren auf Höhe der Ortschaft Glim die Bahnlinie Kopenhagen – Tølløse (6 km) und biegen am Ortsbeginn von *Øm* rechts ab (6,5 km).

Auf einer ruhigen Landstraße in Richtung Lejre durchqueren Sie das Tal des Kornerup Å und passieren ein Ganggrab, das größte Dänemarks, das aus der Zeit um 3000

v. Chr. stammt und besichtigt werden kann. Sie überqueren den Kornerup Å ein zweites Mal und stoßen am Ortsrand von *Lejre* (9 km) auf eine Querstraße.

Ihr folgen Sie nach rechts leicht bergab durch den Ort, unterqueren die Bahnlinie und stoßen bei *Blæsenborg* auf eine querlaufende, schnurgerade Allee (11 km), die 7 km lange Ledreborg Allee, die auf das Schloß Ledreborg zuführt.

Sie wenden sich nach links (Radmarkierung 4 und 6) und steigen auf der Allee an zum Eingang des Schlosses (12,5 km), das besichtigt werden kann. Anschließend umfahren Sie den Schloßpark nach rechts und halten sich an einer Kreuzung wiederum nach rechts zum Historisch-Archäologischen Forschungszentrum (14 km).

Auf demselben Weg kehren Sie zu der Kreuzung bei Blæsenborg zurück und folgen der Radmarkierung 4 und 6 nach *Gammel Lejre* (17,5 km), wo Sie im Ort zum Gammel Kongsgård gelangen, einem Museumshof.

Sie kehren wieder 100 m zurück zum Ortsrand, biegen an einem Parkplatz links ab (Ww. Skibssætningen, Radmarkierung 4 und 6) und erreichen auf einem Schotterweg einen langgezogenen, abgeflachten Hügel mit einer schiffsförmigen Steinsetzung (18 km), die mit einer Länge von 80 m die größte derartige Steinsetzung Dänemarks darstellt. Von hier aus sind auf den Hügeln ringsum mehrere Grabhügel zu sehen.

Der Schotterweg mündet in eine Straße ein, der Sie nach links folgen, die A 21 unterqueren und nach *Kornerup* ansteigen (20 km). Im Ort wenden Sie sich nach rechts (Ww. Svogerslev), durchqueren das flache Tal des Kornerup Å und steigen, wo die Straße links abknickt, geradeaus weiter an auf dem Gammel Landevej. Nach Unterqueren der B 155, Roskilde – Holbæk, erreichen Sie, weiter ansteigend, Svogerslev (21,5 km) und fahren auf der dritten links abzweigenden Straße, dem Kongemarksvej – nicht geradeaus der Radmarkierung 4 und 6 folgen! – bequem bergab in Richtung Kattinge. Vorbei am Store Kattinge Sø erreichen Sie das nette Dorf *Kattinge* (25 km) mit mehreren um einen Dorfteich gruppierten strohgedeckten Häusern. Auf der Kattinge Bygade wenden Sie sich nach rechts und halten sich, wo die Straße nach Herslev links abknickt, auf dem Boserupvej geradeaus.

Kurz nach dem Ort biegt der Boserupvej oberhalb des Kattinge Vig, einer Einbuchtung des Roskilde Fjords, rechts ab (Ww. Roskilde), führt zwischen dem Store Kattinge Sø und dem Roskilde Fjord zum Rand des Boserup Skov und auf den Stadtrand von *Roskilde* zu.

Der Boserupvej führt rechts um den umfangreichen Komplex des Skt.-Hans-Hospitals herum, passiert das Ortsschild von Roskilde und gabelt sich (32 km) am Rand eines alten Stadtteils mit niedrigen Fachwerkhäusern. Sie halten sich nach links in die Smedegade, anschließend nach rechts in die Toftegade und biegen nach 50 m wieder links ab in die Brøndegade. Diese mündet in die Havnegade, der Sie nach links folgen, überqueren wenig später einen ausgedehnten Parkplatz nach rechts und gelangen auf einem Fuß- und Radweg entlang des Fischer- und Yachthafens zum *Wikingerschiffsmuseum* (32,5 km).

Auf dem breiten Sankt Claras Vej steigen Sie sanft an in Richtung Stadtzentrum, biegen nach einigen hundert Metern links ab und steigen in der Violgade und auf dem Weysegangen zum *Domplatz* an (33,5 km). Durch die Straße Fondensbro, über den Stændertorvet und durch die Allehelgensgade kehren Sie durch die Stadtmitte zu Ihrem Ausgangspunkt zurück.

Nützliche Informationen

Ausgangsort: Roskilde, zwischen dem 11. und 15. Jh. Hauptstadt Dänemarks, heute geschäftiges Handelszentrum. Hotels, Campingplatz, JH (Tel. 42 35 21 84).
Anfahrt: A 21, Holbæk – Kopenhagen, Ausfahrt 13. Auf der A 14 in die Stadtmitte. Parkplatz in der Jernbanegade nahe dem Busbahnhof.
Etappen: Roskilde – Øm 6,5 km – Lejre 3,5 km (10 km) – Historisch-Archäologisches Forschungszentrum 4 km (14 km) – Gammel Lejre 3,5 km (17,5 km) – Svogerslev 4,5 km (22 km) – Kattinge 3 km (25 km) – Roskilde 10 km (35 km).
Einkehr unterwegs: Slotskro in Lejre (gepflegtes Speiserestaurant); Restaurant Svej-

Letzter Überrest eines einst aus sechs Höfen bestehenden Dorfes ist der Kongsgård, ein im 17. Jh. erbauter Hof, der heute besichtigt werden kann.

tserhuset beim Historisch-Archäologischen Forschungszentrum; Kro in Svogerslev.

Sehens- und Wissenswertes: Vorweg ein Tip: Beabsichtigt man, die vier auf der Tour passierten Sehenswürdigkeiten (Roskilde: Dom und Wikingerschiffsmuseum; Ledreborg: Schloß und Historisch-Archäologisches Forschungszentrum) zu besichtigen, lohnt sich bereits der Kauf der »Roskilde Card«, eines Touristenpasses, der auch zum Eintritt zu weiteren Sehenswürdigkeiten in der Umgebung berechtigt; erhältlich in den Touristenbüros, auf Campingplätzen und bei Tankstellen.

In Roskilde: • *Domkirche*, eines der bedeutendsten Bauwerke Dänemarks; Baubeginn im Jahr 1170 an derjenigen Stelle, an der zuvor schon drei Kirchen gestanden hatten; im 14. und 15. Jh. Anbau von Vorhallen und Kapellen, da seit dem 15. Jh. Grablege der dänischen Könige; heute vier Seitenkapellen mit den Gräbern von 20 Königen und 17 Königinnen; jede Kapelle zeigt eine andere Stilrichtung; geöffnet 10–14.45 Uhr; Eintrittsgebühr. • *Roskilde Palæet*, im Jahr 1733 als Aufenthaltsort des Königs und Wohnung für den Bischof erbauter Palast; heute Museum für zeitgenössische Kunst; geöffnet Mo.–Fr. 11–17 Uhr, Sa. und So. 12–16 Uhr. • *Roskilde Museum*, Skt. Olsgade 18, kulturhistorisches Heimatmuseum; geöffnet Juni–Aug. täglich 11–17 Uhr, sonst Mo.–Sa. 14–16 und So. 14–17 Uhr. • *Vikingeskibshallen*, Strandengen, hier sind fünf im Roskildefjord ausgegrabene Wikingerschiffe aus der Zeit um 1000 n. Chr. aufbewahrt; eine Ausstellung informiert über die Wikingerzeit und Seefahrt, ein Film über den Grabungsablauf. Geöffnet April–Okt. 9–17 Uhr, Nov.–März 10–16 Uhr; Cafeteria; Eintrittsgebühr. Im Juli ist es möglich, an einer Fahrt mit einem museumseigenen, nachgebauten Wikingerschiff teilzunehmen; Beginn der Fahrt Mo.–Fr. 11 Uhr, Dauer 4 Std., Anmeldung Tel. 42 37 20 47 Mo.–Fr. 9–11 Uhr. • *Ledreborg Slot*, eine der besterhaltenen Rokokoanlagen Dänemarks, seit 1739 Domizil der Familie Holstein-Ledreborg, Originalmöblierung der Räume erhalten (u. a. Gobelinsaal, Rittersaal, Kapelle, Schloßküche), die besichtigt werden können, ebenso wie der ausgedehnte Schloßpark mit Gartenterrassen

Eines der bedeutendsten Bauwerke Dänemarks ist die Domkirche in Roskilde, seit dem Mittelalter Grablege der dänischen Könige.

und altem Waldbestand; geöffnet Juni–August sowie jeden So. im Mai und Sept. von 11–17 Uhr, Eintrittsgebühr. • *Historisch-Archäologisches Forschungszentrum*, nach Vorlagen aus der dänischen Eisenzeit wurde ein Dorf erbaut, in dem Handwerk, Landwirtschaft, Naturbedingungen der Eisenzeit durch praktische Versuche erforscht werden; während des Sommers leben hier Familien freiwillig unter »eisenzeitlichen« Bedingungen, erproben Archäologen alte Bautechniken, werden in Werkstätten mit alten Handwerkstechniken Kleidung, Töpferwaren und Waffen hergestellt. Aktivitätsprogramm, an dem Besucher z. T. teilnehmen können, z. B. Münzprägung, Hausbau aus Weidengeflecht

und Lehm. Geöffnet während des Sommers täglich 10–17 Uhr; Restaurant; Eintrittsgebühr. • *Gammel Lejre*, Kongsgården, Hof vom Ende des 17. Jh., heute Museum; geöffnet 1.5.–30.9. täglich 10–17 Uhr.
Fahrradverleih: Anfragen im Touristenbüro.
Auskunft: Turistbureau, Gullandsstræde 15, DK-4000 Roskilde, Tel. 42 35 27 00.
Karte: Bicycle Routes and Excursions in the County of Roskilde, 1:100 000.

36 Der grüne Norden Kopenhagens (Seeland)

S-Bahn-Haltepunkt Skovbrynet in Bagsværd – Kongens Lyngby – Klampenborg – Brede – Frederiksdal – Skovbrynet

Tourencharakter: Leichte Tour, was die Anforderungen anbetrifft, jedoch für Kinder wegen der teilweise verkehrsreichen Straßen nur bedingt geeignet; überwiegender Teil der Strecke auf Rad- und Fußwegen durch eine Parkanlage und entlang des Flusses Mølleå.
Länge: 30 km.
Gesamtanstieg: 190 m.

An schönen Wochenenden ziehen die Einwohner von Kopenhagen in Scharen in den Norden der Stadt, dorthin, wo sich »grüne Lungen« erhalten haben, beispielsweise um die vier Seen in der Umgebung von Kongens Lyngby. Seit hundert Jahren, seit die Städter begannen, in ihrer Freizeit den Aufenthalt in der Natur zu schätzen, verkehren hier Vergnügungsboote, die an den zahlreichen an den Ufern gelegenen Ausflugslokalen anlanden. Dyrehave, der Hirschpark, ist ein anderes beliebtes Ziel für Sonntagsspaziergänge und Picknicks. Im Jahr 1670 hatte der damalige König ein großes Areal einzäunen und als königliches Jagdgelände anlegen lassen. Ein bereits bestehendes Dorf wurde kurzerhand dem Erdboden gleichgemacht, die Bauern auf andere Pachthöfe in der Umgebung verteilt. Im Gegensatz zu heute hatten damals »Gemeine«, d.h. das Volk, keinen Zutritt. Hier widmete sich der König der Jagd zu Pferd: eine Horde Hunde jagte einen Hirsch, bis dieser schließlich erschöpft zusammenbrach. Dann hatte einer der Jäger die Ehre, das Tier mit einem Hirschfänger zu erdolchen. Heute jedoch ist der Park wieder für die Öffentlichkeit zugänglich, und das Wild äst ganz ungestört unter den bis zu 400 Jahre alten Buchen und Eichen.

Streckenbeschreibung

Vom Parkplatz an der S-Bahn-Haltestelle Skovbrynet kehren Sie zurück zum mehrspurigen Bagsværdvej (= Ringstraße 4) und folgen ihm nach links (Ww. Lyngby) auf einem Radweg kurzzeitig entlang dem Südufer des Bagsværdsø, überqueren den Nybrovej (3,5 km) und halten sich auf dem Buddingvej nach links (4,5 km, Ww. Lyngby C.). Anschließend durchfahren Sie eine Geschäftsstraße von *Lyngby* und biegen unmittelbar nach einer Eisenbahnunterführung rechts ab auf den Firskovvej (5,5 km; Radmarkierung Klampenborg; dieser Markierung folgen Sie auf den nächsten 5 km bis Klampenborg).

Nach 100 m zweigt links ein Fuß- und Radweg ab, der die E 55, Kopenhagen – Helsingør (6,5 km) unterquert, am Südrand des Park- und Erholungsgeländes Ermelunden entlangführt und den Ermelundsvej unterquert. Auf dem Soløsesti erreichen Sie den Kampenborgsvej (9 km), kreuzen die Straße und betreten durch ein rot gestrichenes Holztor den *Jægersborg Dyrehave*, eine ca. 1000 ha große Parkanlage.

Wenn Sie eine Erfrischungspause einlegen möchten, fahren Sie an diesem Holztor vorbei und auf dem Enghavevej zum Café Kongekilder oder Studentenkilder (Abstecher hin und zurück 500 m bzw. 900 m).

Unmittelbar hinter dem Holztor folgen Sie einem Rad- und Fußweg nach rechts (Ww. Dyrehavsbakken), passieren den Fuglesangsø, den Kildesø, eine Pferderennbahn und den Vergnügungspark Bakken, ehe Sie

an einer Wegkreuzung das Peter Lieps Hus (Einkehrmöglichkeit) erreichen (10,5 km).

Auf dem Peter Lieps Vej überqueren Sie am Rand des Parks die Bahnlinie Kopenhagen – Helsingør und gelangen am Ortsrand von Klampenborg an das bei Kopenhagener Bürgern sehr beliebte Strandbad *Bellevue* mit breitem Sandstrand (11,5 km), von wo aus Sie jenseits des Øresunds die schwedische Küste erkennen können. Auf demselben Weg kehren Sie wieder in den Park zurück zum Peter Lieps Hus, biegen rechts ab auf den schnurgeraden Kristiansholmvej, passieren zahlreiche vorchristliche Grabhügel sowie die *Eremitagen* (14,5 km), ein königliches Jagdhaus aus dem Jahr 1736, und erreichen auf dem Rådvadsvej, anschließend nach links auf der Chaussée den am Mølleå und dem aufgestauten See Rådvaddam gelegenen Ort *Rådvad* (15,5 km).

Schon im Mittelalter wurde das Gefälle des Flusses Mølleå zum Betreiben von Mühlen genützt; neun Wassermühlen standen damals zwischen Frederiksdal und Strandmøllen. Daraus entwickelten sich im 17. und 18. Jh. die ersten Industriebetriebe, weshalb das Tal des Mølleå auch als »Wiege der dänischen Industrie« bezeichnet wird. In Brede beispielsweise gab es eine Textilfabrik, in Rådvad eine Messerfabrik, in Strandmøllen eine Papiermühle.

Am Rådvad Kro wenden Sie sich nach links und fahren auf einem Fuß- und Radweg (rote Markierung, Kongens Lyngby) am Nordufer des Mølleå entlang, folgen für wenige Meter der Straße Svenskevej nach links und biegen am Nordufer des Stampedam (16 km) wieder auf einen Rad- und Fußweg nach rechts ab. Weiter entlang dem Ufer des Mølleå unterqueren Sie die E55, Helsingør – Kopenhagen, passieren in *Brede* das Nationalmuseum (21 km) und gelangen auf einer für den PKW-Verkehr offenen Schotterstraße, vorbei an der Rückseite eines Freilichtmuseums, an den Hummeltoftevej (22,5 km), auf dem Sie auf einem Radweg nach rechts ansteigen.

Wenn Sie das sehenswerte Freilichtmuseum besuchen möchten, wenden Sie sich an der folgenden Kreuzung nach rechts zum Eingang des Museums.

Durch einen Zaun geschützt ist der Wildbestand im königlichen Jagdgebiet Dyrehave, das für Radfahrer und Fußgänger zugänglich ist.

Willkommene Einkehrmöglichkeit: der Kro »Studentenkilder«.

Zur Fortsetzung der Tour halten Sie sich auf dem Hummeltoftevej geradeaus, überqueren die B201 sowie die Bahnlinie Kopenhagen – Hillerød (23,5 km) und biegen wenig später, unmittelbar nach einer Kirche ohne Turm links ab. Diese Straße knickt rechts ab und führt oberhalb des Lyngby Sø zu einer querlaufenden Straße. Hier folgen Sie einem Rad- und Fußweg (Ww. Gang- og Cykelsti, Lyngby Åmose – Nybro) 50 m bergab zu einer Wegkreuzung (24,5 km). Sie wenden sich nach rechts und folgen in geringer Entfernung zum Mølleå dem Prinsessesti nach *Frederiksdal* (26 km), wo Sie auf dem verkehrsreichen Nybrovej den Mølleå überqueren – hier befinden sich ein Bootsverleih und eine Einkehrmöglichkeit. Im Mittelalter hatte hier der Bischof von Roskilde eine Burg, von der jedoch nur noch der Wall zu erahnen ist.

30 m nach Überqueren des Mølleå biegen Sie rechts ab auf den Kulhusvej (Ww. Bøndernes Hegn). Durch den Frederiksdal Skov und vorbei am Westufer des Bagsværd Sø steigen Sie zum stark befahrenen Frederiksborgvej an (28 km), dem Sie auf einem Radweg nach links folgen (Radmarkierung Utterslev Mose). Unbedingt auf der diesseitigen Straßenseite bleiben, ansonsten landen Sie im Stadtzentrum Kopenhagens.

Die Straße mündet in die mehrspurige A16, Hillerød – Kopenhagen, auf der Sie die Bahnlinie Kopenhagen – Farum überqueren. Wenig später verlassen Sie die A16 nach links auf dem Bagsværdvej (29,5 km) und biegen sofort erneut nach links ab zu Ihrem Parkplatz an der Bahnhaltestelle.

Nützliche Informationen

Ausgangsort: Bagsværd, moderne Vorstadtsiedlung im Norden Kopenhagens, am Bagsværd Sø gelegen; Hotels in Lyngby; Campingplatz in Nærum, an der A3, Lyngby – Holte; nächste JH Lyngby-Tårbæk in Rådvad, an der Radstrecke (Tel. 42 80 30 74).

Anfahrt: A16, Kopenhagen – Birkerød. A4 in Richtung Kongens Lyngby und unmittelbar nach der Abfahrt von der A16 abbiegen in Richtung Hareskovby/Skovbrynet, nach wenigen hundert Metern ein Parkplatz an der S-Bahn-Haltestelle Skovbrynet unter einer Brücke der A16.
Etappen: Haltestelle Skovbrynet – Klampenborg/Strand »Bellevue« 11,5 km – Rådvad 4 km (15,5 km) – Nationalmuseum in Brede 5,5 km (21 km) – Frederiksdal 5 km (26 km) – Parkplatz Skovbrynet 4 km (30 km).
Einkehr unterwegs: Zwei Gaststätten, »Kongekilder« und »Studentenkilder«, nahe dem Eingang zum Dyrehave; Peter Lieps Hus im Dyrehave; Kro in Rådvad; Cafeteria/Restaurant im Nationalmuseum in Brede; Restaurant im Freilichtmuseum; »Den Gamle Have«, Schenke beim Bootshafen von Frederiksdal.
Bademöglichkeit: Am Strand Bellevue in Klampenborg.
Sehens- und Wissenswertes: • *Bakken* bei Klampenborg, ältester Vergnügungspark der Welt (seit 400 Jahren) mit über 100 Attraktionen und 30 Lokalen; geöffnet Ende März–Ende Aug. täglich 14–24 Uhr; Eintritt frei. • *Nationalmuseum* in Brede, untergebracht in ehemaligen Gebäuden einer Textilfabrik, Ausstellungen zu den Themen Mode und Industrie; Museumsladen, Cafeteria, Restaurant; geöffnet ganzjährig Ende März–Mitte Okt. täglich außer Mo. 10–17 Uhr, 3. Oktoberwoche täglich 10–16 Uhr, sonst Mo.–Fr. 10–15 Uhr, Sa. und So. 12–15 Uhr; Eintrittsgebühr. • *Frilandsmuseet*, Freilichtmuseum in Sorgenfri, über 40 Bauernhöfe und Häuser, die hier zusammengetragen wurden, informieren über das Leben auf dem Lande zwischen dem 18. und 20. Jh.; Museumsladen, Picknickplätze, Restaurant; geöffnet Ostern–Ende Sept. täglich 10–17 Uhr, Anfang–Mitte Okt. 10–15 und in den Herbstferien (3. Oktoberwoche) 10–16 Uhr; Eintrittsgebühr.
Fahrradverleih: In Lyngby, anfragen bei der Touristeninformation.
Auskunft: Touristinformation, Lyngby Torv, DK-2800 Lyngby, Tel. 45 88 66 16.
Karte: Cykelruter i Frederiksborg Amt, 1:100 000; oder Stier i Københavns Amt, 1:50 000.

37 Die Schlösser Frederiksborg und Fredensborg (Seeland)

Hillerød – Grønholt – Schloß Fredensborg – Esrum Sø – Nødebo – Hillerød

Tourencharakter: Nicht ganz mühelose Tour, die zur Hälfte durch Wald führt; sonst auf Landstraßen und Radwegen entlang der Durchgangsstraßen; nicht markiert.
Länge: 39 km.
Gesamtanstieg: 330 m.

Seit dem Jahr 1443 hatten die dänischen Könige ihre Residenz in Kopenhagen. Doch Stadtleben und trockene Amtsgeschäfte schienen nicht jedem der Monarchen zu behagen. Jagd, Turniere, Trinkgelage waren mehr nach dem Geschmack von Frederik II. (1534–1588), und so erwarb er sich den Gutshof Hillerødsholm in der waldreichen Gegend nordwestlich von Kopenhagen. Durch Anbauten ließ er das Haus zu einem angemessenen Jagdsitz erweitern und nannte ihn Frederiksborg. Sein Sohn Christian IV. (1577–1648), aufgewachsen in einer Zeit wirtschaftlicher Blüte Dänemarks, in der dem Königshaus 47 Prozent des gesamten Landes gehörte, hielt das Haus jedoch für zu bescheiden und ließ es von 1600 bis 1620 grundlegend umbauen: Ein See wurde aufgestaut und auf drei kleinen Inseln ein prachtvolles Schloß errichtet, das die Macht des Königshauses widerspiegeln sollte. Hundert Jahre lang war Frederiksborg die Lieblingsresidenz der dänischen Könige. Dann wurde, nur etwa 8 km entfernt, ein neues Schloß erbaut: Schloß Fredensborg, wieder in wildreichem Wald gelegen, wieder aus einem ehemaligen Gutshof hervorgegangen. Das Ende des Nordischen Krieges, in dem Dänemark sieben Jahre lang gegen Schweden um die Vorherrschaft im Ostseeraum gekämpft hatte und der unentschieden ausgegangen war, wollte König Frederik IV. (1671–1730) mit dem Bau dieses Schlosses markieren. Klein sollte es werden, ein Sommerschloß im Stil eines Landhauses, am Esrum Sø gelegen, umgeben von Wald. Er selbst verbrachte dort die meiste Zeit seines Lebens, doch seinem Sohn wiederum war dieses Domizil zu bescheiden. Er bevorzugte einen Neubau als Sommerresidenz: Schloß Hirschholm, das heute nicht mehr existiert.

Erst ab der Mitte des 18. Jh. entwickelte sich mit dem nächsten Monarchen ein reges Hofleben auf Schloß Fredensborg, wurde es erweitert, um ein Stockwerk erhöht, wurde der Garten umgestaltet. Doch in der ersten Hälfte des 19. Jh. versank es wieder in einen Dornröschenschlaf, begann es zu verfallen. Auch Schloß Frederiksborg führte ein Schattendasein und wurde außerdem im Jahr 1859 das Opfer von Flammen, die es beinahe vollkommen zerstörten. Letzteres wurde durch Initiative des Gründers der Carlsberg-Brauereien zwar wieder in altem Stil aufgebaut, aber in ein Museum umgewandelt. Schloß Fredensborg wurde zu Beginn dieses Jahrhunderts wiederbelebt und wird gegenwärtig sehr häufig von der königlichen Familie bewohnt.

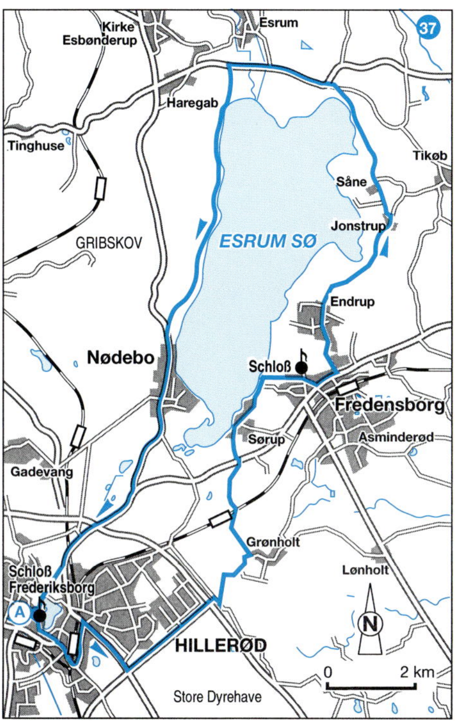

Streckenbeschreibung

Vom Parkplatz am Schloß Frederiksborg fahren Sie auf der Frederiksværksgade in Richtung Stadtmitte zur nächsten Ampelkreuzung, an der Sie sich nach links wenden und auf dem Nordstensvej, anschließend auf dem Hostrupsvej zu einer Kreuzung gelangen. Sie halten sich geradeaus, überqueren auf dem Banevej die Bahnlinie Hillerød – Kopenhagen und biegen auf den links abzweigenden Carlsbergvej ab (2 km), der stetig leicht ansteigt zum mehrspurigen Københavnsvej (3 km).

Auf einem Radweg entlang dem Københavnsvej in Richtung Kopenhagen erreichen Sie im Waldgebiet Store Dyrehave, einst königliches Jagdgebiet, eine Kreuzung (4,5 km), an der Sie sich nach links wenden (Ww. Helsingør). Sie überqueren die A 19, Hørsholm – Frederiksværk, biegen sofort rechts ab in Richtung Karlebo und folgen wenig später der Ausschilderung Grønholt nach links. Eine schmale Straße führt zwischen Wiesen und Viehweiden nach *Grønholt* (8 km).

Die links abzweigende Straße Grønholtvangen verläuft zwischen von Hecken begrenzten Wiesen, überquert die Bahnlinie Hillerød – Helsingør und führt in zahlreichen Kurven zur A 6, Hillerød – Helsingør. Sie kreuzen die A 6 um einige Meter nach links versetzt und gelangen auf einer ruhigen Landstraße nach *Sørup* (11,5 km). Zwischen zahlreichen strohgedeckten Häusern hindurch erreichen Sie am Ortsende den Fischer- und Bootshafen (13 km).

Am Rechtsknick der Straße halten Sie sich geradeaus, passieren das am Ufer gelegene Café Skipperhuset und steigen auf einem schnurgeraden Schotterweg zur Einfahrt des *Schlosses Fredensborg* an (14,5 km).

Am Schloßtor wenden Sie sich nach rechts und steigen nach 50 m in der Jernbanegade links an – wenn Sie geradeaus fahren, gelangen Sie nach 200 m zu einem Kro – zur Fußgängerzone von *Fredensborg*. Entweder durch die Fußgängerzone oder rechts, parallel zu ihr, stoßen Sie auf die stark befahrene A 6 (15 km), der Sie nach links auf einem Radweg einige hundert Meter weit folgen, ehe Sie auf dem Endrupsvej

Schloß Fredensborg, Besitz der königlichen Familie, kann im Juli besichtigt werden.

in Richtung Tikøb links abbiegen (15,5 km). Entlang der Umzäunung des Schloßparks gelangen Sie nach *Endrup* (16 km) und folgen einer kurvenreichen Straße in leichten, streckenweise langgezogenen Anstiegen zum Ostufer des *Esrum Sø*.

Nach den wenigen großen Gehöften von *Jonstrup* (19,5 km) biegen Sie links ab in Richtung Esrum und gelangen wieder an das Seeufer (22 km), an dem Sie nun unmittelbar entlangfahren. Auf einer querlaufenden Straße nach links (Ww. Esrum) erreichen Sie die breite B 205, Helsingør – Helsinge (23 km), auf der Sie ohne Radweg nach links ansteigen in Richtung Esrum. Sie passieren die Abzweigung nach Esrum und biegen an einem Parkplatz am Waldrand links ab auf den Søvej, einen geschotterten Waldweg (23,5 km). Stets geradeaus erreichen Sie im ausgedehnten Waldgebiet Gribskov das Ufer des *Esrum Sø*, fahren etwa 5,5 km weit am Ufer entlang und stoßen am Ortsbeginn von *Nødebo* auf die B 227, Hillerød – Gilleleje (32 km).

Sie folgen einem Radweg entlang der Straße nach links durch den langgestreckten Ort hindurch zur Einmündung in die A 6 (35,5 km), dann einem Radweg an der A 6 nach rechts über die mehrspurige A 19. Kurz nach Überqueren der Bahnlinie Hillerød – Helsinge halten Sie sich in einer Linkskurve der A 6 geradeaus (37,5 km, Ww. Frederiksborg Slotshave) und gelangen auf einer breiten, ruhigen Straße durch den Schloßpark, vorbei am See Badstuedam mit dem einstigen königlichen Badehaus, das heute gelegentlich bei Jagden benutzt wird, an das *Schloß Frederiksborg* (38,5 km).

Geradeaus über die Schloßzufahrt und durch den Schloßhof kehren Sie zu Ihrem Ausgangspunkt zurück.

Nur als Badehaus einstiger dänischer Könige diente dieses im Park des Schlosses Frederiksborg gelegene schloßartige Gebäude.

Nützliche Informationen

Ausgangsort: Hillerød, entstanden in der Umgebung des Schlosses Frederiksborg, heute Handelszentrum in Nordseeland mit moderner Einkaufspassage; vom Marktplatz schöner Blick über den See auf Schloß Frederiksborg. Hotels, Campingplatz, nächste JH in Fredensborg (Tel. 42280315), an der Radstrecke gelegen.
Anfahrt: Von Kopenhagen auf der A16 und der B233 in die Stadtmitte. Der Ausschilderung »Frederiksborg Slot« zu einem Parkplatz am Schloß folgen.
Etappen: Hillerød – Grønholt 8 km – Sørup 3,5 km (11,5 km) – Schloß Fredensborg 3 km (14,5 km) – B205 am Nordufer des Esrum Sø 8,5 km (23 km) – Nødebo 10 km (33 km) – Hillerød 6 km (39 km).
Einkehr unterwegs: Kiosk am Fischer- und Bootshafen von Sørup; Café Skipperhuset am Esrum Sø; Kro in Fredensborg; Kro in Nødebo.
Bademöglichkeit: Am Bootshafen von Sørup.
Sehens- und Wissenswertes: In Hillerød: • *Nordsjællandsk Folkemuseum,* Heimatmuseum in zwei Abteilungen; die in der Helsingørsgade in der Stadt gelegene Abteilung informiert über die Geschichte der Stadt, die etwas außerhalb des Zentrums beim Gut Sophienborg gelegene Abteilung ist in einem Kleinbauernhof aus den Jahren um 1860 untergebracht. Geöffnet Mai–Aug. Di.–So. 10–16 Uhr, Sept. Di.–So. 13–16 Uhr, sonst Sa. und So. 13–16 Uhr. • *Schloß Frederiksborg,* Dänemarks Nationalhistorisches Museum; bei der Besichtigung sieht man prächtig ausgestattete Säle, Sammlungen von Bildern und Kunstgegenständen, die nationale Portraitgalerie; geöffnet Mai–Sept. 10–17 Uhr, Okt. und April 10–16 Uhr, Nov.–März 11–15 Uhr. • *Schloß Fredensborg,* Residenz des Königshauses; Führungen im Schloß nur im Juli; Park immer zugänglich.
Fahrradverleih: Øbro Cykler, Slotsgade 45, Hillerød, Tel. 42252207.
Auskunft: Turistbureau, Slotsgade 52, DK-3400 Hillerød, Tel. 42262852.
Karte: Cykelruter i Frederiksborg Amt, 1:100000.

38 Die Ferieninsel Samsø

Sælvig – Kolby Kås – Ballen – Tranebjerg – Sælvig

Tourencharakter: Ständig auf und ab führende Tour auf ruhigen Sträßchen durch offene Landschaft; großteils markiert.
Länge: 39 km.
Gesamtanstieg: 280 m.

Ca. 26 km lang ist die zwischen Jütland und Seeland gelegene und von dort mittels Fähren erreichbare Insel, auf der 6000 Einwohner leben, verteilt auf Einzelgehöfte, auf kleine Weiler, in denen sich die Höfe häufig um einen Teich gruppieren, und auf eine einzige etwas größere Ortschaft: das auf einer Erhebung in der Mitte der Insel gelegene Tranebjerg. Riesige Felder erstrecken sich vor allem im hügeligen Süden, wo überall am Straßenrand Gemüse – Kartoffeln, Zwiebeln, Lauch und, als Spezialität, Spargel – zum Verkauf angeboten werden. Natürlich gibt es in einer solch fruchtbaren Gegend auch einen Gutshof: den Herrenhof Brattingsborg, den im Jahr 1677 der damalige König Christian V. seiner Geliebten samt Grafentitel schenkte, so daß Samsø heute eine kleine Grafschaft ist.

Der hügelige Südteil der Insel ist mit dem flacheren Nordteil, in dem Äcker, Heideflächen und Strandwiesen überwiegen, nur durch eine schmale Landenge verbunden. Diesen, zwischen dem Stavns Fjord, einer inselreichen Bucht, und der sandigen Mårup Vig Bucht bestehenden Landstreifen haben die Wikinger um 800 n. Chr. durch einen Kanal, den ca. 1 km langen Kanhavekanalen, durchstoßen. Dieser etwa 11 m breite und 1,25 m tiefe Kanal ermöglichte ihnen die Durchfahrt mit ihren Langbooten, so daß sie nicht den Weg um die Nordspitze machen mußten.

Im Norden vor allem liegen in der Mårup Vig Bucht und in der Nordby Bucht die ausgedehnten Strände, die mit dazu beitragen, daß im Sommer 25000 Touristen die Ferieninsel Samsø besuchen.

Auch heute noch werden Häuser mit Riedgras gedeckt.

Streckenbeschreibung

Vom Fährhafen Sælvig auf Samsø folgen Sie der einzigen in Richtung Inselinneres führenden Straße und wenden sich an der ersten querlaufenden Straße (1,5 km) nach rechts (Ww. Tranebjerg). In *Onsbjerg* (2,5 km), dessen Kirche wegen eines seltenen romanischen Kruzifixes (um 1200) einen Besuch lohnt, halten Sie sich erneut nach rechts und am Ortsrand an einer Straßengabelung nochmals nach rechts in Richtung Tanderup. Die Abzweigungen sind durch die Radmarkierung 35 gekennzeichnet, der Sie bis Ballen folgen.

In *Tanderup* (4,5 km) biegen Sie rechts ab und gelangen nach *Pillemark* (knapp 6 km), in dem Sie sich an einer Straßengabelung wiederum rechts halten in Richtung Kolby und am Ortsrand wiederum nach rechts in Richtung Vesterløkker.

Auf einer ruhigen Straße stoßen Sie am Rand der Ferienhaussiedlung *Vesterløkker* auf eine querlaufende Straße (8 km), die, an einzeln stehenden Höfen vorbei, in hügeliger Landschaft über den Fährhafen *Kolby Kås* (10 km) nach *Kolby* (11 km) führt.

Kurz nach der Kirche biegen Sie rechts ab, fahren am einstigen Herrensitz Brattingsborg mit seinem umfangreichen Komplex von Wirtschaftsgebäuden vorbei (14 km) und folgen nach wenigen hundert Metern einer querlaufenden Allee nach links in den Ort *Ørby* (15 km).

Gleich am Ortsbeginn wenden Sie sich nach rechts auf die Ørby Hovedgade (Ww. Ballen), eine Wohnstraße, die parallel zur Durchgangsstraße verläuft. Noch im Ort folgen Sie erneut nach rechts der Ausschilderung »Ballen« auf das Ostufer der Insel zu. Wenige hundert Meter vor der Küste knickt die Straße nach Norden ab (18 km), führt an den wenigen großen Gehöften von Nørreskifte vorbei – von der Straße zweigen gelegentlich ausgeschilderte Zugänge zu Badeplätzen ab – und nach *Ballen* mit seinem kleinen Fischer- und Yachthafen und einem ausgedehnten Strand (21 km).

Im Ort verlassen Sie die markierte Route nach links (Ww. Brundby), steigen leicht an und folgen der Ausschilderung »Tranebjerg« durch *Brundby* hindurch (23 km). Es lohnt sich, zu der erhöht stehenden Kolhøj Mølle hochzufahren, denn sie ist eine der wenigen erhaltenen Bockmühlen in Dänemark: Die auf einem massigen Eichenpfosten, dem Bock, aufsitzende Mühle kann, je nach Windrichtung, als Ganzes gedreht werden – die übliche Art in Dänemark, Windmühlen zu bauen bis zur Einführung der sogenannten holländischen Mühle, bei der sich nur der obere Teil mit den Flügeln bewegen ließ.

Wenig später gelangen Sie nach *Tranebjerg* (25 km). Wenn Sie die Kirche und das Museum besuchen möchten, fahren Sie auf der Hauptstraße geradeaus weiter (Abstecher hin und zurück 600 m).

Aus der Ortsmitte folgen Sie der Ausschilderung »Besser/Langemark« zu einer Straßengabelung, an der Sie sich nach links

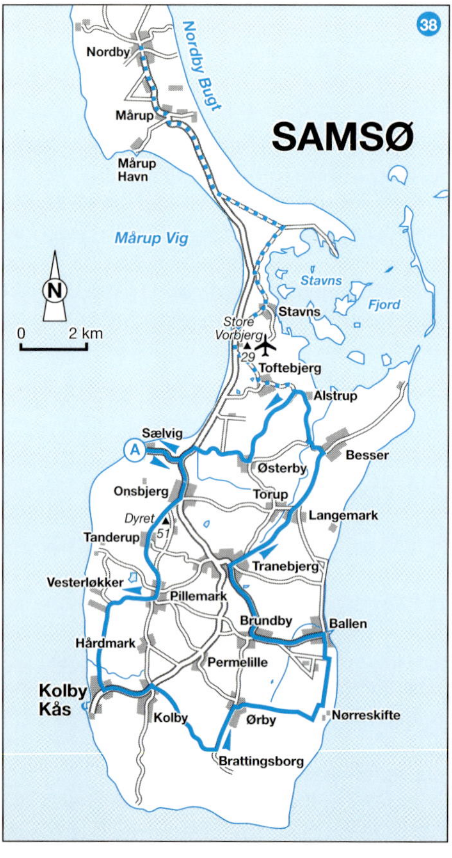

halten (Ww. Langemark), an einer weiteren Gabelung nach rechts und *Langemark* erreichen (28,5 km), wo Sie auf eine querlaufende Straße stoßen und damit wieder auf die markierte Route.

Nach links in Richtung Besser passieren Sie zunächst einen Golfplatz, dann die alte Besser Kirche und den unter Denkmalschutz stehenden Præstegård, biegen am Ortsbeginn von Besser (30,5 km) links ab und folgen einer kurvenreichen Straße durch flacheres Gelände zu den wenigen Höfen von *Alstrup* (32,5 km). Wenn Sie einen Abstecher in den Nordteil der Insel machen wollen, biegen Sie hier ab *(s. u.)*.

Nach 200 m halten Sie sich an einer Straßengabelung nach links in Richtung Østerby (jetzt Radmarkierung 34), biegen in Østerby (knapp 35 km) an einer Kreuzung rechts ab und stoßen auf die breite Durchgangsstraße (37 km), die den Nordteil der Insel mit dem Südteil verbindet.

Ihr folgen Sie einige hundert Meter nach links in Richtung Onsbjerg und biegen

Ausgedehnte Strände wie die in der Sælvig Bucht machen Samsø zu einer beliebten Ferieninsel.

rechts ab auf die Zufahrtsstraße zum Hafen von Sælvig (39 km).

Lohnenswerter Abstecher in den Nordteil der Insel: Wenn Sie das idyllische Fachwerkdorf Nordby besuchen möchten, wenden Sie sich in Alstrup an der Straßengabelung (obige Angabe »32,5 km«) nach rechts (Radmarkierung 34), durchfahren Toftebjerg, passieren die auffällige Erhebung Store Vorbjerg und biegen rechts ab (35,5 km) zu den wenigen Höfen von Stavns. Entlang der Ostküste passieren Sie an der schmalsten Stelle der Insel einen auffälligen Graben (37,5 km), den einstigen Kanal aus der Wikingerzeit. Durch den Mårup Skov hindurch erreichen Sie Mårup (43,5 km), wenig später Nordby (45,5 m). Auf demselben Weg oder aber auf der Inselhauptstraße entlang der Westküste kehren Sie nach Sælvig zurück (insgesamt 60 km).

Nützliche Informationen

Ausgangsort: Sælvig, Fähranlegestelle an der Westküste von Samsø. Hotels u. a. in Tranebjerg. Nächste JH in Ballen (Tel. 86 59 20 44), dort auch Campingplatz. Wer in Kolby Kås anlandet, beginnt bei der Angabe »10 km«.
Anfahrt: Fähre der Samsø Linien von Hov nach Sælvig mehrmals täglich, Dauer der Überfahrt 1¼ Std.; Platzreservierung für Autos notwendig, Tel. 86 59 17 44. Weitere Fährverbindung von Kalundborg (Seeland) nach Kolby Kås mit der Fähre der DSB Rederi, Dauer 2 Std.; Platzbestellung unter Tel. 86 59 00 02 oder 33 14 88 80.
Etappen: Sælvig – Kolby Kås 11 km – Brattingsborg 3 km (14 km) – Ballen 7 km (21 km) – Tranebjerg 4 km (25 km) – Besser 5,5 km (30,5 km) – Østerby 4,5 km (35 km) – Sælvig 4 km (39 km).

Einkehr unterwegs: Cafeteria in Sælvig; Restaurant in Kolby Kås; Restaurant in Ballen; Hotel-Restaurant in Brundby; Hotel-Restaurant und Café in Tranebjerg.
Bademöglichkeit: Am Strand bei Ballen.
Sehens- und Wissenswertes: • *Brattingsborg Slotspark*, Park rund um das Herrenhaus aus dem Jahr 1870; der Park ist zugänglich Mitte Juni–Mitte Aug. Di. und Fr. 10–16 Uhr. • *Samsø Museumsgård* in Tranebjerg, alter Bauernhof; geöffnet Mai–Okt. täglich außer Mo. 10–16 Uhr. • *Tranebjerg-Kirche*, ein Backsteinbau aus dem 14. Jh. mit großem Turm, an dessen Schießscharten zu erkennen ist, daß er einst als Rückzugsmöglichkeit diente; im Innern Fresken.
Fahrradverleih: Cykel-centrum, Tranebjerg, Tel. 86 59 18 99.
Auskunft: Turistbureau, Langgade 32, Tranebjerg, DK-8305 Samsø, Tel. 86 59 14 00.
Karte: Cyklist Turistkort, Århus Amt, Blatt 3, 1:100 000.

Mehrtägige Rundtour auf den ostdänischen Inseln

Länge: 350 km; bei Übernachtung in Jugendherbergen Einteilung in fünf teilweise recht lange Etappen möglich.
Ausgangspunkt: Nykøbing an der Westküste der Insel Falster (s. Tour 31); per Bahn erreichbar.
Tourencharakter: Einfache Tour in vorwiegend flachem, landwirtschaftlich genutztem Gelände auf den Inseln Lolland, Falster, Møn und im Süden von Seeland mit Steigungen, die, außer auf Møn, langgezogen sind. Höhepunkte der Tour: das zugängliche Schloß Aalholm mit einem Oldtimer-Museum, Schloß und Park von Gavnø, das Holmegård Glasværk, die Kreideklippen von Møn, Schloß Liselund sowie die mit Fresken ausgemalten Kirchen auf Møn.
Unterkunftsmöglichkeiten: JH Nykøbing F., Tel. 54 85 66 99; JH Maribo, Tel. 53 88 33 14; JH Vordingborg, Tel. 53 77 50 84; JH Næstved, Tel. 53 72 20 91; JH Fakse, Tel. 56 71 41 81; JH Møns Klint, Tel. 55 81 20 30. Es empfiehlt sich, bei dieser Tour ein Zelt mitzunehmen, da die Jugendherbergen teilweise recht weit auseinander liegen, Camping- und Lagerplätze aber häufiger zu finden sind. Hotels und Gasthöfe gibt es in den größeren Städten an der Strecke: Nykøbing (Falster), Nysted (Lolland), Maribo (Lolland), Vordingborg (Seeland), Næstved (Seeland), Fakse (Seeland), Præstø (Seeland), Stege (Møn) sowie bei den Klippen von Møn, Stubbekøbing (Falster).
Wegverlauf: *1. Tag:* 50 km. Von Nykøbing über den Guldbergsund nach Sundby und auf der Nat. Route 8 bis Toreby; auf der reg. Route 42 bis zum netten Hafenort Nysted mit Schloß Aalholm *(s. Tour 30);* auf der reg. Route 41 bis nördlich von Herritslev und auf reg. Route 40 sowie alternativen Routen zur Südseite des landschaftlich reizvollen Søndersø, wo man auf die Nat. Route 9 stößt, die nach Maribo führt *(s. Tour 29).*
2. Tag: 50 km. Von Maribo auf der Nat. Route 9 über Sakskøbing nach Guldborg, dort Brücke über den Guldborgsund zur Insel Falster; über den Nordwestzipfel der Insel zur Brücke über den Storstrømmen und nach Vordingborg auf Seeland.
3. Tag: 60 km. Von Vordingborg auf der Nat. Route 7 bis südlich von Næstved; Abstecher zur Insel Gavnø mit Schloß und Park, die besichtigt werden können; ins Stadtzentrum von Næstved *(s. Tour 33);* auf der reg. Route 58 bis Rønnede und auf der Nat. Route 9 sowie der reg. Route 60 nach Fakse. Alternativ: ca. 8 km länger, aber interessanter, auf den reg. Routen 57 und 59 über Holmegård Glasværk, Gisselfeld Kloster und Dalby nach Fakse *(s. Tour 33).*
4. Tag: 100 km. Von Fakse auf den reg. Routen 60 und 28 nach Præstø; auf der reg. Route 47 über den Ulvsund nach Stege auf der Insel Møn; auf der Nat. Route 8 zur JH Møns Klint in der Nähe von Liselund Slot und Kreideklippen *(s. Tour 32).*
5. Tag: 90 km. Von den Kreideklippen auf der reg. Route 46 zur Westspitze der Insel *(s. Tour 32);* über einen Damm zur Insel Bagø und per Fähre nach Stubbekøbing auf Falster; auf der Nat. Route 8 bis Horbelev; in Richtung Osten zur Küste nach Hesnæs *(s. Tour 31)* und auf der reg. Route 45 entlang der Küste bis Ulslev; auf der reg. Route 44 zurück nach Nykøbing.
Karte: Storstrøms Amt, 1:100 000.

Die Felseninsel Bornholm

So ganz anders als das übrige Dänemark ist Bornholm. Ein Blick auf die Karte macht auch schnell deutlich, warum. Weit draußen in der Ostsee liegt die Insel, isoliert und fernab von Dänemark. 135 km beträgt die Entfernung zwischen Bornholm und der nächsten dänischen Insel, Møn, 180 km gar zwischen Bornholm und Kopenhagen. Nächster Nachbar ist Schweden, nur knapp 40 km entfernt.

Geologisch gesehen, gehört Bornholm auch zu Schweden und der gesamten skandinavischen Halbinsel, zum gewaltigen Baltischen Schild, einem aus Gneis und Granit bestehenden Plateau, das wesentlich älter ist als die anderen auf den dänischen Inseln und auf Jütland anstehenden Gesteine und Ablagerungen. Bis zu 6 km mächtig können diese Sedimentschichten sein, die sich über Jahrmillionen auf dem Urkontinent aus Granit und Gneis abgelagert haben, dort, wo dieser »abgetaucht« ist, verursacht durch einen Bruch in dem mächtigen Gesteinspaket.

Diese Bruchzone verläuft östlich von Seeland, quer über Schonen in Südschweden und über die Insel Bornholm, etwa auf Höhe zwischen Rønne und Nexø. Deshalb tritt auf der Nordosthälfte der harte, vielfach von einstigen Gletschern glatt geschliffene Granit zutage, während südlich dieser Linie, wo der Granit bereits überdeckt ist, weichere Sedimente anstehen. Eine Besonderheit, die Bornholm zu einem, geologisch gesehen, einzigartigen Gebiet macht, da hier auf kleinstem Raum unterschiedlichste Erdschichten auftreten.

Typisch für die Nordseite ist deshalb die felsige, zerklüftete Küste. Das Meer hat die Steilküsten angegriffen und schroffe Felsabschnitte herausgebildet wie die Helligdomsklippen oder Randkløve Skår *(Tour 40)*, aber auch zahlreiche kleine felsige Buchten, die sich als Naturhafen anboten. Hier wurden die Fischerboote an Land gezogen, entstanden die Fischersiedlungen; später, durch Sprengungen der Felsen und Auffüllungen, die größeren Hafenanlagen, z.B. von Tejn. Denn der Fischfang war neben der Landwirtschaft immer ein wichtiger Wirtschaftsfaktor auf Bornholm. Außer Lachs und Kabeljau wurden vor allem in den Gewässern um die Insel die »Bornholmer« gefangen, speziell kleine Heringe, bedingt durch den geringen Salzgehalt des Wassers, was wiederum eine Folge des aus den russischen Strömen in die Ostsee fließenden Süßwassers ist. Diese Heringe, die nur während des Sommers gefischt werden, legte man früher zur Konservierung in Salz ein, mit Beginn dieses Jahrhunderts ging man jedoch dazu über, sie im offenen Schornstein zu räuchern. Bis vor wenigen Jahren hatte jede kleine Stadt in Küstennähe mehrere Räuchereien, heute existieren noch einige in Allinge, Gudhjem, Svaneke und Hasle, wo eine Räucherei als Museum eingerichtet wurde.

Bornholm hatte nicht nur den Vorteil der Lage in reichen Fischgewässern, sondern auch in stark befahrenen Gewässern. Etwa vom 10. bis zum 15. Jh. führten wichtige Handelswege durch die Ostsee zu den russischen Flüssen und weiter zum Schwarzen Meer. So entstanden Handelsmärkte auf Bornholm und im gesamten Ostseeraum große Handelsstädte, vor allem an der norddeutschen Küste, die späteren Hansestädte. Der Nachteil dieser Lage war, daß die damals schon dänische Insel (seit dem 10. Jh.) im 12. Jh. wiederholt von den Wenden überfallen wurde und beim Kampf um die Vorherrschaft in der Ostsee immer wieder zwischen die Fronten geriet, so daß sie im 16. Jh. für 50 Jahre an die Hansestadt Lübeck fiel, im 17. Jh. zeitweilig an Schweden.

Die Bevölkerung versuchte, sich zu schützen so gut es ging. So wurden zwischen 1150 und 1200 die Kirchen so gebaut, daß sie außer als Gotteshäuser auch als Verteidigungsanlagen dienen konnten. Im Erdgeschoß befand sich der eigentliche Kirchenraum, in das mittlere Stockwerk zog sich die Bevölkerung bei Gefahr zurück, das obere Stockwerk diente Verteidigungszwecken. Vier dieser Rundkirchen sind erhalten: Østerlars – die älteste und größte *(Tour 40)*;

Nylars – die am besten erhaltene; Olsker – ist besonders hoch und schlank *(Tour 39);* Nyker – die kleinste *(Tour 39).* Alle sind von einem Friedhof umgeben und haben einen freistehenden Kirchturm.

Die Burgruine Hammershus *(Tour 39)* hingegen, heute eine der größten Burgruinen im gesamten nordeuropäischen Raum, war eine Folgeerscheinung der Spannungen zwischen den Herrschern auf der Insel, der Kirche und dem König. Ab der Mitte des 12. Jh. gehörte Bornholm zu drei Vierteln dem Erzbistum von Lund, das nach weiteren Streitigkeiten auch das letzte Viertel zugesprochen bekam und fast 200 Jahre lang die Insel verwaltete. Aus der Zeit des Dänisch-Schwedischen Kriegs im 17. Jh. stammen die Befestigunganlagen in Rønne.

Doch außer geschichtlichen Monumenten hat die Insel eine äußerst abwechslungsreiche Natur zu bieten. Vor allem Nordbornholm ist ein einziger Naturpark mit der Felsküste von Sandvig, dem Sandstrand in der Osand Bugt, der Felsspitze Hammer Odde, den Seen und dem tief eingeschnittenen Finnedalen. Nordbornholm war auch das Ziel der ersten Touristen, die um die Jahrhundertwende aus Deutschland kamen und deren Zahl sich erhöhte, als die ersten direkten Schiffsverbindungen zwischen Bornholm und Sassnitz bzw. Stettin eingerichtet wurden. Deutsch war damals die »Hauptsprache« in den Sommermonaten, wo jedes Hotelbett besetzt war und viele Bauernhöfe Gäste aufnahmen. Selbst Eisenbahnen wurden gebaut, um die Touristenmassen während des Sommers von Rønne, dem Fährhafen Bornholms, nach Nexø, wo einer der besten Sandstrände der Insel sich erstreckt, transportieren zu können.

Auch heute ist die »Perle der Ostsee« ein sehr beliebtes Ferienziel, sowohl für Dänen als auch für Deutsche. Während der Hauptsaison im Juli halten sich hier rund 40000 Touristen auf, also beinahe so viele wie die Insel Einwohner hat. Nicht erstaunlich also, daß der Fremdenverkehr neben Landwirtschaft und Fischerei die wichtigste Einnahmequelle der Insel ist. Eine gut ausgebaute touristische Infrastruktur, zahlreiche Kunsthandwerksgeschäfte sowie kleinere Museen und idyllische Hafenorte erhöhen die Attraktivität der Insel, die gut auch auf die »sanfte Weise« zu erobern ist: Stündlich zwischen den größeren Städten verkehrende Busse, die, sofern Platz vorhanden, auch Räder transportieren, 200 km markierte Radwege und fünf Jugendherbergen fordern geradezu auf, die Insel per Rad zu erfahren. Die Gemeindeverwaltung hat die Broschüre »Radwege auf Bornholm« herausgegeben, die alle markierten Wege vorstellt; Räder können bei einer Fahrradvermietung oder in einigen Hotels geliehen werden.

Ackerbau und Fischfang sind die beiden Haupterwerbszweige auf Bornholm.

Als Rückzugsmöglichkeit bei Angriffen dienten die Rundkirchen wie die in Olsker.

39 Zur Burgruine Hammershus in Nordbornholm

Rønne – Nyker – Klemensker – Allinge – Sandvig – Vang – Hasle – Rønne

Tourencharakter: Anstrengende Tour mit zahlreichen Anstiegen; auf markierten Radwegen, aber auch einige Kilometer auf Randstreifen entlang der Durchgangsstraße; besonders in der zweiten Hälfte landschaftlich abwechslungsreiche und reizvolle Strecke.

Länge: 47 km.
Gesamtanstieg: 470 m.

Auf einem hohen Felsen am Meer liegt die Festung Hammershus, von drei Seiten von Wasser umspült und dadurch beinahe uneinnehmbar. Angelegt wurde sie im 13. Jh. durch den Bischof von Lund, denn drei Viertel der Insel gehörten im Mittelalter der Kirche, ein Viertel dem König. Beide Parteien waren aber an den Steuern der Inselbewohner interessiert. Wirtschaftlich ging es diesen während des 13. und 14. Jh. recht gut, waren doch in der Ostsee große Heringsschwärme unterwegs, die auf den Märkten in der Fangsaison an die Kaufleute der Hanse als Salzheringe verkauft wurden.

Streitigkeiten zwischen dem König und der Kirche führten um 1255 zum Bau der Burganlage, die ursprünglich nur aus einem Turm und einer Ringmauer bestand. In den Jahren 1327 bis 1522, nachdem auch das letzte Viertel der Insel an die Kirche gefallen war, wurde sie zu einer mächtigen Festungsanlage ausgebaut mit einer zweiten Ringmauer, mit Toren und Brücken. Der Turm, einstiger Kern der Festung, diente nun als Verlies für wichtige Gefangene. Riesig waren vor allem die Lagerräume, in denen die Abgaben, die die Bewohner Bornholms in Form von Naturalien zu zahlen hatten, aufbewahrt wurden. Eine wichtige Rolle spielte die Burg in den Schwedenkriegen im 17. Jh.,

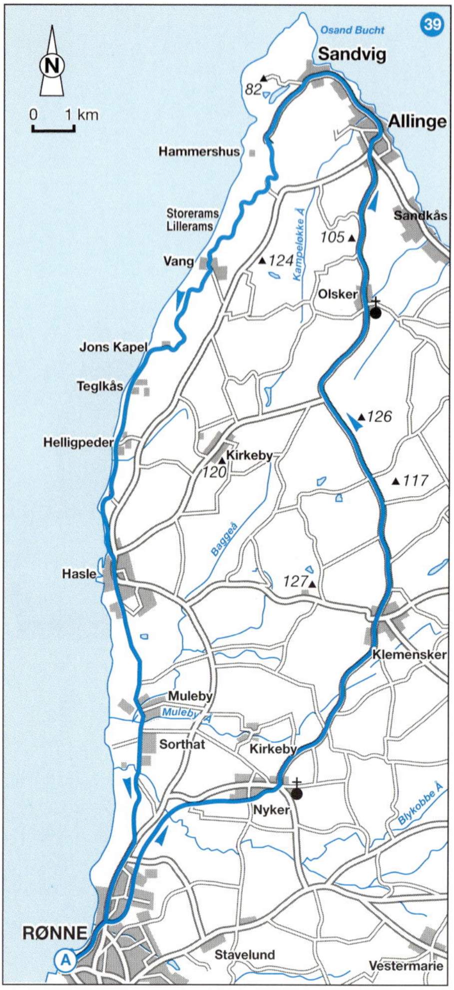

in denen Schweden und Dänemark um die Vorherrschaft im Ostseeraum kämpften und als deren Folge die Dänen ihre Ostseeprovinzen, u.a. auch Bornholm, an Schweden verloren. Die Bewohner Bornholms erhoben sich gegen die Herrschaft der Schweden und töteten den schwedischen Kommandanten, worauf Bornholm wieder an Dänemark fiel. Mitte des 18. Jh. wurde die Burg aufgegeben und als Steinbruch benützt.

Streckenbeschreibung

Vom Yachthafen (Lystbådehavn) in Rønne folgen Sie zunächst dem Remisevej nach links, dann einem Radweg am Nordre Kystvej erneut nach links und unmittelbar entlang der Küste zur B159, Rønne – Allinge. Sie kreuzen die Straße und gelangen auf einem Rad- und Fußweg (Radmarkierung Nyker) auf der Trasse einer früheren Eisenbahn nach *Nyker* (6 km). Nach wenigen hundert Metern entlang des Ortsrands stoßen Sie auf die Ortsdurchgangsstraße, der Sie auf einem Radweg nach rechts folgen in Richtung Klemensker. Am Ortsrand passieren Sie eine Rundkirche, die mit nur zwei Stockwerken die kleinste der vier erhaltenen Rundkirchen auf Bornholm ist, und steigen stetig leicht an nach *Klemensker* (11 km).

An der Kirche halten Sie sich wenige Meter nach rechts, ehe Sie links abbiegen in Richtung Allinge. Hier verlassen Sie die markierte Radroute und gelangen ohne Radweg nach mehreren langgezogenen, aber meist leichten Anstiegen in das Dorf *Olsker* (19,5 km) mit einer schön gelegenen Rundkirche. Sie bleiben auf der Straße in Richtung Allinge (nicht nach links der Radmarkierung 40 und 71 folgen) und erreichen nach einer längeren Abfahrt mit Blick auf das Meer *Allinge* (23 km).

Sie durchfahren den netten Ort auf einem Radweg an der Straße, passieren den Hafen und gelangen entlang der Küste in das mit Allinge zusammengewachsene *Sandvig* (25 km), einen kleinen Hafenort mit zahlreichen Fachwerkhäusern.

Sind Sie an Felszeichnungen aus der Bronzezeit interessiert, biegen Sie am Ortsbeginn von Allinge, dort, wo von rechts die Straße von Tejn einmündet, an einer Wegspinne nach links ab auf einen Rad- und Fußweg, der etwas oberhalb der Küste, vorbei an Friedhof und Stadion zu den Felszeichnungen (helleristninger) von Madsebakke führt, wo verschiedene Darstellungen – Schiffe, Kreise, Fußabdrücke – vor rund 3000 Jahren in den glatt geschliffenen Fels gemeißelt wurden. Auf dem Radweg erreichen Sie den Ortsrand von Sandvig, wo Sie nach rechts zum Hafen hinunterfahren.

Vom Hafen, der in die steilen Felsen gesprengt wurde, erreichen Sie auf der Strandpromenade einen beliebten Badestrand in der Osand Bugt, in der sich auch eine Schwimmhalle befindet. Von hier ist ein Abstecher zum Leuchtturm auf dem Felsenkap

Die im Mittelalter erbaute Burg Hammershus gilt heute als die größte Burgruine Nordeuropas.

Hammeren, dem nördlichsten Punkt Bornholms, möglich (hin und zurück 2 km).

Auf dem Hammershusvej steigen Sie am Ortsrand an, vorbei an dem zur Rechten liegenden Hammersø, halten sich an der Durchgangsstraße nach rechts und gelangen zu einem Parkplatz an der Ruine *Hammershus* (28,5 km), wo Sie Ihr Rad abstellen müssen (Abstecher zur Ruine zu Fuß hin und zurück 1 km).

Im Waldgebiet Finnedalen biegen Sie rechts ab auf den geschotterten Finnedalsvejen (30 km). Zwischen glatt geschliffenen Felsen, über Lichtungen und vorbei an mit Wacholder und Heidekraut bewachsenen Heideflächen – das unter Naturschutz stehende Heidegelände Slotslyngen, auf dem früher die Tiere, die zum Schloß gehörten, grasten und das heute wieder von Ziegen freigehalten wird – windet er sich durch den Wald zu dem kleinen Fischerdorf *Vang* (32 km).

Sie folgen der Radmarkierung durch den am steilen Küstenhang gelegenen Ort hindurch. Oberhalb der Kante des Küstenhangs stoßen Sie auf eine Straße (34,5 km), der Sie wenige hundert Meter nach rechts folgen (Radmarkierung Hasle, Jons Kapel) zu einem Parkplatz an einem ehemaligen, durch Brand in den achtziger Jahren zerstörten Hotel.

Wenn Sie sich den 40 m hohen freistehenden Fels Jons Kapel ansehen möchten, wenden Sie sich nach rechts und steigen auf einer Treppe mit über 100 Stufen in eine Kluft hinab (Abstecher hin und zurück 800 m). In einer Grotte bei dem Fels soll der Einsiedler und Mönch Jon gehaust und von dem Felsen zu den Fischern gepredigt haben.

Zur Fortsetzung der Tour halten Sie sich

am Parkplatz nach links steil bergab über Treppen und gelangen an die Küste, wo der Weg in ein schmales Sträßchen übergeht. Unmittelbar entlang der Küste fahren Sie an den alten Fischerdörfern *Teglkås* (36 km) und *Helligpeder* (37 km) vorbei, biegen, wo die Straße anzusteigen beginnt, rechts ab (38,5 km) auf einen Schotterweg und erreichen *Hasle* (39,5 km), die älteste Marktstadt auf Bornholm mit steilen, teilweise noch gepflasterten Straßen. Am Hafen befanden sich ursprünglich sechs Heringsräuchereien, von denen heute eine als Museum eingerichtet ist.

Am Ortsrand mündet der Weg in die B 159, Rønne – Allinge, auf der Sie in die Ortsmitte fahren und rechts abbiegen auf den Fælledvej (Radmarkierung Rønne), auf dem Sie den Ort verlassen, ein Waldgebiet durchfahren und die zusammengewachsenen Orte *Muleby* (41 km) und *Sorthat* (41,5 km) passieren. Kurz ehe die Straße links abknickt, wenden Sie sich nach rechts (42 km) auf einen Radweg (Radmarkierung), der nach 1,5 km in die B 159 einmündet. Auf einem Radweg entlang der Straße erreichen Sie den Ortsrand von *Rønne* (44 km), biegen auf den Nordre Kystvej rechts ab (Ww. Havn) und kehren auf demselben Weg, auf dem Sie diese Tour begonnen haben, zu Ihrem Ausgangspunkt zurück.

Nützliche Informationen

Ausgangsort: Rønne, Hauptort der Insel Bornholm, an der Westküste gelegen. Hotels, Campingplätze, JH (Tel. 56 95 13 40)
Anfahrt: Mehrere Fährverbindungen durch Bornholmstrafikken (Tel. 56 95 18 66): Kopenhagen – Rønne (Dauer 7 Std.), Ystad – Rønne (Dauer 2½ Std.) und Neu Mukran – Rønne (Dauer 3½ Std.); durch DR-Fährschiffamt (Tel. 56 95 10 69): Sassnitz – Rønne (Dauer 4 Std.); durch Arkona-Reederei (Tel. 56 95 17 00): Sassnitz – Rønne; durch TT-Line (Tel. 040/3 60 14 42): Travemünde – Trelleborg sowie Ystad – Rønne.
Vom Fährhafen in Rønne auf dem Vesthavnsvej nach links in Richtung Touristeninformation und nach wenigen hundert Metern rechts abbiegen in den Nordre Kystvej und zum Parkplatz am Yachthafen.
Etappen: Rønne – Nyker 6 km – Klemensker 5 km (11 km) – Olsker 8,5 km (19,5 km) – Allinge 3,5 km (23 km) – Ruine Hammershus 5,5 km (28,5 km) – Vang 3,5 km (32 km) – Hasle 7,5 km (39,5 km) – Rønne 7,5 km (47 km).
Einkehr unterwegs: Kro in Klemensker; Cafés und Restaurants in Allinge und Sandvig; Cafeteria an der Ruine Hammershus; Restaurant in Vang; Cafés und Hotel-Restaurant in Hasle.
Bademöglichkeiten: Sandstrand bei Sandvig; an der Küste zwischen Hasle und Rønne.
Sehens- und Wissenswertes: In Rønne: • *Bornholms Museum*, Sct. Mortensgade 29, kulturhistorische und ethnographische Sammlung; geöffnet April–Okt. werktags 10–17 Uhr, So. 13–17 Uhr, sonst Di., Do., So. 14–17 Uhr. • *Erichsens Gård*, zu Beginn des 19. Jh. erbautes Stadthaus mit Stadtgarten; geöffnet Mai–Ende der 3. Okt.-Woche werktags 10–17 Uhr, So. 13–17 Uhr • *Verteidigungsmuseum*, Galløkken; Waffen, Uniformen, Ausrüstungen usw., untergebracht im alten Arsenal; geöffnet Mai–Sept. und 3. Woche im Okt. Di.–Sa. 10–16 Uhr. • *Rundkirche Nyker*, geöffnet April–Okt. Mo.–Sa. 8–18 Uhr. • *Rundkirche Olsker*, geöffnet Mai–Sept. und 3. Okt.-Woche 9–12 und 14–17 Uhr, April und Okt. 9–12 Uhr; Eintrittsgebühr. • *Hammershus*, größte Burgruine Nordeuropas; jederzeit frei zugänglich. Im ehemaligen Gehöft »Slotsgården« eine Ausstellung zur Geschichte der Burg; geöffnet Mai–Mitte Okt. täglich 10–17 Uhr, im Mai und Okt. jedoch 10–16 Uhr. • *Räucherei* in Hasle, renovierte alte Heringsräucherei, in der Heringe wie früher geräuchert werden, Ausstellung zur Geschichte der Heringsräuchereien auf Bornholm; Verkauf; geöffnet Mai–Okt. täglich 10–18 Uhr.
Fahrradverleih: Cykel-Centret, Søndergade 7, Rønne, Tel. 56 95 06 04.
Auskunft: Bornholms Velkomstcenter, Ndr. Kystvej 3, DK-3700 Rønne, Tel. 56 95 95 00.
Karte: Topographische Karte 1:100 000, in: Bornholm – der grüne Reiseführer.

Besonders reizvoll ist die Lage Gudhjems an der zerklüfteten Ostküste Bornholms (Tour 40)

40 Felsenklippen und Fischerhäfen an der Ostküste

Østerlars – Svaneke – Gudhjem – Rø – Østerlars

Tourencharakter: Anstrengende Tour mit zahlreichen, meist langgezogenen Steigungen; vorwiegend auf Straßen, wenige Kilometer auf Schotterwegen; nur teilweise markiert.
Länge: 49 km.
Gesamtanstieg: 520 m.

Steil und schroff fallen die zerklüfteten Klippen in der Nähe von Rø ins Meer ab. Dort unten, so sagt man, lag einst eine Quelle, deren Wasser heilende Kräfte besaß und die deshalb Heiligtum, helligdom, genannt wurde. Nach ihr wird dieser wilde Küstenabschnitt heute als Helligdomsklipperne bezeichnet. Wallfahrer pilgerten einst hierher in solchen Scharen, daß oberhalb der Klippen eine Kapelle und eine Gastwirtschaft errichtet worden waren.

Später waren es die Touristen, die diesen Ort aufsuchten. Um den Zugang von Rønne aus zu erleichtern, wurde um 1912 in Rø eine Station an der Bahnlinie Rønne – Sandvig eingerichtet. Denn die Küstenstraße zwischen Allinge und Svaneke existierte damals noch nicht; sie wurde erst in den 30er Jahren angelegt, um den zunehmenden Touristenverkehr zu regeln und den Touristen die Möglichkeit zu geben, die abwechslungsreiche Landschaft entlang der Ostküste zu genießen. Auf diese Weise waren auch die idyllischen Hafenorte Svaneke und Gudhjem leichter zugänglich. Vor allem Gudhjem ist durch seine Lage am Fuß einer Erhebung, durch den aus den Felsen gesprengten Hafen, die vorgelagerten Schären und die gepflegten Fachwerkhäuser in den engen Gassen ein viel besuchter Fischerort.

Streckenbeschreibung

Von der Rundkirche Østerlars, die als die älteste und größte der vier Bornholmer Rundkirchen gilt, kehren Sie zurück nach Østerlars, biegen links ab auf die Hauptstraße (Ww. Svaneke), fahren durch den Ort hindurch und biegen nach einem langgezogenen Anstieg links ab auf den Saltunevej (4 km). Diese schmale Straße verlassen Sie nach einigen hundert Metern nach rechts und stoßen auf dem Glappevej auf eine etwas breitere Straße (6 km), der Sie nach links folgen (Ww. Randkløve), sie aber schon nach 300 m wieder nach rechts verlassen. Auf dem Heroldsvej fahren Sie nun zwischen riesigen Feldern, mit Blick auf die Ostsee, einige hundert Meter bequem bergab und stoßen auf den querlaufenden Buskevej (8 km), auf dem Sie nach rechts zur Straße Østermarie – Svaneke ansteigen (9,5 km).

Ihr folgen Sie (kein Radweg!) in langgezogenen Anstiegen und Gefällstrecken nach links in Richtung Svaneke, passieren zahlreiche Windräder sowie eine Windmühle (12 km) und erreichen *Svaneke* (15 km), ein altes, farbenfrohes kleines Hafenstädtchen, das sich in den letzten 150 Jahren kaum verändert hat. Geradeaus durch den Ort hindurch erreichen Sie den Hafen, in dessen Nähe in alten Gebäuden drei Hotels eingerichtet wurden.

Vom Hafen steigen Sie in Richtung Gudhjem auf einem Radweg zum Ortsrand an, passieren einen Campingplatz sowie eine Bockmühle – eine alte Form der Windmühle, die als Ganzes auf einem Bock, einem massigen Balken, gedreht werden kann – und folgen der Straße auf einem breiten Randstreifen nach *Listed* (17 km), wo der Randstreifen endet. Sie durchfahren den langgestreckten Fischerort und erreichen in ständigem Auf und Ab entlang der felsigen Küste den Ort *Bølshavn* (20 km).

Im Ort beginnt ein Radweg, der sich am Ortsende von der Straße entfernt (20,5 km) – Radfahren auf dem folgenden Steilabschnitt der Straße ist verboten! – , um ein Gehöft herumführt und nach steilem Anstieg wieder in die Straße einmündet. Auf dieser fahren Sie weiter und kommen zu der Abzweigung (23,5 km) eines Weges, der zu einem beeindruckenden Abschnitt der Steilküste, Randkløve Skår, führt. Von einem Parkplatz 50 m abseits der Straße führt ein Fußweg zur Küste (Abstecher hin und zurück 1,8 km).

Auf der Straße gelangen Sie nach bequemer Abfahrt, mit Blick auf Gudhjem, nach *Saltune* (25 km). Durch das langgestreckte Straßendorf hindurch und nach einem langgezogenen Anstieg und einer ebensolchen Gefällstrecke passieren Sie, nun auf einem Radweg, zunächst einen Kiesstrand, dann eine Ferienhaussiedlung und erreichen *Melsted* (29 km).

Sie kommen an einem Museumshof vorbei und gelangen in das Ortszentrum von *Gudhjem* (30 km), einem hübsch gelegenen Fischerort mit schmalen und steilen Straßen. Wenn Sie den Hafen und das Ortszentrum besuchen möchten, müssen Sie das Rad auf der steil abfallenden Straße schieben.

Oberhalb der felsigen Küste erreichen Sie nach mehreren langgezogenen Anstiegen, kurz vor dem auffälligen Bornholm Kunstmuseum, eine Abzweigung zu den *Helligdomsklippen* (35,5 km). Vom Parkplatz gelangen Sie zu Fuß an die Klippenkante (Abstecher hin und zurück 500 m).

Am Kunstmuseum verlassen Sie die Küstenstraße nach links (Radmarkierung Rønne) und steigen auf einem Radweg entlang der Straße nach *Rø* an (36,5 km), biegen am früheren Bahnhof auf den Rø Stationsvej rechts ab und folgen nach 150 m einem Schotterweg nach links (Radmarkierung Rønne).

Auf der Trasse der einstigen Bahnlinie passieren Sie die wenigen Gehöfte von *Stenby* sowie zwei kleine Seen im Spellinge Mose (38,5 km). Wenig später gabelt sich der Radweg. Sie halten sich nach links (Radmarkierung Almindingen), steigen zur Straße Klemensker – Rø an (39,5 km), überqueren sie und setzen Ihre Fahrt im Waldgebiet *Rø Plantage* fort. In ständigem Auf und Ab, nach mehreren Links- und Rechtsknicks und nach Durchqueren des Nørre Borgedal und des Sønder Borgedal mündet der Weg in ein Sträßchen ein (44,5 km), dem Sie nach links folgen (nicht der Radmarkierung nach rechts folgen!).

Zwischen Viehweiden und Feldern gelangen Sie bei einem Windrad an den querlaufenden Hjortevej (46 km), auf dem Sie sich nach links halten, auf den Brommevej rechts abbiegen (46,5 km) und sich an der folgenden Kreuzung (47,5 km) nach links wenden.

Auf dem Vietsvej erreichen Sie wieder die Rundkirche von Østerlars.

Nützliche Informationen

Ausgangsort: Østerlars, Dorf im Ostteil der Insel, bekannt wegen einer Rundkirche. Nächste JH in Gudhjem (Tel. 56 48 50 35).
Anfahrt: Von Rønne nach Østerlars. Dort links abbiegen und zu einem Parkplatz bei der Rundkirche von Østerlars, 500 m außerhalb des Ortes.
Etappen: Østerlars – Svaneke 15 km – Bølshavn 5 km (20 km) – Gudhjem 5 km (30 km) – Helligdomsklippen 5,5 km (35,5 km) – Østerlars 13,5 km (49 km).
Einkehr unterwegs: Kro in Østerlars; Café und Restaurants in Svaneke; Kro in Bølshavn; Kiosk bei Randkløve Skår; zahlreiche Lokale in Gudhjem; Restaurant in Rø.
Bademöglichkeiten: Strand zwischen Svaneke und Listed; zwischen Saltune und Gudhjem.
Sehens- und Wissenswertes: • *Østerlars-Kirche*, um 1150 im romanischen Stil erbaut; Kalkmalereien aus der Mitte des 14. Jh.; drei Runensteine aus dem 11. Jh.; geöffnet April–Okt. 9–17 Uhr; geringe Eintrittsgebühr. • *Melstedgård*, Landwirtschaftsmuseum in einem ehemaligen Bauernhof, der eingerichtet ist wie in der Zeit um 1860, Demonstration alter Arbeitsmethoden, Tiere, Sammlung von landwirtschaftlichen Geräten; geöffnet Ende Mai–Ende der 3. Okt.-Woche täglich außer Mo. 10–17 Uhr . • *Gudhjem Museum*, Stationsvej 1, Sammlung von kunsthandwerklichen Gegenständen, untergebracht im ehemaligen Bahnhofsgebäude; geöffnet Mitte Mai–Mitte Sept. werktags 10–16 Uhr , So. 14–17 Uhr . • *Bornholms Kunstmu-*

Das Stadtbild von Svaneke hat sich seit beinahe 150 Jahren kaum verändert.

seum, Helligdommen, Sammlung älterer und jetziger Kunstgegenstände sowie kunsthandwerklicher Gegenstände; Keramik und Glas; geöffnet April– Okt. täglich 10–17 Uhr, sonst Di., Do., So. 14–17 Uhr .
Fahrradverleih: Cykel-Centret, Søndergade 7, Rønne, Tel. 56 95 06 04.
Auskunft: Bornholms Velkomstcenter, Ndr. Kystvej 3, DK-3700 Rønne, Tel. 56 95 95 00.
Karte: Topographische Karte 1:100 000, in: Bornholm – der grüne Reiseführer.

Mehrtägige Rundtour auf Bornholm

Länge: 100 km.
Ausgangspunkt: Rønne, Hafen und Anlegestelle für Fährschiffe im Westen der Insel.
Tourencharakter: Nicht ganz mühelose Rundtour, vorwiegend auf markierten Radwegen zu den landschaftlich besonders reizvollen Küstenabschnitten und den malerischen Hafenorten.
Unterkunftsmöglichkeiten:
JH Rønne, Tel. 56 95 13 40.
JH Svaneke, Tel. 56 49 62 42.
JH Gudhjem, Tel. 56 48 50 35.
JH Sandvig, Tel. 56 48 03 62.
JH Hasle, Tel. 56 96 41 75.
In diesen Orten gibt es auch Campingplätze sowie Hotels bzw. Pensionen.
Wegverlauf: *1. Tag:* 40 km. Von Rønne durch den Südteil der Insel über Nylars (Rundkirche) und Åkirkeby zum Fischerhafen Nexø und entlang der Ostküste zum malerischen Hafenort Svaneke (s. Tour 40).
2. Tag: 35 km. Entlang der Ostküste über den Hafen- und Ferienort Gudhjem und die Helligdomsklippen; landeinwärts nach Stenby zur Nordspitze der Insel mit den beiden Ferienorten Allinge und Sandvig.
3. Tag: 25 km. Entlang der Westküste (s. Tour 39) über die Burgruine Hammershus durch kleine Fischersiedlungen zum Fischerhafen Hasle und zurück nach Rønne.
Karte: Topographische Karte, 1:100 000 in: Bornholm – der grüne Reiseführer.

Allgemeine Radkunde

Von Rudolf von Bitter

Das richtige Rad

Das richtige Rad zu den vorgestellten Touren oder die richtige Tour für Ihr Rad? Selbstverständlich kann jeder mit dem Rad fahren, mit dem er gerne fahren möchte. Unter dem Stichwort »Tourencharakter« finden Sie Angaben über den Schwierigkeitsgrad der jeweiligen Radtour.

Rennräder oder **Rennmaschinen** sind ausgelegt für Fahrten auf Asphalt, nicht für Feldwege und Kiesstraßen. Für Feld- oder Wirtschaftswege sind breitere Reifen und robustere Rahmen als bei Rennrädern üblich empfehlenswert. Wer trotzdem mit dem Rennrad fahren will, macht sich auf der Karte kundig, wie er Feld- und Waldwege auf befestigten Straßen umgehen kann.

Ein **Mountainbike** empfiehlt sich für Radtouren durchs Gebirge. Die Zahnkränze und Kettenblätter sind für extreme Steigungen gedacht. Grundsätzlich kann man mit einem Mountainbike alle Touren bewältigen.

Ein **Touren- oder Trekkingrad** ist am besten geeignet für Touren, die teils über befestigte Straßen, teils über Feld- und Waldwege führen. Die breiteren Reifen und die robuste Ausstattung bei Felgen und Speichen erlauben es, auch auf holprigen Wegen zu fahren, die Gangschaltung mit ihren Mehrfach-Kettenblättern und -Zahnkränzen ermöglicht schnelles, bequemes Fahren auf Straßen und erleichtert das Bewältigen von Steigungen. Das Tourenrad verfügt (genauso wie das Mountainbike) über einen stabilen, aber nicht zu schweren Rahmen, der auch mit etwas mehr Gepäck nicht ins Schlingern kommt.

Beim **Kauf eines Fahrrads** sollte man sich überlegen, daß ein Fahrradfachhändler auch Servicearbeiten ausführt, wobei er seine Stammkunden in der Regel bevorzugt. Außerdem wird er die richtige Rahmenhöhe und -länge bestimmen.

Wichtig ist, die **richtigen Bremsen** am Fahrrad zu haben: Rücktrittbremse und die heutzutage handelsüblichen Cantilever-Bremsen bringen das Rad auch bei Regen zum Stehen, was man von alten Felgenbremsen nicht immer sagen kann.

Pflege und Reparaturen

Robuste Fahrräder benötigen nicht allzuviel Pflege. Wer sein Fahrrad nicht ständig benutzt und dabei darauf achtet, daß die Bremsen wirken und das Licht funktioniert, sollte beides hin und wieder kontrollieren. Genauso sollte man regelmäßig nachsehen, ob die Reifen nicht spröde werden. Man sieht das an feinen Rissen, vor allem, nachdem das Rad unaufgepumpt herumgestanden hat. Man sollte dafür sorgen, daß die Schalt- und Bremszüge sowie die Mechanismen von Schaltung und Bremsen geschmiert sind und die Laufräder sich frei und ungehindert drehen. Mit einer gut geölten Kette und fest aufgepumpten Reifen hat man dann viel Freude am Fahrrad. Falls unterwegs doch eine Panne passiert, kann man sich oft selbst helfen. Im folgenden werden ein paar Handgriffe erläutert.

Das richtige Fahrrad – richtig eingestellt

Am **Sattel** lassen sich Höhe und Neigung regulieren. Je nach Modell verstellt man die Neigung unter der Sitzfläche mit einem Inbusschlüssel oder mit einem Gabelschlüssel. Die Höhe wird mit dem Klemmbolzen am oberen Rand der Sattelmuffe eingestellt. Entweder mit dem Schnellspannhebel oder einem passenden Gabel- oder Inbusschlüssel die Sattelstütze lockern und den Sattel nach oben oder unten bewegen. Die Höhe des Sattels stimmt, wenn die Ferse bei durchgestrecktem Bein auf dem Pedal ruht (das testet man, indem man sich an eine Wand stützt).

Auch der **Lenker** ist verstellbar. Als Faustregel gilt: Zwei Drittel des Körpergewichts trägt der Sattel, ein Drittel der Lenker. Sonst werden entweder die Arme schnell müde vom Abstützen oder man muß auch bei geringen Steigungen aus dem Sattel. Den Klemmbolzen des Lenkers mit Inbus- oder Gabelschlüssel lockern (vier Umdrehungen genügen oft), das Rad vorne hochheben, mit dem Hammer zur Lockerung der Klemmbolzenkeile auf den Klemmbolzen klopfen, Lenker so weit herausziehen oder hineindrücken wie nötig.

Für asphaltierte Straßen sind schmalere **Reifentypen** empfehlenswert, weil der Rollwiderstand geringer ist. Breitere Reifen sind geländegängiger und dämpfen Fahrbahnunebenheiten besser.

Werkzeug und Ersatzteile

Luftpumpe, Flickzeug mit Ersatzventil, 3 Reifen- oder Mantelheber und diverse Gabelschlüssel (auf die Größe achten) für die Räder – wenn sie nicht mit dem handlichen Schnellspannhebel ausgerüstet sind – oder einen Schlüssel für verschiedene Mutterngrößen (einen sogenannten »Knochen«) braucht man für alle Fälle. Schraubendreher, ein Speichenschlüssel, eine Kombizange und Inbusschlüssel machen das Werkzeug komplett.

Auf alle Fälle ist es praktisch, ein paar **Ersatzteile** mitzuführen, die weder schwer noch sperrig sind: Schlauch, Ersatzventil (»Blitzventile« machen das Pumpen leichter), Bremsklotz, Bremsund Schaltzug, Erste-Hilfe-Speichen mit Speichenspanner, Taschenlampe.

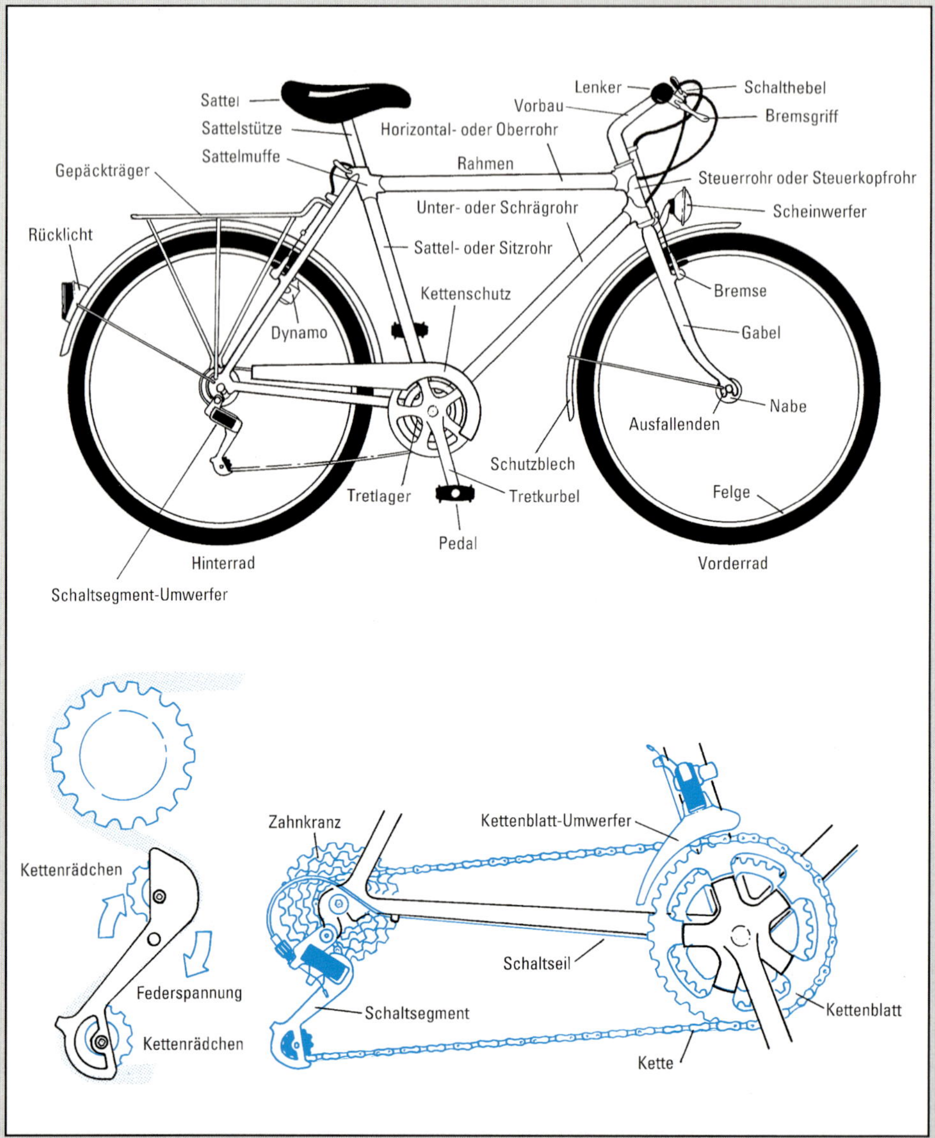

Das Fahrrad und seine Bestandteile.

Ein platter Reifen

Ein platter Reifen kommt häufiger vor, wenn Schlauch und Mantel schon etwas älter sind. Zur Vorsorge sollte man vermeiden, über spitze Gegenstände zu fahren. Auf den Landstraßen fliegen alle kleinen Glassplitter und Eisenteile an den Straßenrand – fahren Sie also mit einem halben Meter Abstand vom Bordstein. Damit bringen Sie die Autofahrer auch weniger in Versuchung, Sie auf engen Landstraßen trotz Gegenverkehr zu überholen.

Wenn der Reifen platt ist: *Zuerst* nachsehen, ob das Ventil nicht lose ist. Bildet sich bei aufgepumptem Reifen eine Blase am Ventil, nachdem man es (mit Spucke) angefeuchtet hat, sollte man den Ventilschlauch (oder das Ventil) auswechseln. Bleibt der Reifen platt, stellt man das Fahrrad auf den Kopf und sucht bei erneut aufgepumptem

Reifen nach der undichten Stelle. Haben Sie die schadhafte Stelle gefunden, markieren Sie sie. Dann hebeln Sie den Reifen aus der Felge, wie im nächsten Absatz beschrieben. Zupfen Sie das Stück Schlauch, in dem das Loch ist, heraus und flicken Sie das Loch wie beschrieben. Ist die Stelle nicht zu finden, muß das Rad abmontiert werden.

Rad abmontieren

Bevor Sie anfangen, suchen Sie sich eine Stelle aus, an der Sie auch die Muttern und Schrauben wiederfinden, die sonst wegkullern. Legen Sie abmontierte Kleinteile in die Haube der Klingel oder in eine Mütze. Lösen Sie erst die Felgenbremse, stellen Sie dann das Fahrrad auf den Kopf. Zur Schonung der Bremsgriffe kann man Badezeug oder Regenjacke unter den Lenker legen.

Vorderrad: Moderne Räder haben einen Schnellspanner mit einem Hebel, den man nur umzulegen braucht, und schon kann man das Rad aus seiner Halterung nehmen. Bei älteren Rädern muß man beidseitig die dicke Mutter lösen (nicht abschrauben; Schlüssel in der richtigen Größe einpacken), um das Rad abzunehmen.

Hinterrad: Wie beim Vorderrad Hebel umlegen oder Muttern lösen. Bei Kettengangschaltung schaltet man zuerst die Kette auf das kleinste Ritzel, dann biegt man den Kettenstraffer nach vorn, so daß man genügend Spiel hat, die Kette vom Zahnkranz abzuheben und so über die Achse zur Seite zu schieben, daß das Rad abgenommen werden kann. Bei Nabenschaltung muß man die Kette über das Ritzel drücken, um die Kette hinten von der Achse lösen zu können.

Haben wir das Rad lose in der Hand, pumpen wir es ein bißchen auf. Mit dem Mantel- oder Reifenheber fahren wir vorsichtig unter den **Mantel** *(Reifendecke)* und hebeln ihn über den Felgenrand. Mantelheber haben meistens eine Öse, mit der man sie an einer Speiche einhängen kann. Mit dem zweiten Mantelheber wiederholen wir dasselbe 10 cm weiter, dasselbe mit dem dritten Mantelheber. Den mittleren Mantelheber können wir jetzt abnehmen und wieder ein Stückchen weiter die Reifendecke über den Felgenrand heben – bis sich der Mantel auf der einen Seite lockert und von Hand von der Felge zu ziehen ist.

Jetzt können wir den Schlauch unter dem Mantel hervorschieben und -ziehen, bis er nur noch am Ventil in der Felge hängt. Ventil abschrauben und den Schlauch abnehmen. Ventil wieder aufsetzen, aufpumpen und nach dem Loch suchen. Feine Löcher findet man nicht so schnell mit bloßem Auge. Den Luftzug der entweichenden Luft spürt man am besten, wenn man den Schlauch nahe an das eigene Auge hält. Mit einem feuchten Handrücken kann man ebenfalls den Luftzug erfühlen. Schneller geht es in einer Schüssel Wasser, die in der Natur allerdings nicht zur Hand ist. Aber vielleicht ist in der Nähe ein

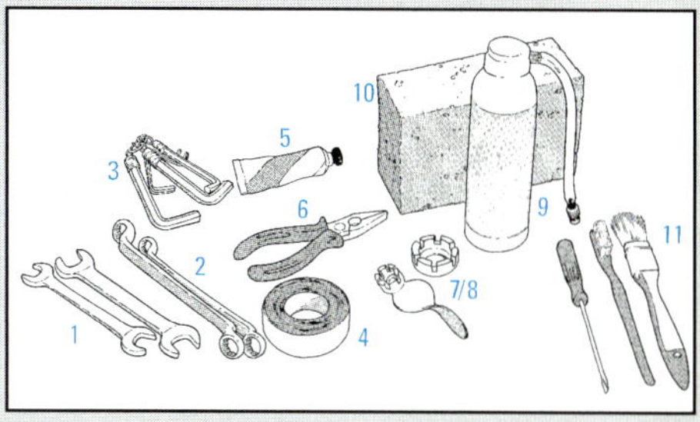

Werkzeug zur Pflege des Fahrrades.

1 Gabelschlüssel
2 Rundschlüssel
3 Inbusschlüssel
4 Reifen-Klebeband
5 Reifenkitt
6 Kombizange
7/8 Speichenschlüssel
9 Reifenflickspray
10 Schwamm
11 Alte Pinsel und Zahnbürsten

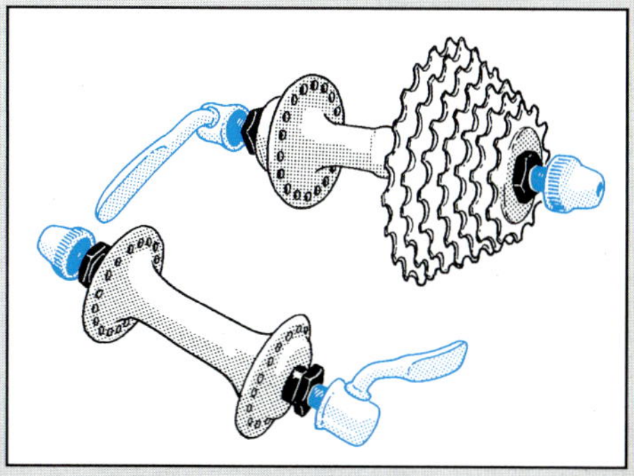

Vorderradnabe und Hinterradnabe mit Siebenfachzahnkranz, jeweils mit Schnellspannvorrichtung.

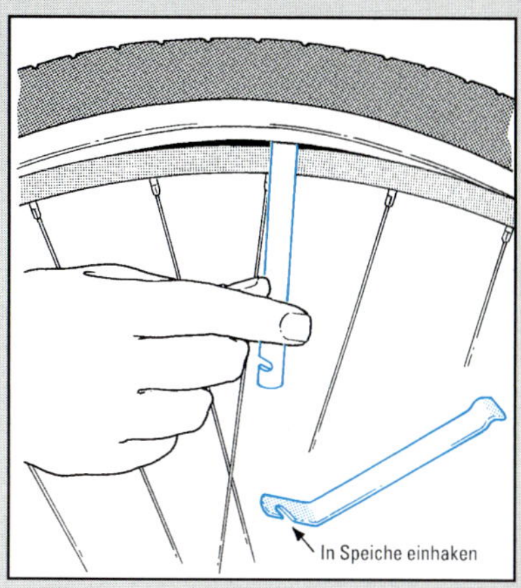

Einsatz des Mantel- oder Reifenhebers.

Bach, ein Teich oder eine tiefe Pfütze. Das Loch verrät sich durch Luftblasen.

Um das Loch herum den Schlauch leicht aufrauhen (beim Flickzeug gibt es dafür ein durchlöchertes Blechstück oder Sandpapier), Gummierlösung dünn auftragen, warten, bis die Lösung grifftrocken ist, Flicken vom Schutzpapier abziehen, auflegen und festdrücken. Schlauch wieder einlegen (beim Ventil anfangen) und unter den Mantel schieben, leicht aufpumpen, damit er schön gerade liegt, und den Mantel wieder auf die Felge drücken. Wenn es nicht anders geht, wieder mit dem Mantelheber. Vorsicht: dabei nicht neue Löcher in den Schlauch quetschen! Reifen aufpumpen. Wenn Sie noch Pause machen wollen, lassen Sie das Rad solange abmontiert – falls es nicht geklappt hat, müssen Sie nicht noch mal von vorne anfangen.

Eine Bremse versagt

Bei Nässe ist der Bremsweg länger als bei Trockenheit! Abgenützte Bremsklötze daher rechtzeitig ersetzen. Dabei soll die offene Seite des Bremsklotzhalters nach hinten weisen, damit der Klotz nicht bei der ersten Bremsung herausrutscht.

Ist der Bremsweg immer noch zu lang, stellen Sie die Bremse nach. Drücken Sie die beiden Bremsbacken so zusammen, daß noch 3 mm Abstand zur Felge bestehen, damit die Bremsen nicht zu hart greifen. Dann die beiden Muttern der Nachstellvorrichtung am Seilzug so drehen, daß die Bremsbacken sich allein da halten, wo Sie sie zuerst hingedrückt haben. Da die Bremssysteme je nach Fabrikat verschieden sind, sollte sich jeder sein eigenes Fahrrad-Bremssystem ansehen.

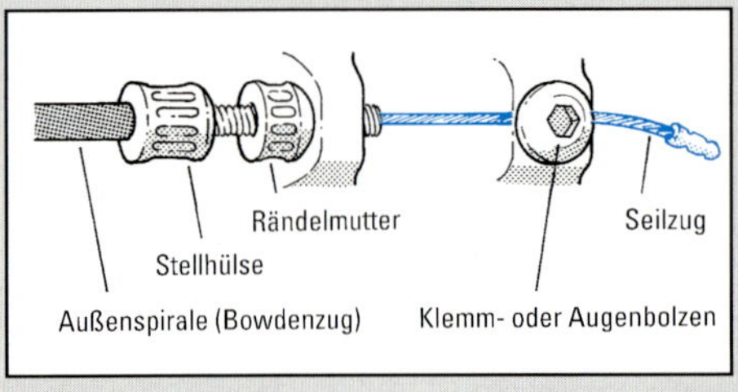

Nachstellen des Seilzuges.

Die Kette

Eine verdreckte oder angerostete Kette ist starr und kostet unnötig viel Kraft. Regelmäßiges Schmieren oder Ölen beugt vor. Ein Bad in Petroleum (die Kette vom Zahnkranz in eine Schale mit Petroleum hängen lassen, wenn Sie nicht montieren wollen) löst den Dreck. Mit einer alten Zahnbürste säubern. Anschließend mit Kettenfett Glied für Glied behandeln.

Bevor Sie losfahren, vergewissern Sie sich, daß die Kette die **richtige Spannung** hat. Bei einer Kettengangschaltung überprüft man das nach folgenden Kriterien: Hängt die Kette vorne auf dem kleinen Kettenblatt und hinten auf dem kleinsten Ritzel, soll sie nicht durchhängen. Hängt die Kette auf dem jeweils größten Kettenblatt und größten Ritzel, soll sie trotzdem noch S-förmig durch den Schaltarm mit seinen beiden Kettenrädchen verlaufen, um ihn nicht zu überdehnen. In diesen Positionen sollten Sie nie fahren!

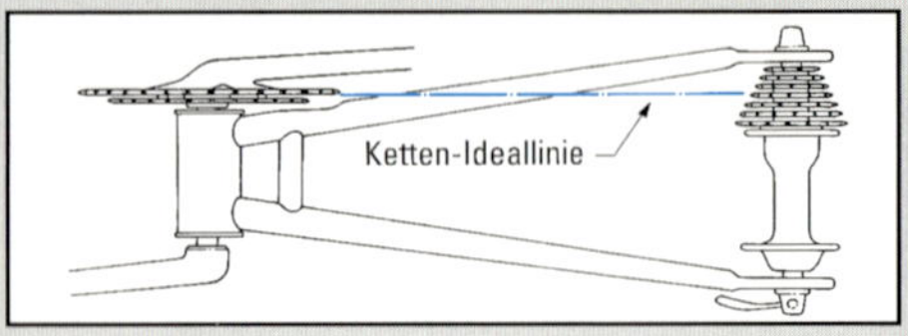

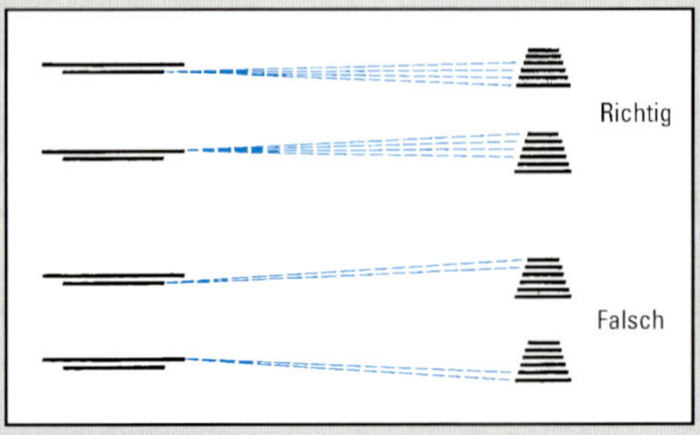

Richtige und falsche Art der Schaltung (Kettenlinie).

Schaltung

Die Größe der Kettenblätter und die Abstufung des Zahnkranzes mißt sich nach der Anzahl der Zähne. Die **Übersetzung** ist um so größer, je größer der Unterschied zwischen Kettenblatt und Ritzel des Zahnkranzes in Zähnen ist. Das heißt, pro Tretkurbelumdrehung ist der zurückgelegte Weg am größten, wenn die Kette auf dem größten Kettenblatt vorne und auf dem kleinsten Ritzel am Hinterrad liegt. Die vielen Gänge, die ein Rad hat, differenzieren die Übersetzung zumeist zu einer kleinen Übersetzung hin und erleichtern so das Bergauffahren.

Wenn Sie extreme Bergtouren vorhaben, können Sie das kleinere Kettenblatt austauschen und eines mit weniger Zähnen einsetzen. Anhand der Zeichnung sehen Sie, wie Sie nicht schalten sollten: größtes bzw. kleinstes Kettenblatt und größtes bzw. kleinstes Ritzel soll man nicht kombinieren. Solche »Extrem«-Schaltungen verursachen Reibungswiderstände und überbeanspruchen dadurch das Material.

Mit dem **Kettenblatt-Umwerfer** bewegen Sie die Kette von einem Kettenblatt zum anderen. Wenn Sie nur noch das mittlere und ein äußeres Kettenblatt erreichen oder die Kette am Umwerfer schleift, müssen Sie nachjustieren. Der Umwerfer soll hoch genug angebracht sein, damit er nicht das große Kettenblatt berührt.

Mit dem Schaltarm am hinteren Schaltwerk transportieren Sie die Kette über die Ritzel unabhängig von der Stellung der Kette auf den Kettenblättern.

Das Licht fällt aus

Als Lichtanlage haben die Hersteller alle möglichen Konstruktionen entwickelt. Das Prinzip ist immer dasselbe: Der Dynamo stellt den Strom her, der über Kabel zum Glühbirnchen geleitet wird. Ein Massekabel entfällt, dazu ist der Rahmen da. Als erstes nach der **Glühbirne** sehen. Bleibt es trotz intakter Birne dunkel, die **Kabelverbindungen** im Lampengehäuse und am Dynamo überprüfen (Wackelkontakt? Kann man mit einer Batterie prüfen). Leuchtet das Licht, liegt es am Dynamo, leuchtet es nicht, liegt es an den Kabeln, die man überprüfen und notfalls ersetzen muß. Hat der **Dynamo** genügend Reibung am Reifen? Eventuell befestigen. Ein lockerer Dynamo kann außerdem in die Speichen fallen und einen Unfall verursachen.

Wenn das alles nichts nützt, und Sie stehen bei Dunkelheit am Straßenrand, dann lassen Sie Ihre Tourenbegleiter mit funktionierendem Licht vor und hinter sich fahren. Besonders für den nachkommenden Verkehr ist es wichtig, daß Sie **von hinten gesehen werden**. Sind Sie allein und ohne Taschenlampe, mit der Sie nach hinten leuchten können, dann weichen Sie nach Möglichkeit auf den Gehsteig aus.

Fahrtechniken

Der **Fußballen** liegt über der Pedalachse. Daß Sie beim Heruntertreten des Pedals die meiste Kraft aufwenden und beim Steigen des Pedals die geringste, ist klar. Rennradler haben mit Rennhaken und Pedalklammer die Möglichkeit, das Pedal aufwärts zu ziehen und nach vorn zu schieben. Normale Radler können sich von den Rennradlern immerhin abschauen, wie sie das Pedal unten nach hinten drücken und dazu den Fuß mit der Spitze abwärts kippen (»runder Tritt«).

Wiegetritt nennt man die Technik, bei Steigungen, die trotz kleinen Gangs nicht mehr zu schaffen sind, aus dem Sattel aufzustehen und das jeweils obere Pedal mit dem Körpergewicht und Zug am Lenker nach unten zu stemmen.

Ein weiteres Detail der Fahrtechnik ist die **Auswahl der Übersetzung**. Die Gänge sind vor allem dazu da, den Bewegungsablauf gleichmäßig zu halten. Zu kleine Übersetzung bekommt der Muskulatur genauso wenig wie zu große Übersetzung. »Weiches Pedalieren« ist der schöne Ausdruck für diesen Vorgang.

Aus mechanischen Gründen soll man **nicht in Extremschaltungen** fahren, also kleines Kettenblatt und kleinstes Ritzel am Zahnkranz oder großes Kettenblatt und größtes Ritzel kombinieren. Die Kette liegt dann schräg und produziert anstrengende Reibungswiderstände. Ideal ist es, wenn die Kette gerade verläuft.

Bremsen sollte man stets gleichzeitig hinten und vorne. Besonders bei Bergabfahrten kann zu abruptes Bremsen zu Stürzen führen. Ebenso sollte man schon vor und nicht erst in einer Kurve bremsen, weil man in der Kurve das Gleichgewicht verlieren kann. Bei Nässe gilt dies erst recht. Nehmen Sie in Kurven das innere Pedal nach oben – wenn in der Kurve ein Pedal den Boden berührt, berührt der ganze Radler den Boden.

Gepäck/Zubehör

Praktisch ist die traditionelle **Hinterradtasche** auf dem Gepäckträger über dem Hinterrad. Diese Tasche kann man als Doppeltasche oder als Einzeltasche erhalten. Auf jeden Fall sollte die Innenseite (zum Rad hin) verstärkt sein, damit es keine Ausbeulungen gibt, die die Fahrt behindern. Zugleich sollte die Tasche nicht zu weit vorn hängen, weil sie sonst die Fersen stört.

Für die Karte ist die kleine **Lenkertasche** nützlich. Genausogut können Sie aber auch vorne einen Gepäckträger anbringen (lassen) und einen **Korb** darauf befestigen, in den Sie Karte, Führer, Flasche, Pullover, Badezeug und was sonst schnell zur Hand sein soll, hineinlegen. Bei viel Gepäck ist ein **Doppelständer** sinnvoll. Luftpumpe und Trinkflasche im Trinkflaschenhalter haben ihren festen Platz am Sattel- oder am Unterrohr.

Schutz vor Diebstahl: Am sichersten ist das massive Bügelschloß aus Stahl, aber das wiegt auch viel. Spiralkabel mit eigener Halterung unter dem Sattel sind praktisch, man muß lediglich die Zugkraft der Spirale überwinden. Um das Vorderrad zu sichern, kann man es abnehmen und an das Hinterrad schließen. Auf alle Fälle ist es gut, sein Rad an einen Laternenpfahl oder etwas Ähnliches anzuschließen.

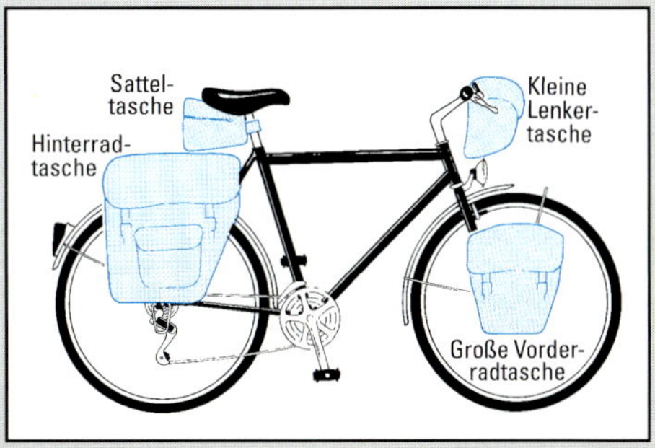

Das bepackte Fahrrad mit Gepäckstücken zur Auswahl.

Anhang

Verkehrsbestimmungen in Dänemark

Grundsätzlich anders als in Deutschland ist das Linksabbiegen für Radfahrer an Kreuzungen geregelt. **Dem Radfahrer ist es nicht erlaubt, sich zum Linksabbiegen links einzuordnen.** Das Abbiegen erfolgt in zwei Schritten: Man fährt zunächst geradeaus zur nächsten Straßenecke, wartet dort auf das Ampelsignal bzw. läßt die nachfolgenden Fahrzeuge passieren und überquert dann die Straße wie ein Fußgänger nach links. Es ist sehr wichtig, diese Vorschrift zu befolgen, da die Autofahrer es nicht anders gewöhnt sind.

Will man Kinder auf dem Rad – zwei Kinder unter sechs Jahren sind erlaubt – transportieren, muß das Rad mit zwei Bremsen ausgestattet sein, die unabhängig voneinander funktionieren.

Im folgenden einige Aufschriften von Verkehrsschildern, die Radfahrer betreffen:

- Gågade – Fußgängerzone
- Trækken med cykler forbudt / tilladt – Schieben verboten / erlaubt
- Cykler må ikke medtages – Fahrräder dürfen nicht mitgeführt werden
- Cykelsti – Radweg
- Doppeltrettet cykelsti ophører – Radweg mit Gegenverkehr endet
- Knallert på cykelstien – Rad- und Mopedweg
- Cyklist ud – Radfahrer hinüber (Straßenseite wechseln)
- Undtagen cykler – Räder ausgenommen

Transport / Anreisemöglichkeiten

• Mit dem Rad

Jütland kann man auf dem Rad-Fernweg Passau – Flensburg erreichen, der jedoch nicht durchgängig ausgearbeitet ist.

• Mit dem eigenen PKW

Jütland erreicht man auf der BAB über Flensburg. Die größten Inseln sind auf Fähren direkt von Deutschland aus erreichbar: Fünen durch die Fährlinie Gelting – Fåborg, Langeland durch die Fährlinie Kiel – Bagenkop, Lolland über die Vogelfluglinie Puttgarden – Rødby, Bornholm durch die Fährlinie Sassnitz – Rønne.

Eine Auflistung der Fährverbindungen ist erhältlich beim Dänischen Fremdenverkehrsamt, Abt. F 1, Postfach 740680, 22096 Hamburg.

• Mit der Bahn

Innerhalb Deutschlands transportieren die Eil- und Nahverkehrszüge sowie die Fernverkehrszüge wie InterRegio und IC auch Fahrräder. Reservierung ist für den InterRegio generell notwendig, bei den anderen Zügen zwischen Mai und Oktober zu empfehlen. Die Räder verladen sie selbst in den Gepäckwagen oder in den Einstiegsbereich.

Auf der grenzüberschreitenden InterRegio-Linie Hamburg – Flensburg – Århus – Frederikshavn können Fahrräder mitgenommen werden, ebenso auf der IC-Linie Lübeck – Puttgarden – Kopenhagen. Der Pauschalpreis pro Rad und Strecke beträgt DM 16,–. Das Rad kann auch als Reisegepäck vorher versandt werden; dabei müssen sämtliche Gegenstände wie Satteltaschen oder Radkörbe abmontiert und das Rad zweckmäßig verpackt sein. Dauer: bis zu einer Woche. Preis: DM 34,–.

Informationen in den DB-Broschüren »Radler-Bahn« und »Fahrrad und Bahn in Europa«, erhältlich bei Deutsche Bahn AG, Zentralbereich Konzernkommunikation, Stephensonstraße 1, 60326 Frankfurt, Tel. (069) 97336774.

Benutzung öffentlicher Verkehrsmittel

• Bahn

In den meisten dänischen Zügen können Räder mitgenommen werden, wenn Platz dafür vorhanden ist, wobei das gesamte Gepäck vom Rad genommen werden muß. Das Ein- und Ausladen muß man selbst übernehmen, das Zugpersonal gibt lediglich Anweisungen, wo das Rad abgestellt werden kann. Auch in den S-Bahn-Zügen im Umkreis von Kopenhagen können Räder mitgenommen und in einem der Eingangsbereiche abgestellt werden, die von außen mit einem Rad-Logo gekennzeichnet sind. Ausnahme sind die Zeitabschnitte Mo.– Fr. 6–9 Uhr und 15–18 Uhr . Wer sein Rad im Zug mitnehmen möchte, benötigt zusätzlich zu der Fahrkarte einen Fahrrad-Fahrschein. Wer häufiger den Zug benützen möchte, für den lohnt sich eine Rabattkarte mit 10 Preiseinheiten, die auch auf den Binnenschiffsrouten der DSB gelten: Korsør – Nyborg, Kalundborg – Århus, Kalundborg – Kolby Kås, Bøjden – Fynshav, Esbjerg – Fanø.

Das Informationsfaltblatt »Fahrräder mit der Bahn« liegt an allen dänischen Bahnhöfen aus. Auskunft auch über die DSB-Information, Tel. 33141701.

• **Bus**
Die meisten Überlandbusse außerhalb des Großraums Kopenhagen transportieren Räder, allerdings nur 3–4, so daß es schon mal vorkommen kann, daß der Raum nicht ausreicht.

• **Fähren**
Sowohl die Fähren nach Dänemark als auch die innerdänischen Fähren nehmen Räder mit.

Radverleih vor Ort

Beinahe in jedem größeren Ort kann man Räder leihen, entweder bei einem Fahrradgeschäft oder beim Touristenbüro. Dort erhält man auch Informationen über weitere Radverleihstellen. In der Regel werden Drei-Gang-Räder angeboten, häufig können auch Gepäckkörbe mitgemietet werden, manchmal sogar Anhänger. Preis pro Rad und Tag zwischen DK 30,– und 50,–. Ab drei Tagen Mietdauer gibt es häufig eine Ermäßigung.

Achten Sie bei der Auswahl des Rades auf die Sitzposition. Der Sattel sollte so eingestellt sein, daß Sie, auf dem Rad sitzend, bei ausgestrecktem Bein mit der Ferse auf dem Pedal stehen können. Wählen Sie, wenn Sie die Auswahl haben, ein Rad mit mehreren Gängen, denn obwohl die Höhenunterschiede nicht zu groß sind, erleichtern mehrere Gänge das ständige Auf und Ab der Straße. Überprüfen Sie, bevor Sie losfahren, ob das Profil und der Reifendruck in Ordnung sind.

Klima und Reisezeit

Im gesamten Dänemark herrscht ein gemäßigtes Küstenklima vor, was bedeutet, daß die Winter mild und die Sommer kühl sind. Obwohl die Sonne scheint, steigen die Durchschnittstemperaturen, bedingt durch den Einfluß des Meeres und den stetig leicht wehenden Wind, selbst im *Juli*, dem wärmsten Monat, nicht viel höher als 21°C und im *August* auf 20,6°C – für Radfahrer angenehme Temperaturen, die zwar erlauben, daß man in lockerer Kleidung fährt, aber trotz allem nicht zu stark ins Schwitzen gerät. Noch mehr Sonnenstunden bietet Bornholm, wo allerdings das Frühjahr auch etwas später einsetzt, der Sommer dafür aber länger anhält. In Kauf nehmen muß der Radfahrer allerdings in dieser Zeit, daß vor allem im Juli manchmal ein kräftiger Westwind bläst, während es im August, dem feuchtesten Monat des Sommers, schon auch mal regnet. Wer Baden mit Radfahren kombinieren möchte, für den sind Juli und August ideal, da die Wassertemperaturen des Meeres dann bei angenehmen 20°C liegen. Allerdings sind dann auch die meisten Touristen unterwegs, worauf sich die Museen einstellen und etwa ab Mitte Juni bis Ende August täglich geöffnet sind.

Wer außerhalb dieser beiden Monate reisen kann, sollte das ausnützen, denn die Unterkünfte sind dann weniger stark belegt und die Temperaturen schon bzw. noch immer zum Radfahren geeignet: durchschnittlich 15,7 °C im *Mai* und 19°C im *Juni*. Besonders reizvoll sind in dieser Zeit die grünen Buchenwälder und die gelben Rapsfelder. Außerdem sind dies die beiden trockensten Monate des Sommers. Der Wind, der im Mai, im Gegensatz zu den anderen Monaten, hauptsächlich aus Osten weht – ein Gesichtspunkt, den man bei der Planung einer Radtour berücksichtigen sollte –, bringt meist stabiles sonniges Wetter. Auch die Herbstmonate *September* und *Oktober* haben ihre »goldenen Seiten«, vor allem, wenn das Laub der Buchenwälder sich verfärbt. Auf kulturelle »Genüsse« wird man allerdings schon in manchen Fällen verzichten müssen, denn Museen oder andere Sehenswürdigkeiten wie Mühlen und Herrenhöfe haben nur noch eingeschränkte Öffnungszeiten und kleinere Museen sind gar ganz geschlossen. Lebendig wird es nur noch einmal in der dritten Oktoberwoche, wenn die dänischen Schulen Herbstferien haben.

Unterkunftsmöglichkeiten

• **Hotels**
Hotel, Pension, Kro, Motel, Feriehotel, Badehotel, Aktivitetscenter, Herregårdshotel, Færgegård – ganz unterschiedlich sind die Bezeichnungen für die Unterkunftshäuser in Dänemark, je nach Ausstattung und Lage. So ist ein Herregårdshotel untergebracht in einem ehemaligen Gutshof, liegen die Badehotels in Strandnähe, sind Pensionen kleinere Familienbetriebe, bieten die Feriehotels Sauna und Hallenbad, liegen die Færgegårds unweit einer Fähranlegestelle, hat ein Kro meist eine lange Tradition als Beherbergungsstätte. Eine offizielle Klassifizierung der Zimmer gibt es nicht, doch überwiegen Zimmer mit Bad, häufig auch mit Fernsehen und Telefon. Billig sind Hotelübernachtungen nicht, doch bietet sich dadurch, daß einige Hotels an Hotelketten wie z.B. Best Western angeschlossen sind, die Möglichkeit, Hotelcheques für die jeweilige Kette zu erwerben, was den Preis erheblich reduziert. So kostet ein Übernachtungsscheck für ein Best Western Hotel in der Zeit von Mitte Mai bis Mitte Sept. pro Person DK 340,– (DM 92,–).

Eine Hotelliste mit weiterer Information ist erhältlich beim dänischen Fremdenverkehrsamt, Abt. F 1, Postfach 740680, 22096 Hamburg.

• **Gasthöfe (Kro)**
Gasthöfe haben in Dänemark eine lange Tradition. Sie stammen nicht selten aus der Zeit, als die Reisenden noch in Postkutschen unterwegs waren, und liegen deshalb an den Hauptdurchgangs-

straßen oder in der Nähe von Fähranlegestellen. Haus und Atmosphäre wurden manchmal im alten Stil bewahrt, nur die Zimmer wurden modernisiert oder in neuen Flügeln untergebracht. Alle Zimmer sind mit Bad, die meisten mit Fernsehapparat und Telefon ausgestattet. Wer plant, während seines Dänemarkaufenthalts vorwiegend in Gasthöfen zu übernachten, dem sind die **Kro-Schecks** zu empfehlen, die für rund 80 Häuser gelten, die sich zu der Organisation Dansk Kroferie zusammengeschlossen haben. Die Schecks werden in Deutschland in Reisebüros gekauft, gewähren eine Einsparung von mindestens 10 Prozent des Normalpreises und können bei Nichtbenutzung zurückgegeben werden. Ungefährer Preis für einen Scheck, der für eine Übernachtung für 2 Personen im Doppelzimmer gilt: DK 550,– (DM 150,–).

Bebilderte Broschüre erhältlich bei Dansk Kroferie, Vejlevej 16, DK-8700 Horsens, Tel. 75648700.

• **Bed & Breakfast**
Aus dem englischsprachigen Raum wurde der Begriff »bed & breakfast« übernommen für Zimmer, die in privaten Häusern und auf Bauernhöfen an Touristen für eine Nacht oder länger vermietet werden. Eine Übernachtungsmöglichkeit, die in den letzten Jahren verstärkt angeboten wird und auf die durch Schilder am Haus aufmerksam gemacht wird: »B & B« oder »Værelser til leje« oder durchaus auch auf deutsch »Zimmer frei«. Angeboten werden Zimmer mit eigenem Bad, aber auch Zimmer, die nur fließend warmes Wasser haben.
Häufig wird für alle Zimmer zusammen eine kleine Küche bereitgestellt, so daß man sich abends oder auch morgens selbst verpflegen kann, denn Frühstück wird zwar angeboten, ist aber im Übernachtungspreis nicht pauschal enthalten, so daß man wählen kann. Insgesamt eine preisgünstige Art der Übernachtung. Ungefährer Preis für ein Doppelzimmer: zwischen DK 200,– bis 400,– (DM 55,– bis 110,–).

Eine Auflistung der Zimmer ist erhältlich bei Dansk Bed & Breakfast, Postbox 53, DK-2900 Hellerup, Tel. 31610405.

Auch in den meisten Touristenbüros erhält man eine Liste oder Informationen über private Zimmer in der Umgebung.

• **Jugendherbergen (vandrerhjem)**
Rund 100 Jugendherbergen sind über das Land verteilt und finden sich in beinahe allen größeren Städten, das heißt an beinahe jedem der hier angegebenen Ausgangsorte. Sie sind recht komfortabel und bieten Familienräume an mit 2–6 Betten und meist mit integriertem Bad. Mehrbettschlafräume werden immer seltener. Decken und Kopfkissen sind vorhanden, Bettwäsche oder ein Leinenschlafsack – nicht erlaubt ist ein normaler Schlafsack – muß mitgebracht werden bzw. kann gegen eine geringe Gebühr geliehen werden. Die meisten Herbergen bieten Frühstück und Abendessen an. Für Selbstversorger steht jedoch meist auch eine Küche zur Verfügung. Zwischen 12 und 16 Uhr sind die Herbergen geschlossen. Abends sollte man nicht später als 17 Uhr einchecken, es sei denn, man hat vorgebucht, dann ist 21 Uhr der späteste Zeitpunkt. Vorausbuchung ist notwendig in der Zeit vom 15. Juni bis 15. August. Es wird ein gültiger Jugendherbergsausweis verlangt, den man sich entweder schon beim deutschen Jugendherbergswerk besorgt oder dort als internationale Jugendherbergskarte vor Ort erwirbt. Ungefährer Preis für eine Übernachtung für 2 Personen in einem Familienraum: DK 150,- (DM 40,-).

Ein aktuelles Verzeichnis aller Jugendherbergen mit Adressen und Öffnungszeiten gibt jährlich der dänische Fremdenverkehrsverband heraus, bei dem es kostenlos erhältlich ist (Adresse siehe Seite 186).

• **Ferienhäuser**
Das Angebot an Ferienhäusern ist ungeheuer groß. Im gesamten Land stehen Ferienhäuser zur Verfügung, am dichtesten jedoch liegen sie entlang der Küsten, meist als alleinstehende Häuser, manchmal auch in Ferienhauskolonien. Die Ausstattung ist sehr unterschiedllich. Sie können gemütliche Holzhäuser mit Standardausstattung – komplett eingerichtete Küche, Bad, beheizbare Wohnräume mit Fernsehgerät und mehrere, allerdings meist recht kleine Schlafzimmer – , aber auch Luxushäuser mieten mit eigenem Schwimmbad oder Whirlpool, Sauna, Solarium, Satellitenfernsehen und vollautomatischer Küche mit Geschirrspülmaschine, Mikrowellenherd, Waschmaschine und Trockner.

Buchung und Information u.a. über die beiden großen Organisationen

– »DanCenter«, vermittelt mehr als 11 000 private Häuser im gesamten dänischen Raum und unterhält ca. 50 Servicebüros in Dänemark, wo bei Vorbuchung der Schlüssel abgeholt wird, wo man aber auch kurzfristig ein Haus buchen kann; Kontaktadresse in Deutschland: DanCenter Hamburg, Spitalerstr. 16, 20095 Hamburg, Tel. (040) 322781.

– »Sonne und Strand«, vermittelt rund 4500 Häuser, die hauptsächlich an der Küste liegen, und unterhält in Dänemark 13 Servicebüros; Kontaktadresse in Deutschland: Sonne und Strand, Süderhofenden 8, 24910 Flensburg, Tel. (0461) 1442020.

Für die Hauptsaison – bei »DanCenter« 4 Wochen zwischen der 2. Juliwoche und der 2. Augustwoche, bei »Sonne und Strand« 6 Wochen zwischen der 2. Juliwoche und der 4. Augustwoche – muß frühzeitig gebucht werden. In diesem Zeitraum zahlt man die Höchstpreise, während bereits in der ersten Hälfte des Juni und ab Ende August die Preise deutlich niedriger liegen.

- **Campingplätze und Campinghütten**

Insgesamt gibt es rund 500 zugelassene Campingplätze in Dänemark, die je nach Standard mit 1–5 Sternen gekennzeichnet sind. Bei der Anmeldung wird die Vorlage eines Campingpasses verlangt, der bei der ersten Übernachtung auf einem Platz erworben werden kann gegen eine geringe Gebühr, ca. DK 50,– (DM 14,–) für einen Familienpaß. Viele Campingplätze halten für Radfahrer mit kleinen Zelten spezielle Flächen auf dem Platz bereit und bieten auch reduzierte Preise an. Preis für eine Übernachtung pro Person ungefähr DM 10,–.

Campingplätze sind normalerweise zwischen Ostern bzw. 1. Mai und Mitte September geöffnet, vor allem diejenigen, die an der Küste liegen. Ist man außerhalb dieser Zeit unterwegs, sollte man per Anruf klären, ob der Platz das ganze Jahr über geöffnet ist und ob man noch unterkommen kann. Hauptsaison ist zwischen Mitte Juni und Mitte August.

Praktisch für Radfahrer sind auch die Campinghütten, die manche Plätze anbieten. Es handelt sich dabei um einfache Hütten, die man für eine Nacht oder länger mieten kann.

Die Ausstattung ist unterschiedlich: meist ein Raum mit 4–6 Stockbetten, ein Tisch mit Stühlen, eine Kochgelegenheit und das notwendige Geschirr. Mitbringen muß man Schlafsäcke sowie Handtücher und Geschirrhandtücher. Geputzt wird vor der Abreise meist selbst. Ungefährer Preis für eine Campinghütte DK 200,– bis 400,– (DM 55,– bis 110,–).

Eine Broschüre, herausgegeben von der Organisation DK-Camp, einem Zusammenschluß von 300 Campingplatzbesitzern, informiert über die Campinghütten (Camping hytter).

Erhältlich bei DK-Camp, Vestergade 37c, DK-7100 Vejle, Tel. 75824955 oder vor Ort in den Touristenbüros.

Über alle anerkannten Campingplätze informiert der offizielle Campingführer, der bestellt werden kann bei Dr. Götze Land & Karte, Bleichenbrücke 9, 20345 Hamburg, Tel. (040) 3880313.

Das dänische Fremdenverkehrsamt bietet ebenfalls eine Auflistung der wichtigsten Plätze sowie eine Übersichtskarte an. Erhältlich beim dänischen Fremdenverkehrsamt in Hamburg, Abt. F 1, Postfach 740680, 22096 Hamburg, Fax (040) 324329.

- **Lagerplätze**

Die billigste Art, auf mehrtägigen Radtouren zu übernachten, ist das Zelten auf den sogenannten »lejrpladser«, einfachen Lagerplätzen, die nur Wanderern oder Radfahrern zur Verfügung stehen. Sie liegen deshalb auch entlang der Radrouten und meist in ländlicher Umgebung. In den allermeisten Fällen sind sie ausgestattet mit einer Toilette, haben einen Anschluß für Trinkwasser sowie einen Feuerplatz. Dusche oder auch Übernachtung im Haus wird von manchen Besitzern ebenfalls angeboten. Man kann maximal zwei Nächte auf einem Platz verbringen. Ungefährer Preis für eine Übernachtung pro Person DK 12,– (DM 3,–). Die Lagerplätze sind auf den Radkarten eingezeichnet. Über die genaue Lage sowie die angebotenen Serviceleistungen auf allen Lagerplätzen informiert der Führer »Overnatning i det fri«; erhältlich beim Dansk Cyklist Forbund, Rømersgade 7, DK-1362 København K., Tel. 33323121, Fax 33327683.

Übrigens: Das Zelten außerhalb von Camping- und Lagerplätzen ist in Dänemark verboten.

Verpflegung unterwegs

Die Verpflegung unterwegs stellt kein Problem dar, da beinahe an allen Ausgangsorten der hier aufgeführten Tagestouren gut sortierte Lebensmittelgeschäfte vorhanden sind und beinahe in allen Dörfern unterwegs ein kleiner Laden bzw. eine Bäckerei, die häufig auch Grundnahrungsmittel und Getränke verkauft, zu finden ist. Auf den meisten Radkarten sind Einkaufsmöglichkeiten durch ein Symbol gekennzeichnet. An den hier vorgeschlagenen Tagesstrecken gibt es unterwegs immer die Möglichkeit, zumindest in einem Kiosk etwas zu trinken zu bekommen.

Adressen und nützliche Informationen

- **Botschaften / Konsulate**

Diplomatische Vertretung Dänemarks in Deutschland:

– Dänische Botschaft, Pfälzer Str. 14, 53111 Bonn, Tel. (0228) 729910.

Vertretung Deutschlands in Dänemark:

– Deutsche Botschaft, Stockholmsgade 57, DK-2100 København Ø, Tel. 31261622.

– Generalkonsulat, Kystvej 18, DK-6200 Åbenrå, Tel. 74621464.

- **Fernradwege**

10 Nationale, mit blau-rot-weißen Schildern durchgängig markierte Radrouten durchziehen das ganze Land.

Route 1: Länge 500km. Entlang der Westküste von Rudbøl an der deutsch-dänischen Grenze nach Skagen, dem nördlichsten Punkt Dänemarks.

Route 2: Länge 350km. Vom Hafen Hanstholm an der Nordsee quer durch Jütland, mit der Fähre zur Insel Seeland und weiter nach Kopenhagen.

Route 3: Länge 440km. Auf dem alten Heerweg von Padborg an der Grenze über Viborg der Länge nach mitten durch Dänemark bis zur Nordspitze.

Route 4: Länge 300km. Von Søndervig an der Nordsee quer durch das Seenhochland zur Ostküste, mit der Fähre nach Seeland und weiter nach Kopenhagen.

Route 5: Länge 600km. Entlang der Ostküste von Sønderborg an der Grenze nach Skagen im äußersten Norden Jütlands.

Route 6: Länge 300km. Vom Fischerhafen Esbjerg an der Nordseeküste quer durch Südjütland nach Fünen; quer durch das hügelige Mittelfünen, per Fähre nach Seeland und weiter nach Kopenhagen.

Route 7: Länge 200km. Von Sjællands Odde der Länge nach über die Insel Seeland und über Falster und Lolland nach Gedser an der Südküste.

Route 8: Länge: 300km. Von Rudbøl an der Westküste quer durch Südjütland zur Insel Als und per Fähre nach Fünen, weiter über die Inseln Langeland, Lolland und Falster zur Ostspitze der Insel Møn.

Route 9: Länge 200km. Von Rødby, dem Anlegehafen der Vogelfluglinie, über Lolland und Falster zum Fährhafen Helsingør an der Nordostspitze von Seeland.

Route 10: Länge 100km. Umrundung der Insel Bornholm.

Informationen zu den einzelnen Routen in der Broschüre »Radurlaub Dänemark«, die vom dänischen Fremdenverkehrsamt herausgegeben wird und dort erhältlich ist.

- **Informationsmaterial**

– Dänisches Fremdenverkehrsamt, Postfach 740680, 22096 Hamburg, Tel. (0190) 190033.

- **Informationsmaterial für weitere Radtouren**

Fast alle lokalen Touristenbüros haben ausgearbeitete Vorschläge, meist für Tagestouren in der näheren Umgebung, vorliegen.

Vorschläge für weitere mehrtägige Radtouren auf Seeland sind erhältlich bei: Turist Marketing Vestsjælland, Alleen 15, DK-4180 Sorø: drei fertig geplante einwöchige Radtouren, zusammengestellt nach den unterschiedlichen Unterkunftsmöglichkeiten: Bauernhof/Jugendherberge-Tour 223km, Campingtour 174km, Hotel/Gasthaus-Tour 251km. Ausführliche Beschreibungen, Radkarte, Unterkunftsverzeichnis; Preis für die Unterlagen pro Tour DK 20,–.

Mehrtägige Touren werden in sogenannten »Paketen« angeboten durch Fremdenverkehrsbüros oder Campingplätze und Hotels, die sich zusammengeschlossen haben. In dem Preis für das »Paket« sind die Tourenbeschreibungen, die Mietgebühr für ein Fahrrad, die Unterkünfte, manchmal auch der Gepäcktransport enthalten. Nähere Informationen in der Broschüre »Radurlaub Dänemark«, die vom dänischen Fremdenverkehrsamt herausgegeben wird und dort erhältlich ist: Abt. F 1, Postfach 740680, 22096 Hamburg.

- **Kartenmaterial**

Für Radfahrer am besten geeignet sind die Radkarten, die in einer uneinheitlichen Reihe von den Kreisverwaltungen herausgegeben werden und ganz Dänemark, d.h. Jütland und die Inseln einschließlich Bornholms, abdecken. Es handelt sich um 18 Kartenblätter, vor allem im Maßstab 1:100000, aber auch um 1:50000 für Kopenhagen und 1:200000 für Nordjütland und den Kreis Ringkjøbing. Eingetragen sind sowohl markierte Strecken als auch unmarkierte Tourenvorschläge, Campingplätze, Sehenswürdigkeiten, Einkaufs- und Bademöglichkeiten, etc.; teilweise mit einer Begleitbroschüre oder wichtigen Adressen, Stadtplänen und Kurzerläuterungen zu Sehenswürdigkeiten auf der Rückseite. Erhältlich in Touristenbüros und Buchhandlungen.

Für Bornholm, den Kreis Nordjütland und den Kreis Ringkjøbing empfiehlt es sich, auf die entsprechenden topographischen Karten im Maßstab 1:100000 zurückzugreifen (die topographischen Karten 1:50000 oder gar 1:25000 sind für Radwanderungen unnötig detailliert), die von Kort og Matrikelstyrelsen bzw. vom Geodætisk Institut publiziert werden.

Für Bornholm steht eine weitere Alternative zur Verfügung: Bornholm – der grüne Reiseführer, Hrsg. William Dams Boghandel, Rønne. Diese Broschüre enthält außer zahlreichen Nebenkarten auch eine topographische Karte im Maßstab 1:100000. Erhältlich im Buchhandel auf Bornholm.

Für besonders Interessierte gibt es weitere Karten zu Geologie, Morphologie, Mineralogie und Vegetationsgeographie.

Einige Bestelladressen

Allgemeiner Deutscher Fahrrad-Club
Postfach 107747
28077 Bremen

Tel. (04 21) 34 62 90
(nur für die Radkarten!)

Dr. Götze, Land und Karte
Bleichenbrücke 9
20345 Hamburg
Tel. (0 40) 3 48 03 13
Fax (0 40) 3 48 03 18

GeoCenter, Internationales Landkartenhaus
Schockenriedstr. 40 a
70565 Stuttgart
Tel. (07 11) 7 88 93 40
Fax (07 11) 7 88 93 54

Nordis – Buch- und Landkartenhandel
Postfach 10 03 43
40767 Monheim
Tel. (0 21 73) 5 00 95
Fax (0 21 73) 5 42 78

- **Literatur**

Zahlreiche Reiseführer verschiedener Verlage sind im Buchhandel erhältlich oder bei Nordis und beim GeoCenter (s. o.) zu bestellen. Auch in Dänemark selbst können Natur- und Kulturführer zu einzelnen Landesteilen auf deutsch erworben werden, z. B. zu Fünen und Bornholm.

Als Begleitlektüre bieten sich Andersens Märchen oder der Band »Dänemark erzählt« mit Erzählungen mehrerer dänischer Autoren an.

- **Sprachführer**

Bei der Schreibweise fallen drei Buchstaben auf, die im deutschen Alphabet nicht vorkommen: æ, ø und å; æ wird gesprochen wie das deutsche ä, ø wie das deutsche ö und å ist ein dunkles o.

Normalerweise kann man sich in Dänemark überall auf Deutsch oder Englisch verständigen; trotzdem im folgenden einige Ausdrücke, die während des Radfahrens nützlich sein könnten:

Deutsch – Dänisch

Verkehr:
Durchfahrt verboten – gennemkørsel forbudt
Einbahnstraße – ensrettet
Fahrradgeschäft – cykelforretning
Fußgängerzone – gågade
Preis pro Tag – pris pro døgn
Radkarte – cykelkort
Radreparatur – reparation af cykler
Radverleih – cykeludlejning
Radweg – cykelsti(g)
Räder mit Gangschaltung – cykler med gear
Reparaturwerkstatt – cykelværksted
Umleitung – omkørsel

Unterkünfte:
Abendessen – aftensmad
Bett – seng
Blockhaus– bjælkehytter
einfache Campinghütten – campinghytter
Campingplatz – campingplads
Doppelzimmer – dobbeltværelser
Einzelzimmer – enkeltværelser
Familienzimmer – familierum
Ferienhaus – feriehus
Ferienwohnung – ferie lejligheder
Feuerstelle – bålplads
Frühstück (med – mit, uden – ohne) – morgenmad
Gasthof – kro
Halbpension – halvpension
Herbergsausweis – vandrekort
Jugendherberge – vandrerhjem
kinderfreundlich – børnevenlig
Küche für die Gäste – gæste køkken
einfacher Lagerplatz – naturlejrplads
Vesper, Lunchpaket – madpakken
Mitgliedsausweis – medlemskort
Mittagessen – frokost
für eine Nacht – for en nat
Schlafsack – sovepose
Selbstverpflegung – selvhusholdning
kein Trinkwasser – ingen drikkevand
Zimmer zu vermieten – værelser til leje
Übernachtung – overnatting

Zeit:
Dienstag – tirsdag
Donnerstag – torsdag
Feiertag – helligdag
Freitag – fredag
ganzjährig – året rundt / hele året
geöffnet – åbent
geschlossen – lukket
jeden Tag – hver dag
Mittwoch – onsdag
Montag – mandag
Öffnungszeiten – åbningstider
Samstag – lørdag
Sonntag – søndag
Wochentag – ugedag

Einkaufen:
Bäckerei – bageri
Brötchen – rundstykke
Brot – brød
Butter – smør
Eier – ægget
Gemüse – grøntsager
Getränke – drikkevarer
Käse – ost
Kuchen – kage
Lebensmittelgeschäft – fødevareforretning
Milcherzeugnisse – mejeriprodukter

Essen und Trinken:
Aufschnitt – pålæg
verschiedene belegte Brote,
z. B. mit Fischfilet, Leberpastete,
geräucherter Wurst, eingelegten
Heringen – smørrebrød

Bier – øl
Erbsensuppe – ærtesupper
Fischgerichte – fiskeretter
kaltes Fleisch – kold steg
Hähnchen vom Grill – grillkyllinger
eingelegte Heringe – marineret sild
geräucherte Heringe – røget sild
Kaffee mit Sahne – kaffe med fløde
Krabben, Garnelen – rejer
geräucherter Lachs – røget laks
Milch – mælk
Mineralwasser – sodavand
Pfeffer – peber
Roastbeef mit Zwiebel – roastbeef med løg
rote Beete – rødbeder
Salz – salt
Schollenfilet – rødspættefillet
Schweinebraten – flæskesteg
Senf – sennep
Tagesgericht – dagens ret
Tee – te
Wirtschaft – værtshus
Würstchen – pølser
Zucker – sukker

In der Stadt:
Haus der Ärzte – lægehus
Aussichtsturm – udsigtstårn
Busbahnhof – rutebilstation
Eisenbahn – jernbane
Fährbüro – færgekontor
Hafen – havn
Hof, Gehöft – gård
Kirche – kirke
Krankenhaus – sygehus
Marktplatz – torvet
Mühle – mølle
Polizei – politistation
Postamt – posthus
Schloß – slot
Straße – gade

Geographische Begriffe:
Acker, Feld – ager
Anhöhe, Erhebung – høj
Aufforstung – plantage
Berg – bjerg
Brücke – bro
Bucht – vig
Burg – borg
Dorf, Stadt – by
Feld, Acker – mark
Fluß – å
Fluß, Strom – strøm
Heide – hede
Herrenhof – herregård
Hügel, Anhöhe – bakke
Hügel, Anhöhe – banke
Insel – ø
kleine Insel – holm
Landspitze, Landvorsprung – næs
Landzunge – odde
Meer – hav
Meerenge, Sund – sund
Meeresarm, Förde – fjord
vorgeschichtliche Monumente – oldtidsminer
Moor, Feuchtgebiet – kær
Moor, Feuchtgebiet – mose
Quelle – kilde
See – sø
Tal – dal
Teich, Stausee – dam
Wäldchen – lund
Wald – skov
Wasser, Gewässer – vand
Weg, Straße – vej
Wiese – vang
Wiese – enge

Dänisch – Deutsch
Verkehr:
cykelforretning – Fahrradgeschäft
cykelsti(g) – Radweg
cykeludlejning – Radverleih
cykelværksted – Reparaturwerkstatt
cykler med gear – Räder mit Gangschaltung
ensrettet – Einbahnstraße
gågade – Fußgängerzone
gennemkørsel forbudt – Durchfahrt verboten
omkørsel – Umleitung
pris pro døgn – Preis pro Tag
reparation af cykler – Radreparatur

Unterkünfte:
aftensmad – Abendessen
bålplads – Feuerstelle
bjælkehytter – Blockhaus
børnevenlig – kinderfreundlich
campinghytter – einfache Campinghütten
campingplads – Campingplatz
dobbeltværelser – Doppelzimmer
enkeltværelser – Einzelzimmer
familierum – Familienzimmer
ferie lejligheder – Ferienwohnung
feriehus – Ferienhaus
for en nat – für eine Nacht
frokost – Mittagessen
gæste køkken – Küche für die Gäste
halvpension – Halbpension
ingen drikkevand – kein Trinkwasser
kro – Gasthof
madpakken – Vesper, Lunchpaket
medlemskort – Mitgliedsausweis
morgenmad – Frühstück (med – mit, uden – ohne)
naturlejrplads – einfacher Lagerplatz
overnatting – Übernachtung
selvhusholdning – Selbstverpflegung
seng – Bett
sovepose – Schlafsack
værelser til leje – Zimmer zu vermieten
vandrekort – Herbergsausweis
vandrerhjem – Jugendherberge

Zeit:
fredag – Freitag
helligdag – Feiertag
hver dag – jeden Tag
lørdag – Samstag
lukket – geschlossen
mandag – Montag
onsdag – Mittwoch
søndag – Sonntag
tirsdag – Dienstag
torsdag – Donnerstag
ugedag – Wochentag
åbent – geöffnet
åbningstider – Öffnungszeiten
året rundt / hele året – ganzjährig

Einkaufen:
ægget – Eier
bageri – Bäckerei
brød – Brot
drikkevarer – Getränke
fødevareforretning – Lebensmittelgeschäft
grøntsager – Gemüse
kage – Kuchen
mejeriprodukter – Milcherzeugnisse
ost – Käse
rundstykke – Brötchen
smør – Butter

Essen und Trinken:
dagens ret – Tagesgericht
fiskeretter – Fischgerichte
flæskesteg – Schweinebraten
grillkyllinger- Hähnchen vom Grill
kaffe med fløde – Kaffee mit Sahne
kold steg – kaltes Fleisch
mælk – Milch
marineret sild – eingelegte Heringe
øl – Bier
pålæg – Aufschnitt
peber – Pfeffer
pølser – Würstchen
rejer – Krabben, Garnelen
roastbeef med løg – Roastbeef mit Zwiebel
rødbeder – rote Beete
rødspættefillet – Schollenfilet
røget laks – geräucherter Lachs
røget sild – geräucherte Heringe
salt – Salz
sennep – Senf
smørrebrød – verschiedene belegte Brote, z. B. mit Fischfilet, Leberpastete, geräucherter Wurst, eingelegten Heringen
sodavand – Mineralwasser
sukker – Zucker
te – Tee
værtshus – Wirtschaft
ærtesupper – Erbsensuppe

In der Stadt:
færgekontor – Fährbüro
gade – Straße
gård – Hof, Gehöft
havn – Hafen
jernbane – Eisenbahn
kirke – Kirche
lægehus – Haus der Ärzte
mølle – Mühle
politistation – Polizei
posthus – Postamt
rutebilstation – Busbahnhof
slot – Schloß
sygehus – Krankenhaus
torvet – Marktplatz
udsigtstårn – Aussichtsturm

Geographische Begriffe:
ager – Acker, Feld
bakke – Hügel, Anhöhe
banke – Hügel, Anhöhe
bjerg – Berg
borg – Burg
bro – Brücke
by – Dorf, Stadt
dal -Tal
dam – Teich, Stausee
enge – Wiese
fjord – Meeresarm, Förde
hav – Meer
hede – Heide
herregård – Herrenhof
høj – Anhöhe, Erhebung
holm – kleine Insel
kær – Moor, Feuchtgebiet
kilde – Quelle
lund – Wäldchen
mark – Feld, Acker
mose – Moor, Feuchtgebiet
næs – Landspitze, Landvorsprung
odde – Landzunge
oldtidsminer – vorgeschichtliche Monumente
plantage – Aufforstung
skov – Wald
sø – See
strøm – Fluß, Strom
sund – Meerenge, Sund
vand – Wasser, Gewässer
vang – Wiese
vej – Weg, Straße
vig – Bucht
ø – Insel
å – Fluß

- **Versicherung**

Ein Reiseschutzpaket mit Reisegepäckversicherung, Unfallversicherung, Kranken- und Haftpflichtversicherung bietet:
- R+V Versicherung, Direktion, Taunusstr. 1, 65193 Wiesbaden, Tel. (061 21) 53 30.

Die Formulare liegen auch in den Volksbanken und Raiffeisenbanken aus.

Ortsregister

Geradestehende Ziffern verweisen auf Textstellen (Fettdruck auf ausführliche Erwähnung), kursive Ziffern auf Abbildungsseiten.

Abkürzungen:

B – Bornholm
Fa – Falster
Fü – Fünen
La – Langeland
Lo – Lolland
M – Møn
Sa – Samsø
Se – Seeland
T – Tåsinge
Æ – Ærø

Sofern keine Abkürzungen angegeben sind, befinden sich die Orte auf Jütland.

Bildnachweis

Udo Haafke, Ratingen-Lintorff: Einband-Vorderseite, S. 9, 83, 86, 87, 133, 135, 137, 160
Ralf Schröder, Hamburg: Einband / Rückseite
Alle übrigen Abbildungen stammen von Ute und Peter Freier, Neuffen.

Sämtliche Karten wurden vom Ingenieurbüro für Kartographie Heidi Schmalfuß, München, erstellt.

Die Grafiken für die »Allgemeine Radkunde« fertigte Georg Sojer, Ruhpolding, an.